Prevention and Counterplan
of School Violence

# 학교 폭력 예방 및 대책

성신여자대학교 사범대학 편

조대훈 · 김승혜 · 강민수
전연진 · 이유미 · 최희영

박영사

이 도서는 교육과학기술부와 한국연구재단의 '2012년 교원양성교육 선도 사범대학 지원사업'으로 개발된 성과물입니다.

Prevention and Counterplan
of School Violence

# 학교 폭력 예방 및 대책

이 책의 출발점은 '하려고 하면 방법이 보이고, 하지 않으려 하면 변명이 보인다'는 필리핀 속담이었다. 최근 들어 학교 현장에서 들려오는 학교 폭력의 실상은 사범대학에 재직하면서 교사양성의 역할을 담당하고 있는 우리들에게 슬픔, 당혹감, 때로는 자괴감과 죄책감, 내 책임은 아닐 것이라고 합리화하며 회피하고 싶은 마음 등 복잡한 심경을 불러 일으켰다. 이 책을 기획한 의도는 현재 우리 사회가 앓고 있는 학교 폭력이라는 병리현상을 피하기 위한 변명을 찾기보다 해결을 위한 단초로서, 교육의 주요 주체이자 근간인 '교사'가 무엇을 어떻게 해야 할 것인가에 대한 현실적인 이야기를 담아보고자 하는 것이었다.

그 동안 학교 폭력의 심각성이 부각되면서 학교 폭력을 다룬 문헌을 보면 주로 학교 폭력 당사자의 심리적 · 정서적 특성, 환경적 · 배경적 특성 등을 중심으로 한 해석이 다수를 차지하고 있다. 그러나 인구구성의 다양화, 사회의 복잡화, 인식의 다면화 등의 영향으로 문화적 다양화 속도가 빨라짐에 따라 개인 중심의 심리적 접근이나 개인을 둘러싼 사회적 배경에 대한 고찰을 넘어서서 다양한 문화 속에서 타인과 관계를 형성해 나가야 하는 삶의 모습에 초점을 맞춰야 할 필요성이 제기되고 있다. 이에 이 책에서는 개인적 · 심리적 접근으로부터 문화적 접근으로 관점을 확대하여, 폭력으로 표현되는 학교에서의 갈등과 충돌의 원인이 문화 수용 태도, 문화 역량 부족(타인에 대한 몰이해, 차이에 대한 불인정, 편견과 고정관념 등)에 있을 수 있다는 가정에서 학교 폭력이라는 현상을 해석하고자 하였다.

이 책은 다음과 같이 여섯 부로 구성되었다. 제1부 『학교 폭력과 문화』에서는 학교 폭력을 복합적인 사회문화의 현상으로 바라보며 문화의 관점에서 학교 폭력을 뒷받침하는 기본 지식과 이론을 다루고 있다. 제2부 『폭력의 장으로의 학교』에서는 학교 폭력의 현상을 직시하기 위하여 학교 폭력의 실태와 유형에 대하여 다루고 있다. 제3부 『학교 문화의 주체』에서는 독특한 학교 문화가 형성해 낸 학교 폭력의 가해자와 피해자의 특성, 학교 폭력을 둘러싼 인간관계 특성 등에 대하여 상세하게 소개하였다. 제4부 『학교 폭력 바로잡기』에서는 학교 폭력에 대한 직·간접적인 대응 방안이자 적극적인 대응 도구로써 구체적인 상담사례를 기초로 상담 개입 전략을 제시하였다. 제5부 『학교 폭력 예방과 대처 방안』에서는 학교 폭력에 대한 사후 대응은 물론 학교 폭력을 사전에 예방하기 위한 방안을 구체적으로 제안하였다. 끝으로 제6부 『건전한 학교 문화 마련하기』에서는 학교 폭력을 예방하고 관련 문제에 대한 조치를 취하기 위한 「학교폭력예방 및 대책에 관한 법률」을 정확하게 이해하고, 이 법률이 가지고 있는 문제점과 개선 방안을 모색해보는 기회를 제공하고 있다.

이 책은 교육부에서 시행한 「2012년 교원양성교육 선도 사범대학 지원사업」의 지원을 받아 개발된 성과물로서 교원양성기관의 교직필수과목인 「학교 폭력 예방 및 대책」의 교재로, 이론적 토대를 바탕으로 학교 폭력과 관련된 대응 능력을 향상시키고자 하는 현직 교사, 학교 폭력 관련 주제에 관심 있는 연구자 및 대학원생을 위한 유용한 참고도서로 활용될 수 있을 것으로 기대된다.

교육의 모든 주체가 학교 폭력에 대한 막연한 두려움, 무관심과 회피, 방관자적 입장에서 벗어나 우리 아이들이 더욱 행복한 학교생활을 영위할 수 있도록 학교 폭력 문제에 대하여 함께 고민하고 해결하고자 노력하는 긍정적이고 적극적인 입장을 취하게 되는 데 이 책이 조그마한 도움이 될 수 있기를 바란다.

2013. 8

성신여자대학교 사범대학

contents

# 학교 폭력과 문화

# part I

SECTION
1 / 복합적인 사회문화 현상으로서의 학교 폭력

SECTION
2 / 폭력의 의미 그리고 맥락성

SECTION
3 / 학교 폭력에 대한 이론적 모형

SECTION
4 / 문화의 관점에서 본 학교 폭력

SECTION
5 / 논의: 학교 폭력에 대한 인식의 전환

SECTION 1

# 복합적인 사회문화 현상으로서의 학교 폭력

폭력은 언제나 인간의 역사와 함께 했으며, 지금 이 순간에도 폭력은 도처에서 일어나고 있다공진성, 2009; Denmark, Krauss, Wesner, Midlarsky & Gielen, 2005; Docker, 2008. 하던 일을 멈추고 잠시만이라도 주변 세상에서 일어나는 일에 눈을 돌려본다면, 우리는 아주 다양한 형태의 폭력에 의해 많은 사람들이 상처받고 죽임을 당하고 스스로 목숨을 끊는 경우를 어렵지 않게 발견할 수 있다. 국제보건기구World Health Organization, WHO의 조사 결과에 따르면, 지구촌의 15세부터 44세 사람들의 죽음의 일등공신은 바로 폭력이었다Krug, Dahlberg, Mercy, Zwi, & Lozano, 2002: 3. 대중매체에서 넘쳐나는 이러한 폭력의 사례들에 많은 사람들은 이제 식상함마저 느낀다. 웬만큼 선정적인 폭력 사건이 아니고서는 더 이상 사람들의 관심을 끌기 어려운 시대가 되어 버렸다.

사실 지금 이 책에서 이야기하려는 학교 폭력 현상은 인간 사회에서 관찰되는 이 같은 폭력의 아주 작은 일부분을 구성한다. 인간의 삶 속에 폭력이라는 현상이 언제 어디서나 어느 정도 일정한 형태로 항상 존재해 왔다는 사실을 인정할 경우, 학교 안의 폭력 역시 어찌 보면 무척 '자연스러운' 일일 수 있다. 그런데 우리가 '학교 안의' 폭력에 대해 유독 민감하게 반응하는 까닭은 무엇일까? 그 한 가지 이유는 아마도 지구촌의 모든 사회가 학교에 거는 남다른 기대, 즉 '학교는 차별 없는 공정한 교육을 통해 학생 개개인이 올바른 사회 구성원으로서 안전하게 성장할 수 있는 유일한 장소' 라는 믿음일 것이다. 그러나 학교 안의 폭력을 사회 문제로 인식하게 만드는 가장 중요하고도 직접적인 원인은 바로 그와 같이 올바르고 안전해야 할 학교 안에서 적지 않은 수의 학생들이 다양한 유형의 학교 폭력으로 인해 죽음을 고민할 정도의 엄청난 고통에 직면하고 있다는 경험적 사실일 것이다.

일찍이 학교 폭력을 독립적인 연구 주제로 삼고 별도의 진단 및 예방 정책을 모색해 온 서구 여러 나라와 일본의 경우와는 달리, 우리나라에서는 2000년대에 들어서야 비로소 학교 폭력이 심각한 사회 문제로 대두되기 시작하였다.[1] 교육과학기술부의 보도자료에 따르면, 학교 폭력대책자치위원회에 올라 온 심의 건수가 2011년 7,823건으로 2006년에 비해 거의 두 배 가까이 증가하였으며, 특히 학교 폭력 피해 최초 발생 연령이 더욱 낮아지는 것과 더불어, 중학교에서 학교 폭력 문제가 가장 빈번히 발생하는 뚜렷한 경향이 나타나고 있다교육과학기술부, 2012a: 1. 또한 청소년폭력예방재단의 전국학교 폭력실태조사보고서2012에는 2011년에 학교 폭력을 경험한 학생의 비율이 조사대상자의 약 18.3%로 집계되었고, 이는 전국의 학생 5명 중 1명이 학교 폭력의 피해자라는 점을 말해준다. 이러한 충격적인 숫자들은 곧바로 언론의 헤드라인을 장식하고 특집기사로 다루어졌으며, 그 결과 교육과학기술부 등 관계 부처의 '학교 폭력근절종합대책'과 정책과 관련 법률 제정으로 이어졌다.

하지만 이제까지 우리나라의 주요 기관과 대중매체가 학교 폭력 문제를 다루어 온 방식은 크게 두 가지의 공통적인 특징을 지닌다. 첫째, 학교 폭력의 원인과 해결방안은 학교 안과 밖에 존재하는 다양한 사회 · 문화적 변인들과 유리된 채, 개인가해자 및 피해자과 단위 학교의 차원에서 모색되는 경향을 보였다이대성, 2012; Lee & Oh, 2012. 학교 폭력의

1 학교 폭력이 최근에서야 한국에서 사회 문제로 인식되기 시작했다는 사실을 2000년대 이전의 한국 학교가 학교 폭력 문제로부터 상대적으로 안전했다거나, 현재 미국이나 일본과 비교하여 한국의 학교 폭력의 문제가 덜 심각하다는 뜻으로 받아들여서는 안 될 것이다. 물론 미국의 학교에서 종종 관찰되는 보다 심각한 학교 폭력의 유형(예: 총기 소지, 살인, 마약 거래)을 한국 학교에서는 거의 찾아보기 힘들다는 점은 분명하지만, 이러한 증거만으로 두 나라의 학생들이 주관적으로 느끼는 학교 폭력의 심각성 정도를 직접 비교하는 것은 불가능하다. 폭력에 대한 국제비교연구의 난점은 다음에 이어질 2장에서 보다 구체적으로 설명될 것이다.

원인은 가해자와 피해자의 개인적 특성에서 기인하는 것으로 이해되었고, 단위 학교는 이러한 상황을 방조한 책임을 묻는 유일한 대상이 되었다.

둘째, 국가 기관과 대중매체의 학교 폭력에 대한 시선은 주로 집단따돌림, 금전적 · 육체적 착취, 폭행 등과 같은 일탈 행위에만 초점이 맞춰짐으로써, 보다 다양한 폭력 유형을 포괄적으로 고려하지 못하는 한계를 보였다. 학교 폭력의 발생원인뿐만 아니라, 폭력 개념 그 자체에 대해서도 보다 근본적이고 폭 넓은 이해와 성찰이 이루어지지 못했고, 이로 인해 학교 폭력에 대한 처방은 단기적이고 가시적인 성과 달성에 매달리는 모습을 보였다.

결론적으로, 학교 폭력을 보다 객관적이고 총체적으로 이해하고 이에 대한 근본적인 해결방안을 모색하기 위해서 우리는 학교 울타리를 뛰어넘어 우리 사회의 정치적, 경제적, 문화적 맥락 속에 위치한 폭력의 의미를 추출할 필요가 있다. 본 장은 이와 같은 문제의식으로부터 출발하였다. 본 장의 주된 목적은 학교 폭력에 대한 이론적 · 개념적 조망에 있으며, 특히 폭력에 대한 총체적인 접근을 강조할 것이다. 이를 통해 학교 폭력 개념에 대한 외연을 넓힘과 동시에, 다문화 사회의 학교 환경 속에서 학교 폭력과 문화가 어떠한 관계를 지니는지 고찰하고자 한다.

SECTION

# 2 폭력의 의미 그리고 맥락성



## 폭력에 대한 사유 1

국립국어원 표준국어대사전은 폭력을 "남을 거칠고 사납게 제압할 때에 쓰는, 주먹이나 발 또는 몽둥이 따위의 수단이나 힘. 넓은 뜻으로는 무기로 억누르는 힘" 으로 정의한다. 물리적인 강제력, 힘은 폭력의 가장 중요한 속성이다. 하지만, 이 같은 사전적 정의로는 담아낼 수 없는 다양한 형태의 폭력이 인간 사회에는 존재한다. 즉, 폭력은 가시적이거나 비가시적, 또는 명시적이거나 암묵적인 형태로 존재할 수 있다. 또한 폭력은 그 본질이 무엇이냐에 따라서도 다양한 모습을 띠게 된다.

국제보건기구 산하 폭력과 보건 문제 자문위원회의 보고서에 나타난 폭력의 개념은 가장 포괄적인 정의로써 유용하게 적용될 수 있다.

> "폭력이란, 실제적이든 협박의 형태로든, 물리적 힘이나 권력을 자기 자신, 타인, 집단 또는 지역사회에 대해 의도적으로 행사함으로써, 부상이나 죽음, 심리적 상처, 발육불량 또는 결핍을 가져오거나 또 그렇게 될 가능성이 아주 높은 행위를 의미한다WHO Global Consultation on Violence and Health, 1996: 2."

국제보건기구가 제시한 폭력의 개념은 실제로 그러한 결과가 발생했는지의 여부와 상관없이 행위 자체의 '의도성intentionality' 에 초점을 둔다는 점에서 기존 폭력의 의미를 확장시키고 있다. 이러한 의미의 확장을 통해 사회적-제도적 권력 관계가 불평등할 때 흔히 나타날 수 있는 부당한 영향력의 행사, 직무 유기, 심리적-성적 학대 등이 모두 폭력으로 간주될 수 있다. 국제보건기구는 이러한 개념을 바탕으로 폭력의 유형 분류를 구체적으로 제시하고 있으며, 이는 아래 표와 같다Krug 외, 2002: 7.

표 1 폭력의 유형 분류 (A Typology of Violence)

| | 자기 자신에 대한 폭력 | 개인 간의 폭력 | 집단적인 폭력 |
|---|---|---|---|
| 물리적 | ○ | ○ | ○ |
| 성적 | ×* | ○ | ○ |
| 심리적 | ○ | ○ | ○ |
| 결핍 또는 태만 | ○ | ○ | ○ |

* 단, 성적 폭력의 경우 자기 자신에 대한 폭력은 성립할 수 없음

그리고 지구촌 사회에서 나타나는 이 같은 폭력은 몇 가지 공통된 분포 경향을 보인다Krauss, 2005: 17.

▶ 폭력에 따른 사망 비율은 소득 수준이 높은 나라에서보다 낮은 나라에서 훨씬 더 높게 나타나고 있다.

▶ 살인은 성gender 변인과 깊게 연관된다. 10만 명 당 남성은 13.6명, 여성은 4.0명이 살인으로 사망한다.

▶ 살인에는 연령과 성 변인 간의 상호작용 효과가 나타난다. 즉, 남성의 살인율은 15세에서 29세 구간에서 10만 명 당 19.4명으로 급증하다가 그 이후 점차 감소하지만, 여성의 경우 5세에서 14세 구간을 제외하면 전 구간에서 4.4명 수준을 평균적으로 유지한다.

▶ 청소년 살인율에도 지역 차가 뚜렷했다. 2002년 WHO 조사 표본에 따르면 10만 명 당 살해당한 청소년의 비율은 라틴 아메리카예: 콜럼비아 84.4명, 카리브해 연안 국가예: 푸에르토리코 41.9명, 몇몇 남부 및 동부 유럽 국가예: 알바니아, 28.2명에서 가장 높았고, 서부 유럽 선진국예: 프랑스 0.6

명, 영국 0.9명과 극동 아시아 국가예: 일본 0.4명에서 가장 낮았다.

그런데 이 같은 폭력의 개념은 철학자를 비롯한 사회과학자들에 의해 더욱 더 확장되는 모습을 보인다. 막스 베버Max Weber는 일찍이 폭력의 사용이라는 측면에서 근대 국가의 특징을 발견하였다. 베버는 국가를 "특정한 영토 내에서의 정당한 물리적 폭력의 독점 기구"로 정의하였다공진성(2009)에서 인용: 42-43. 베버의 논의에 나타나는 폭력의 의미는 WHO에서 정의한 폭력과는 상당히 다른 차원으로 이동하게 된다. 이제 폭력은 학교 폭력의 담론에 등장하는 '인간의 삶 속에서 없어져야 할 행위'의 의미를 뛰어넘어, 인간 사회의 작동 방식을 설명하는 주요 독립변인으로 간주된다.

이와 유사하게, 『폭력의 기원The Origins of Violence』이라는 저서에서 존 도커John Docker, 2008는 특정 민족에 대한 대량학살을 의미하는 제노사이드genocide 현상에 주목하면서 농경 사회 및 산업 사회의 출현과 집단적 폭력 간의 인과관계를 역사적으로 파헤치고 있다. 도커에 따르면 특히 농경·산업 사회가 그 영토를 전 지구적으로 확산해 가는 과정에서 기존의 수렵·채집 사회와 충돌하면서 정복 전쟁이 빈번히 일어났고, 그 결과 살인과 약탈, 신체훼손, 강제이주, 전염병의 확산 과정에서 제노사이드가 어김없이 발생했다. 즉, 도커의 관점에서 폭력은 지난 6,000년의 기간 동안 인류 사회의 진화 과정에서 필수적인 원동력이었던 셈이다.

한편 폭력의 의미에 대한 철학적 사유를 통해 학자들은 가시적 폭력보다 비가시적인 구조적 또는 상징적 폭력의 엄청난 위력을 조명하기도 한다. 슬라보예 지젝Slavoj Žižek, 2008은 스타벅스의 광고, 다보스 포럼, 대중 영화 콘텐츠를 분석함으로써 글로벌 자본주의 체제하에 더욱 강력해진 구조적 폭력의 실체를 비판적으로 조명한 대표적인 학자이다. 그는 우선 폭력을 주관적 폭력과 객관적 폭력으로 구분하였다. 주관적 폭력은 앞서 언급한 눈에 또렷하게 보이는 가시적 폭력을 지칭한다. 반면, 객관적 폭력은 정상적인 삶의 방식인 것처럼 위장하여 상대적으로 잘 보이지 않는 폭력을 말하며, 구조적 폭력은 이러한 객관적 폭력의 유형에 해당한다. 지젝은 근대 사회 이후 전 지구적인 자본주의, 극단적 종교/인종주의, 공포를 활용한 대중정치 등의 흐름으로 인해 인간이 점차적으로 구조적 폭력에 무감각해졌다고 주장한다. 대중들은 나의 이웃에서 그리고 학교 안에서 벌어지는 끔찍한 폭력에 시선을 빼앗긴 나머지, 탐욕스러운 자본주의 사회가 만들어내는 보이지 않는 폭력, 예를 들어 파산신청자와 노숙자를 양산한 금융 사기와 경제 공황, 개발도상국의 빈곤 악순환을 재생산하는 불공정한 무역 구조, 대중을 기만하는 위선적인 대기업의 공익광고의 무비판적인 수용자가 되는 것이다.

상징적 폭력은 구조적 폭력과 마찬가지로 우리가 쉽게 놓칠 수 있는 또 하나의 비가시적 폭력이다. 공진성2009은 상징적 폭력을 "피지배적 위치에 있는 사회 행위자가 사회 질서를 정당한 것으로 여기게끔 그들에게 사유와 지각의 틀을 근본적으로 부과하는 것" 으로 정의하며 다음과 같은 설명을 제시한다.

> "상징적 폭력은 사유 구조에 삽입되어서 지배자의 행위 구조를 영구화하며, 피지배자는 자신의 위치를 '옳은' 것으로 여긴다. 상징적 폭력은 개인의 행위와 인지의 양식 속에 깔려 있으며 그 결과 행위자에게 사회 질서가 정당하다는 인식을 부과한다는 점에서 물리적 폭력보다 훨씬 강력하다 공진성, 2009: 108."

상징 · 문화 자본이 어떻게 학교 교육을 통해 사회적 · 경제적 불평등의 재생산을 가능하게 하는지를 보여준 『재생산Reproduction』에서 피에르 부르디외와 쟝 클로드 파세롱Pierre Bourdieu & Jean Claude Passeron(1977)은 근대 국가 이후 시민들이 학교 교육을 통해 계급 지배의 매개 요인인 고급 문화와 저급 문화의 구별 그리고 문화적 취향의 가치 위계가 원래 올바르고 자연스러운 것인 양 내면화하게 된다고 보았고, 이 점에서 교육 행위는 상징적 폭력에 해당한다고 주장하였다. 그리고 공진성은 이러한 부르디외와 파세롱의 문화 자본과 상징적 폭력의 개념을 공중파 텔레비전 인기 드라마 『베토벤 바이러스』에 적용하여 흥미로운 분석을 이끌어 낸다. 주연인 일명 '강마에김명민 분' 라는 세계적인 지휘자와 시립교향악단 단원들 간의 이야기를 중심으로 한 이 한국 드라마에서 공진성은 강마에가 댄스 음악과 클래식 음악의 미학적 차이를 전혀 모르는 '무식하고 천박한' 서민들과 빚어내는 상호작용 과정에 주목하였다. 그리고 그 과정에서 발견된 특정한 문화적 취향에 관한 열등의식-우월의식의 흔적들을 통해 한국 사회에서 상징적 폭력이 행사되는 방식을 알기 쉽게 설명한다공진성, 2009: 109-121.

이상에서 살펴본 폭력의 다양한 층위가 학교 폭력에 대해 가지는 함의는 무척 중요하다고 할 수 있다. 그것은 바로 가시적인 학교 폭력의 그늘에서 벗어나, 학교 폭력의 의미가 가지는 다양한 차원에 대한 성찰과 더불어, 학교 밖 사회의 정치적, 경제적, 문화적 맥락 속에 폭력의 개념을 위치시켜야 한다는 것이다. 이를 통해 학교 폭력의 다양한 모습과 원인 및 해결 방안에 대한 보다 심층적이고 총체적인 해결방안에 한 걸음 더 다가설 수 있다.

## 학교 안의 폭력이 지니는 특수성: 맥락적 요인들 2

우리나라의 경우 학교 폭력의 개념은 '학교 폭력대책법 제2조'에서 다음과 같이 정의된다.

> 학교 폭력은 학교 내외에서 학생을 대상으로 발생한 상해, 폭행, 감금, 협박, 약취 · 유인, 명예훼손 · 모욕, 공갈, 강요 · 강제적인 심부름 및 성폭력, 따돌림, 사이버 따돌림, 정보통신망을 이용한 음란 · 폭력 정보 등에 의하여 신체 · 정신 또는 재산상의 피해를 수반하는 행위이다교육과학기술부, 2012b: 8.

이러한 정의는 학교 안에서 발생 가능한 폭력의 유형을 물리적 폭력에 국한시키지 않고, 온라인 및 오프라인상의 명예훼손이나 따돌림, 협박, 심부름, 정신적 충격까지도 포함하고 있다는 점에서 발전적인 정의라 할 수 있다. 그러나 폭력이 학교 안에서 벌어질 경우 그 양상은 학교 밖과 차별화되는 모습을 보인다. 학교 폭력의 개념이 해당 사회의 관련 법률에 의해 명확하게 정의되는 듯 보이지만, 실제로 학교 안에서 나타나는 폭력의 양상은 학교라는 곳이 지니는 고유한 학교 맥락school context의 영향으로 인해 독특한 성향을 지니게 되고, 그로 인해 학교 밖에서 벌어지는 폭력과 차별화된다Benbenishty & Astor, 2005.

이하에서 우리는 학교의 독특한 맥락적 요인들의 영향을 받아 발생하는 학교 폭력의 특수성에 대해 살펴볼 것이다. 필자는 학교 폭력의 특수성을 크게 1) 학교 폭력에 대한 은폐성, 2) 학교 안의 폭력에 대한 관용적 태도, 3) 비가시적인 형태의 학교 폭력, 그리고 4) 폭력 개념의 조작적 정의의 국가 간 차이 등으로 나누어 이야기해 보고자 한다.



학교 폭력이 지니는 가장 두드러진 특성 중 하나는 학교 폭력 자체가 종종 학교 구성원들에 의해 은폐된다는 점이다.[2] 여기서 '은폐' 는 폭력의 피해자 스스로 괴롭힘의 사실을 감춘다는 의미에 초점이 맞추어져 있다. 일반적으로 학교 내 또래 집단 내에서 벌어지는 상호작용은 또래 집단 내 특유의 배타성으로 인해 담임교사나 부모들이 쉽게 그 내용을 파악하기 어렵다는 특징을 지닌다. 특히 폭력의 피해 당사자는 가까운 주변 어른들이 배타적인 또래 집단 내에서 은밀히 발생한 괴롭힘의 문제를 발벗고 나서 해결해 줄 것이라는 확신을 가지지 못하는 경우가 많기 때문에, 그리고 2차 피해에 대한 두려움 때문에 피해 학생 스스로 사건 자체를 감추는 일이 빈번히 발생할 수 있다. 한편, 가해자의 입장에서 폭력의 은폐는 자신이 행사한 폭력이나 괴롭힘을 일종의 '장난' 으로 간주하는 자기 방어나 합리화의 기제에 의해 나타난다. 따라서 학생들 간에 벌어지는 폭력은 피해 학생이 용기를 내어 적극적으로 도움의 손길을 뻗지 않을 경우 교사와 같은 내부 관찰자의 입장에서도 쉽게 인지되지 못한다. 이러한 은폐 현상은 발생 사실이 쉽게 포착되지 않는 폭력, 즉 심리적 상처를 야기하는 따돌림, 협박, 모욕, 강제적인 심부름 등의 심리적 유형의 폭력에서 더욱 두드러질 수 있다.

둘째, '학교 안의 폭력에 대한 관용적 태도' 는 학교 폭력을 사회의 다른 영역에서 발생하는 폭력과 차별화시키는 또 다른 요인이다. 우선 학생에 대한 교사의 '체벌' 은 세계 여러 나라의 학교 울타리 안에서 일정 부분 용인되어져 왔다. 아주 최근까지도 교

2 학교 폭력의 은폐성은 이미 주요 일간 신문과 공중파 방송에 의해 기획된 학교 폭력 심층 취재 보도를 통해 알려진 바 있다(예: 조선일보 기획특집 '학교 폭력 이제 그만', 2012년 12월~1월; SBS 스페셜 '학교의 눈물' 1 · 2 · 3부, 2013년 1월 방영). 또한 교육과학기술부가 전국 11,363개 초 · 중 · 고교를 대상으로 실시한 학교 폭력실태조사(2차) 결과는 약 8.5%의 학생들이 학교 폭력의 피해를 경험했다고 응답했으나, 전문가들은 은폐된 폭력 사건들을 감안할 경우, 실제 피해 학생의 규모는 이보다 훨씬 많을 것으로 예측하고 있다.

사는 '교육', '훈육' 또는 '학교 내 질서 유지'의 목적을 위해 학생들에게 신체적인 고통을 가할 수 있었다.[3] 20세기 후반기의 우리나라 학교에서 학생에 대한 교사의 체벌은 교육의 한 방법으로 간주되었으며, 물리적 폭력의 사례로 인식되지는 못했다. 조금 과장하자면, 학교라는 곳은 정신병원이나 교도소를 제외하고는, 미성년자에 대한 성년자의 물리적 폭력이 유일하게 정당화되는 보편적 장소였던 것이다.

그런데 이와 같은 폭력에 대한 관용성은 학생들 간의 폭력 그 자체에 대해서도 적용된다. 한국을 비롯하여 많은 나라에서는 학생들 간의 다툼을 '폭력'이 아닌 미성숙한 아이들의 성장 과정에서 당연히 발생하는 '성장통'으로 간주하는 경향이 분명 존재해 왔다예: Benbenishty & Astor, 2005: 141-142. 과연 학교 말고 다른 어떠한 조직에서 구성원들 간의 언어적-신체적 다툼과 폭력의 사용을 흔히 일어날 수 있는 일로 치부하고 넘어갈 수 있을까? 학교에서 벌어진 아이들 간의 다툼에 대해, 특히 남자 아이들의 경우, 흔히 학부모나 교사는 '아이들이 크다 보면 서로 싸우고 코피도 흘리고 그러는 거지 뭐!'라는 대수롭지 않은 태도를 보일 수 있을 것이다. 하지만 오늘날 이러한 어른들의 판단은 심각한 도전에 직면해 있다. 학생에게 죽음을 선택할까 망설이게 만들 정도의 고통을 주는 '폭력'과 또래 집단 아이들 간에서 자연스럽게 발생하는 순진한 싸움의 '성장통' 사이의 경계선은 명확히 그어져야 한다.

셋째, 국제보건기구WHO가 제시한 〈표 1〉의 폭력 유형 중 하나인 '결핍deprivation'이나 '방치neglect'의 형태로 나타나는 학교 폭력은 외부인의 관점에서 좀처럼 확인하기 어려운 사례이며, 이는 학교 폭력의 비가시적 특성을 반영한다. 여러 가지 이유로 인해 도움의 손길이 필요하지만 학교 당국이 제대로 인지하지 못하고 적절한 보살핌을

3 1990년대 초까지만 하더라도, 한국의 수많은 고등학교에서는 '체벌'로 불리는 물리적 폭력이 허용되었다. 필자처럼 1980년대에 고등학교를 다닌 40대 중년들의 기억 속에는 중간고사나 모의고사 시험 결과가 나온 직후에 이루어졌던 '매타작'의 향수가 여전히 존재할 것이다. 이는 그 당시 어떻게든 성적을 올려서 자녀를 좋은 대학에 보내고 싶은 학부모의 암묵적인 동의에 의해 가능한 일이었다. 또한 면학 분위기 조성을 위해서 학교 규범에 어긋나는 행동을 한 학생들에 대해서 다양한 형태의 체벌이 가해지기도 했다. 하지만 2000년대 들어 학생 인권에 대한 감수성이 점차 높아지고, 실제로 체벌을 가한 교사가 학생이나 학부모의 신고에 의해 처벌받는 사례가 언론에 의해 크게 다루어지기 시작하면서부터, 학생에 대한 교사의 체벌 빈도는 현격하게 줄어들었다고 볼 수 있다.

제공하지 못하여 학생 개인의 잠재적인 불이익과 고통으로 이어지는 상황은 분명 어느 사회에서나 존재한다. 하지만 즉각적으로 쉽게 눈에 띄는 물리적-가시적 폭력과는 달리, 결핍이나 방치를 통해 나타나는 폭력은 그 자체가 폭력으로 인식되지 않을 가능성이 높다. 학교가 지니는 이 같은 비가시적 폭력은 학생 개개인의 다양한 능력과 적성을 적극적으로 고려하면서도 타인을 배려하는 공동체 지향적 문화를 보유한 학교보다는, 경쟁 지향적이고 약육강식 법칙의 지배를 받는 일제식 교육 체제를 보유한 학교에서 더욱 두드러질 가능성이 높다.

학교 폭력이 지니는 네 번째 특수성은 학교 폭력 개념의 조작적 정의에 있어 발생하는 국가 간 차이라 할 수 있다. 학교 폭력의 개념은 학교 특유의 맥락뿐만 아니라, 여러 나라 간의 다양한 교육제도 · 문화적 맥락 간의 차이에 의해서도 영향을 받으며, 이는 학교 폭력에 대한 국제 비교 연구상의 장애물로 작용한다. 예를 들어, 학교 폭력에 해당하는 영어 단어는 미국의 경우 일반적으로 'school violence' 로 통칭되지만, 유럽 지역에서는 'bully' 를 더 선호하는 경향이 존재한다Devine & Lawson, 2003. 엄밀히 따지면 'school violence' 가 'bully' 에 비해 더 포괄적인 개념이라고 간주되며, 따라서 더 협의의 개념인 'bully' 에 대해 여러 나라 학자들 간의 개념적 합의 수준이 상대적으로 더 높은 경향이 있다. 그럼에도 불구하고, 학교 폭력 관련 국제비교 연구문헌의 메타 분석 결과는 'bully' 의 개념마저도 다양한 형태로 측정되고 있다는 점을 보고하고 있다Benbenishty & Astor, 2003. 이스라엘의 학교 폭력 연구에서 사용된 'bully' 의 개념이 물리적인 괴롭힘과 놀림의 의미에 가깝다면, 한국의 집단따돌림 개념과 유사한 일본의 이지메ijime 연구에서 사용된 'bully' 개념에는 사회적 고립, 불순함, 수치심과 같은 함의가 더 많이 담겨있었다.

종합하면, 폭력의 개념은 학교의 울타리 안으로 들어갈 경우 학교 조직이 지니는 고유한 맥락의 영향으로 인해 우리 사회의 다른 장소에서 관찰되는 폭력의 유형들과 차별화되는 경향이 있다. 그렇다면 학교 폭력의 의미와 맥락적 요인의 관계에 대한 연구 결과를 통해 우리가 얻을 수 있는 시사점은 무엇일까?

첫째, 학교 관계자 및 학교 폭력 연구자들은 학교 폭력이 지니는 은폐성과 비가시성에 주목해야 할 것이다. 보이지 않는 학교 폭력에 대한 감수성을 높이는 교육 프로그램을 개발함과 동시에, 학교 폭력이 눈에 잘 띄지 않도록 돕는 '투명 망토' 를 걷어낼 수 있는 학교 및 지역 사회 문화를 조성하는 데 힘써야 한다.

둘째, 학교 폭력에 관한 국제 비교 자료를 해석하는 데 있어 해당 사회의 독특한 학교 제도 및 문화적 요인들이 가지는 영향력에 주의해야 한다. 한국적 상황에 맞는 학교 폭력 예방 및 대응 방안을 모색하는 과정에서 외국의 관련 프로그램의 맥락적 특수성을 신중하게 고려할 필요가 있다.

# SECTION 3 학교 폭력에 대한 이론적 모형

## 1 폭력을 설명하는 다양한 이론적 관점

인간의 폭력 현상의 발생 원인을 설명하는데 도움을 주는 다양한 이론적 모형이 존재한다. 우선 폭력은 20세기 후반기 사회과학, 특히 사회학 분야에서 두드러진 세 가지 이론적 패러다임인 기능론, 갈등론, 상징적 상호작용론의 관점에서 연구되어 왔다. 20세기에 들어서기 직전 발표된 에밀 뒤르켐Emile Durkheim의 고전『자살: 사회학의 연구 Suicide: A Study in Sociology』는 모든 사회에서 관찰되는 자기 자신에 대한 폭력인 자살의 발생이 젠더, 종교적 성향, 결혼 여부, 사회적 연대감 등의 사회적 변인과 깊게 연관된다는 점을 밝혀낸 선구적인 연구라 할 수 있다.

이러한 사회과학 연구들 사이에서 학교 안에서 벌어지는 폭력과 청소년 범죄를 분석대상으로 삼는 연구들도 등장하였다. 하지만, 이러한 학교 폭력 관련 연구들은 주로 학교 폭력을 일탈과 범죄학의 관점에서 접근했으며, 실제적인 방점은 '학교' 보다는 '폭력' 에 있었다. 예를 들어, 낙인이론적 관점에서 청소년 비행 문제를 다루고 있는 윌리엄 챔블리스William J. Chambliss, 1973의 고전적 연구는 청소년 비행집단인 '세인츠

Saints'와 '러프넥스Roughnecks'가 해당 지역 사회 주민들에 의해 서로 다른 낙인을 받게 된 이유를 탐색하고 있다. 하지만 챔블리스의 주된 관심은 '일탈 행위'의 그 자체에 놓여 있었으며, 교육적 관점에서 학교 폭력에 대한 해결 방안의 모색은 주변적인 관심사에 해당하였다. 즉 이러한 연구를 수행한 학자들의 주된 관심은 학교라는 독특한 조직에 나타나는 폭력 현상의 특성과 인과관계를 밝히는 데 있었으며, 교육적 관심의 바탕 위에 학교 폭력 문제에 접근하고자 했던 것은 아니다. 학교 폭력이 일반적인 폭력 현상과 구분되는 별도의 연구 관심을 받기 시작한 것은 서구 사회에서도 지극히 최근의 일이다.

학교 폭력의 발생 원인을 설명하고 있는 또 하나의 뚜렷한 연구 경향은 생물학적 관점을 바탕으로 형성되었다김상식 외, 2006: 100–112; Krauss, 2005: 18–23; Krug 외, 2002: 32. 물론 학교 폭력에 대한 생물학적 접근이 학교 폭력의 발생 원인을 전적으로 폭력 당사자들의 생물학적 요인들로 환원하려는 것은 아니나, 폭력 현상에 생물학적 원인이 일정 부분 존재할 수 있다는 점을 입증하고 있다. 폭력 현상에 영향을 주는 생물학적 요인으로서는 여성에 비해 공격적 성향이 짙은 남성의 유전자 특성, 시상하부 등의 뇌의 특정 부분의 기능, 세로토닌이라는 몸 속 화학물질의 기능, 집중력결핍장애, 반사회적 성격장애, 알코올 중독 등이 폭력적인 행동과 일정 수준 이상 연관되어 있는 것으로 알려져 있다.

사회 심리학과 인지 심리학 분야에서 학생들의 반사회적이고 공격적인 성향이 어떻게 발현되는지를 설명하는 이론으로는 사회적 학습 이론social learning theory을 들 수 있다Casella, 2012: 42; Jimerson, Hart & Renshaw, 2012: 6–7. 사회적 학습 이론의 기본 명제는 '개인은 폭력적으로 행동하는 법을 배운다'라고 요약된다. 그렇다면 어느 누구로부터 인간은 폭력적인 행동을 학습하는 것일까? 그것은 바로 또래 집단, 가족, 대중문화 및 대중매체이다. 그런데 이 같은 학습은 부모나 대중매체가 자녀에게 폭력적으로 행동하도록 지시하거나 가르치는 방식으로 이루어진다기보다는, 자녀들 스스로가 부모나 대중매체 콘텐츠에서 나타나는 행동을 단순히 모방하는 단계를 뛰어넘어 그 행동 속에 담겨진 태도나 가치를 내면화하는 과정을 통해 이루어진다고 할 수 있다.

한편 인간을 자신의 행동으로 인해 얻게 될 결과를 고려하여 의사결정을 내리는 합리적 존재라고 가정하는 합리적 선택 이론rational choice theory은 최근 우리나라를 비롯하여 미국, 영국, 노르웨이 등에서 채택하고 있는 학교 폭력에 대한 '무관용 정책Zero Tolerance policies' 의 이론적 기초가 되어주었다Casella, 2012: 40. 즉, 어떠한 형태의 학교 폭력도 허용해서는 안 된다는 원칙하에 사소한 폭력 행위에도 엄격하게 대처하는 '무관용 정책' 은 학생들이 학교 폭력과 관련된 학교의 규범을 어길 경우 엄청난 대가를 치르게 될 것이라는 점을 스스로 깨닫고 그에 따라 합리적으로 행동할 것이라는 합리적 선택 이론의 기본 가정에 입각해 있다고 하겠다.

## 2 학교 폭력에 대한 생태학적 접근: 두 가지 모형

학교 폭력에 대한 생태학적 접근은 학교를 폭력을 설명하는 이론의 한가운데에 위치시키고 있다는 점에서 다른 이론적 관점의 모형들과 차별화된다. 생태학적 접근의 개념에는 뭐니 뭐니 해도 브론펜브레너Bronfenbrenner, 1979의 생태학적 발달 이론이 중요한 이론적 기초를 제공하고 있다. 폭력에 대한 생태학적 접근은 무엇보다도 폭력을 행사하는 개인의 특성에 과도하게 의존하지 않고, 개인적 특성과 사회적-맥락적 요인들 간의 다양한 상호작용에 주목한다.

학교 폭력에 대한 생태학적 모형 역시 이러한 이론적 틀을 따르면서, 학생 개인을 둘러싸고 있는 다양한 사회적-맥락적 요인들예: 학교 문화, 학교 교수-학습 과정의 특성, 학생 구성, 국가 교육과정 시스템, 지역사회의 빈곤 수준, 민족적-문화적-종교적 배경, 해당 사회의 정치 · 경제적 특성 등이 어떻게 폭력 행위에 영향을 미치는지를 면밀히 살핀다. 우리는 이하에서 국제보건기구WHO가 제시한 '폭력의 근원에 대한 생태학적 모형' 그리고 벤베니쉬티와 아스터Benbenishty & Astor, 2005가 제시한 학교 폭력에 대한 사회 생태학적 모형을 살펴보기로 하겠다.

## 1 국제보건기구(WHO)의 '폭력 이해를 위한 생태학적 모형'

국제보건기구 2002년 보고서에 담겨진 폭력 이해를 위한 생태학적 모형은 〈그림 1〉에 도식화되어 있다Krug 외, 2002: 12-15. 이는 크게 개인, 관계, 지역 사회, 전체 사회 등의 네 가지 수준의 위험 요인 범주로 구성된다.

첫째, 개인individual의 수준에서는 개인의 생물학적 특징과 생애사 관련 요인들이 폭력에 직·간접적으로 영향을 미칠 수 있는 잠재적 요인들에 주목한다. 여기에는 충동적 성향, 낮은 교육 수준, 학대, 공격적 성향의 과거 이력 등이 포함되며, 이러한 요인들이 잠재적으로 폭력의 가해자나 피해자가 될 가능성을 높일 수 있다고 판단한다.

둘째, 관계relationships의 수준은 개인이 아주 가까운 주변의 인물들예: 또래집단 친구, 연인 관계의 상대방, 가족 구성원과 가지는 사회적 관계의 특성이 어떻게 폭력 행위의 가해자나 피해자가 될 가능성을 높이게 되는지에 주목한다. 배우자에 대한 폭행, 자녀 학대 등은 피해자와 가해자가 일상적으로 같은 공간에서 생활하기 때문에 폭력의 빈도를 더 높일 가능성이 있다. 학교 폭력 역시 이와 같은 특성을 보이게 된다.

셋째, 지역사회community의 수준은 개인들 간의 사회적 관계가 자리하는 지역사회의 다양한 맥락예: 학교, 직장, 이웃과 관련된 변인들을 담고 있다. 주민들이 이사 등을 통해 자주 바뀌는 경우나 지역 인구구성 분포가 아주 다양하여 해당 지역 사회의 구심점이 약한 경우, 인구밀도가 아주 높아 거주 환경에 영향을 미치는 경우, 그리고 높은 실업률을 보이는 경우 등은 모두 폭력과 연관되는 요인들로 알려져 있다.

넷째, 사회적societal 수준에서는 보다 거시적인 수준의 요인들이 포함된다. 예를 들

그림 1 WHO의 폭력 이해를 위한 생태학적 모형

어, 갈등 해결의 방안으로써 폭력 사용을 용인하는 문화 규범, 자녀의 인권과 복지보다는 부모의 권리를 더 우선시하는 규범, 여성과 아동에 대한 남성 지배를 강화하는 규범, 그리고 사회 내 집단 간의 높은 수준의 사회적 불평등을 유지하는 데 기여하는 정책 등이 바로 폭력을 유도하는 사회적 수준의 요인이다.



국제보건기구 보고서는 이러한 네 가지 수준의 위험 요인들 중 몇몇은 특정한 유형의 폭력과 더 밀접하게 연관될 수 있다고 이야기한다. 빈곤, 사회적 고립, 약물남용, 무기 소지 허용 등의 위험 요인들은 통상적으로 두 가지 이상의 폭력 유형의 발생에 영향을 미친다고 보았다. 여성이 가정 폭력의 희생양이 되는 경우, 종종 성폭력의 위험에도 노출될 수 있다. 또한 아동의 경우, 가정에서 폭력을 경험했거나, 부모에 의해 제대로 보살핌을 받지 못해 방치된 경험을 한 아동이 청소년기나 성인기에 폭력의 가해자 또는 피해자가 되는 확률을 높일 수 있다.

이와 같은 국제보건기구의 모형은 폭력에 대한 일반적인 설명 방식에 해당하지만, 학교 폭력의 원인을 이해하고 해결 방안을 모색하는 데 있어서도 아주 기본적이고 유용한 모형을 제공해 준다고 하겠다.

## 2 벤베니쉬티와 아스터의 학교 폭력에 대한 사회 생태학적 모형

벤베니쉬티와 아스터Benbenishty & Astor, 2005의 사회 생태학적 모형은 팔레스타인과의 해묵은 대립으로 민간 시설 테러와 국지전이 활발히 일어나는 이스라엘의 지정학적 환경하에서 형성되었다. 이들은 다른 나라의 학생들과 비교할 때 자국 내 대중매체를 통해 끔찍한 폭력 사태를 빈번히 목격하는 이스라엘 학교 학생들이 가지는 학교 폭력 경험을 비교교육적으로 분석하고자 하였다.[4] 이들의 사회 생태학적 모형의 개요는 〈그림 2〉와 같다Benbenishty & Astor, 2005: 5.

4 특히 벤베니쉬티와 아스터는 'school violence' 라는 개념 대신, 학교 안에서 발생하는 다양한 형태의 괴롭힘이라는 의미의 'school victimization' 의 개념을 사용하고 있다(Benbenishty & Astor, 2005). 또한 성희롱(sexual harrassment)을 다른 폭력 유형과 뚜렷하게 구별되는 학교 폭력 유형으로 규정하였다.

그림 2 학교 폭력 피해에 대한 사회 생태학적 모형

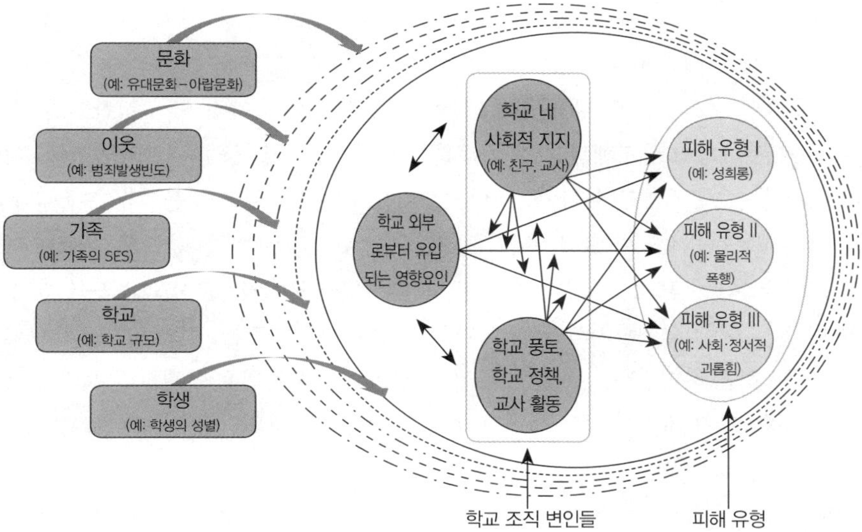


〈그림 2〉에 제시된 모형을 살펴보면 우선 가장 특징적인 부분은 모형의 중심에 '개인'이 아닌 '학교'를 위치시켰다는 점이며, 이는 국제보건기구WHO의 접근 방식과 다른 점이기도 하다. 또한 본 모형은 학교 폭력에 영향을 미칠 수 있는 다양한 맥락적 변인들을 포함하여, 학교 폭력과 맥락적 변인들의 교차점에서 발생하는 다양한 가능성들을 검토할 수 있게 해 준다.

벤베니쉬티와 아스터는 종속변인으로서의 학교 폭력 피해 유형을 성희롱, 물리적 강압이나 협박에 의한 피해, 사회－정서적 괴롭힘에 기인한 피해 등의 세 가지로 범주화하였다. 그리고 이와 같은 종속변인에 영향을 주는 독립변인 또는 매개변인의 구실을 하는 맥락적 요인들은 크게 '학교 수준 요인', '개인 요인', 그리고 '학교 밖 요인'으로 범주화된다.

학교 수준 요인school-level factors에는 '폭력 문제에 대한 자각', '폭력에 대한 학교의 반응', '학교 풍토', '학교와 교실의 규모', '시간표', '또래집단' 등이 포함된다.

관련 연구 결과에 따르면, 학교 및 교실의 규모는 학교 폭력과 상관관계를 지닌다Olweus, 1993; Walker & Greshman, 1997. 학교 규모가 크고 교실 내 수업 집단의 규모가 클수록 학교 폭력의 위험에 노출될 확률이 더 높았다.

개인 요인individual factors에는 학생의 성차, 연령, 신체적 특징 및 고정관념 등이 포함된다. 모든 나라의 학교에서 거의 공통적으로 발견된 사실 중 하나는 남학생이 여학생에 비해 훨씬 더 폭력적이라는 점이며, 그로 인해 남학생은 특히 물리적 폭행이나 강압과 같은 폭력 사건에 더 많이 연루되는 뚜렷한 경향을 보여 왔다. 학생의 연령 역시 학교 폭력을 설명하는 유의미한 변인이다. 저학년에서 고학년으로 올라갈수록 학교 폭력의 빈도는, 중학교 수준에서 약간 증가하는 것을 제외하고는, 전반적으로 줄어드는 경향이 뚜렷하게 나타난다.[5] 또한 미국의 학교 폭력 연구문헌은 학생의 동성애 성정체성이나 인종-민족 배경이 학교 폭력과 높은 상관관계를 보였다는 결과를 보고하고 있다Berrill, 1990; Klipp, 2001.

학교 밖 요인들Factors outside the school은 학부모의 양육 방식의 문제, 가정의 빈곤 수준, 지역사회의 특성예: 인종-민족 구성, 범죄율 등에 주목한다. 학교가 속해 있는 지역사회의 인종-민족 구성 분포는 학교 폭력과 긴밀히 연관되어 있다. 미국의 경우 히스패닉계 학생들이 백인이나 흑인 학생들에 비해 학교 폭력의 위험에 더 많이 노출되어 있으며, 이는 해당 학생 가정이나 지역사회의 소득 수준 또는 사회경제적 지위와 높은 상관관계를 지니는 것으로 보고된 바 있다예: Nansel, Overpeck, Pilla, Ruan, Simons-Morton & Scheidt, 2001.

5 중학교 수준에서 유독 학교 폭력의 빈도가 증가하는 현상이 여러 나라에서 비슷하게 관측되고 있다는 점은 흥미로운 사실이다. 하지만 아직까지 학자들은 이러한 특이 현상의 발생원인에 대해 명확하게 설명하지 못하고 있다(Furlong, Chung, Bates & Morris, 1995; Pellegrini & Long, 2002; Sullivan, 2000).

## 요약: 학교 폭력에 대한 총체적인 접근의 필요성 3

이상에서 살펴 본 학교 폭력에 대한 생태학적 모형은 학교 폭력 문제를 이해하는 데 아주 유용한 접근 방식을 제공해 준다. 개인과 학교를 둘러싼 다양한 맥락과 환경과의 관계를 종합적으로 고려함으로써, 학교 폭력에 기인하는 다양한 유형의 변인들을 확인하고 그에 따라 학교 폭력에 대한 보다 근본적인 예방 및 해결 방안을 모색할 수 있다.

이와 같은 접근 방식은 해당 사회에 독특한 학교 교육 제도 및 문화와 같은 맥락적 요인의 중요성을 강조하고 있으며, 한국 학교 제도가 가지는 이러한 맥락적 요인들에 대한 면밀한 분석이 앞으로 요청됨을 시사해 준다. 학교와 관련된 맥락적 요인들에는 학교 교수–학습 과정, 학생 및 교실 구성, 학교 및 국가 교육과정 시스템, 교사교육 시스템, 지역 사회의 빈곤 수준, 학생 및 학부모의 민족적–문화적–종교적 배경, 해당 사회의 계층 구조 등이 포함된다. 어느 학교에서 발생한 폭력 사건은 폭력 당사자들의 개인적 특성 요인에만 근거하여 온전히 설명될 수는 없으며, 폭력이 행사된 학교를 둘러싼 다양한 환경 · 맥락들이 폭력 현상의 발생에 대한 직접적 · 매개적 요인으로 작용할 가능성이 높다. 따라서 폭력 사건의 당사자인 학생 개인 또는 폭력 사건이 벌어진 단위 학교 안의 학생 집단의 특성에만 주목할 것이 아니라, 해당 학교를 둘러싼 이와 같은 맥락적 요인들과 학생 개인 및 단위 학교 간의 상호작용에 대한 면밀한 검토가 요청된다.

이어지는 4장에서는 학교 폭력의 중요한 맥락적 요인 중 하나인 '문화' 개념에 방점을 찍고자 한다. 이미 언급되었듯이, 학생 간의 폭력을 관대하게 바라보는 과거의 '문화', 학교 안에 존재하는 다양한 형태의 폭력에 대해 둔감한 '문화' 등은 학교 폭력의 발생이 일정 부분 기여하는 요인이었다. 학생 개개인이 학교 안에 가지고 들어오는 '문화적 배경' 역시 학교 폭력과 연관되어 있다는 것이 많은 학자들의 일치된 견해이다. 4장에서는 '문화' 의 관점에서 학교 안의 폭력을 이해하고, 이를 통해 폭력과 문화의 관계를 보다 깊이 있게 들여다보기로 하겠다.

SECTION 4

# 문화의 관점에서 본 학교 폭력

학교 폭력은 해당 학교가 지니는 고유한 '교육 풍토' 또는 '문화' 의 영향을 받는다. 학교 폭력의 문제와 관련하여 문화는 학생 개인, 학교, 지역 사회 수준에서 모두 중요한 요인으로 작용한다. 하지만, 최근까지 '문화' 의 렌즈를 통해 학교 폭력 문제의 발생원인 및 해결방안을 들여다보려는 시도는 드물었다고 하겠다. 본 장에서는 문화의 관점에서 학교 폭력의 현상을 설명하고자 하며, 이를 크게 1) 학생 개인의 문화적 배경과 2) 학교 안의 젠더 및 일진 문화의 두 가지 수준으로 나누어 살펴볼 것이다.

## 1 학생 개인의 문화적 배경과 학교 폭력

다문화 사회에서 학생 개개인이 학교 교실 안으로 가지고 들어오는 언어적 · 문화적 배경은 실로 다양하다. 한국의 경우도 결혼이민자와 이주노동자 인구가 급증하면서 학생들의 가족 구성원이 보유한 언어적 배경과 문화적 관습은 전보다 훨씬 더 다양해졌다. 이와 같은 문화적 다양성은 또래집단의 특성, 학업성취도 수준, 그리고 학교 폭력에도 영향을 미친다.

다양한 민족 집단 및 국가 간 데이터를 활용한 서구 여러 나라의 연구 결과는 학생이 보유한 민족적 · 문화적 배경이 성차, 연령 등과 함께 학교 폭력의 피해 유형과 연관되고 있음을 보여준다. 우선 미국의 학교 폭력 관련 연구 결과는 일반적으로 흑인 및 히스패닉 계열의 소수민족 학생들이 백인 학생들에 비해 폭력에 더 많이 노출되는 경향을 발견하였다DeFour, 2005: 95. 특히 이 과정에서 소수민족에 관한문화적 무지와 문화적 불감증은 학교 폭력이 촉발되는 계기가 되었다는 점이 밝혀졌다Soriano & Soriano, 1994. 문화상대주의의 관점은 학교 내 학생 집단의 사회적 관계에서 좀처럼 찾아보기 힘들었고, 더 나아가 이러한 문화적 몰이해는 또래 집단 학생들뿐만 아니라, 학교 교사들에게도 심심치 않게 발견되었다. 그리고 학생과 같은 인종-민족 배경을 가진 교사조차도, 계급이나 세대 차이 등으로 인해 학생을 제대로 이해하지 못하는 현상도 나타났다.

학교 교사로부터 제대로 인정받지 못하고 꾸지람을 듣거나 차별을 경험하는 경우, 이는 특히 유색인종 학생에게 더욱 더 부정적인 영향을 미칠 수 있다. 이로 인한 '학교 스트레스' 를 풀어줄 가까운 가족 구성원이나 친구나 없을 경우, 학생들은 잘못된 방식으로 대처할 가능성이 높아진다. 폭력적 행동은 이러한 잘못된 적응 전략의 대표적 사례이다. 스티븐슨 외Stevenson *et al.*, 2002의 연구는 흑인 학생들의 잘못된 적응 전략의 전형을 보여준다DeFour(2005)에서 재인용, 96. 연구에 등장하는 흑인 학생들은 '여리고' , '약하고' , '형편없는' 이미지에서 벗어나기 위해 공격적인 행동으로 남성성을 과도하게 표출하는 방식에 의존하였다. 흑인 학생들의 폭력적인 행동은 '나는 멀쩡해' , '아무도 나를 괴롭힐 수 없어' , '나는 아무 것도 두렵지 않아' 와 같은 생각의 의식적 · 무의식적인 반영인 셈이다.

앞서 소개된 벤베니쉬티와 아스터의 이스라엘 연구에서는 학교 폭력 피해 유형이 하위 민족 집단별아랍계, 이스라엘계, 종교 보유자, 무신론자 등로 다르다는 점이 발견되었다. 한 가지 흥미로운 점은 여러 학교 폭력 피해 유형 중에서 특히 언어적-사회적 폭력 유형verbal-social victimization에서 '문화' 가 의미 있는 변별 요인이었다는 점이다Benbenishty & Astor, 2005: 154-157. 즉, 문화는 물리적-신체적 위협과 폭행과 같은 물리적 폭력 영역에서는 별다른 영향력을 가지지 못했지만, 언어적-사회적 괴롭힘의 영역에서 유의미한 영향을 미치고 있었다. 이와 더불어, 성희롱의 영역에서는 문화와 성차가 상호작용 효과를 보이고 있었다. 즉, 종교적 성향의 유대인 학생들과 아랍 학생들의 경우, 남학생들이 여학생들보다 성희롱을 더 많이 경험했다고 보고한 것이다.



학교 폭력과 문화의 관계에 관한 정보를 제공하는 이상의 연구 결과는 한국의 교육정책가와 교사, 그리고 학교 폭력 전문가들에게 몇 가지 중요한 시사점을 제공해 준다.

첫째, 다민족-다인종화가 가속화되는 학교 및 교실 환경하에서 앞으로 문화가 학교 폭력에 미칠 영향력이 더 커질 수 있다는 점이다. 학생들이 학교로 가지고 들어오는 고유의 문화적 배경은 주류 집단의 문화와 충돌하면서 특정 유형의 폭력과 연계될 수 있다. 둘째, 이러한 연구 결과는 학교 폭력 진단 및 예방 프로그램에서 상대적으로 잘 드러나지 않는 언어적-사회적 괴롭힘의 유형에 대해 관련 전문가와 정책 결정자들이 특별히 주의할 필요가 있음을 시사한다.

셋째, 학교 교사와 행정가는 학생 집단의 문화적 다양성에 민감한 태도를 유지해야 하고, 특히 교사들은 학생들의 문화적 배경을 고려한 교실수업의 전략을 적극 활용하여, 소수민족 학생들이 교실 안에서 긍정적인 학습 경험을 유지하고, 일정 수준 이상의 성취를 경험할 수 있는 기회를 제공할 필요가 있다.

## 2 젠더, 일진 그리고 폭력의 문화

미국, 영국, 호주, 캐나다 등 서구 여러 나라의 학자들은 중등학교 내 성폭력에 대한 연구를 통해, 언어적 · 신체적인 성폭력이 과거 반세기 동안 학교 일상 문화의 일부였다는 점에 한 목소리를 내고 있다Brown, Chesney-Lind & Stein, 2007; Crocco, 2002; Gilbert & Gilbert, 1998; Keddie, 2006; Klein, 2006; Larkin, 1994; Lesko, 2000; Levstik & Groth, 2002; Robinson,

2000, 2005.[6]

관련 연구들은 중등학교의 잠재적 교육과정은 폭력의 대상으로서의 여성여학생과 여교사, 그리고 성적 소수자에 대해 노골적인 조롱과 따돌림 그리고 폭력의 양상을 띠고 있으며, 학생과 교사는 학교 안 성폭력의 잠재적 피해자임과 동시에 가해자였다. 이 같은 주장은 여성과 성적 소수자에 대한 폭력의 일상성을 의미한다. 학교 안에서 여성과 성적 소수자에 대한 폭력의 일상성이 유지되는 원인으로 학자들은 공통적으로 이성애적 규범heteronormativity과 헤게모니적 남성성hegemonic masculinity에 의해 지배받는 해당 사회의 주류 문화 및 지역 학교 문화를 꼽고 있다. 특히 학자들은 학교 안의 성폭력의 근본적인 원인에 해당하는 이성애적 규범과 헤게모니적 남성성에 주목하지 못하고, 학교 안의 성폭력을 정신적 · 심리적으로 비정상적인 일탈자들의 폭력 행동으로만 해석하는 일반적인 태도가 여전히 우리 학교 문화에 자리하고 있다는 점을 강조한다. 이러한 지적은 우리 학교가 '여성과 성적 소수자에 대한 폭력의 문화'를 지니고 있다는 점을 시사한다. 그리고 학교 안에서 벌어지는 여성에 대한 남성의 성폭력은 성폭력 가해자 개인의 일탈 문제이기도 하지만, 그러한 일탈을 학교 일상생활의 다양한 영역에서 허용하는 학교 내부 문화 특성에서도 그 원인을 찾아야 한다는 점을 말해준다.

그렇다면 이성애적 규범과 헤게모니적 남성성은 어떤 방식으로 학교 현장에 영향을 미치고 있을까? 이에 대한 답안으로 관련학자들은 학교 일상 속에서 성에 대하여 미시적으로 행해지는 언어적 · 실천적 행위들, 즉 담론적 행위discoursive practices에 주목한다Davies & McInnes, 2012; Gilbert & Gilbert, 1998; Lesko, 2000; Robinson, 2012; Saltmarsh, 2012. 일찍이 미셸 푸코Michel Foucault, 1978가 그의 역작 '성의 역사The History of Sexuality'에서 주장했듯이, 주류 사회의 권력은 과학적 지식이라는 명목하에 정상적인 것과 비정상적인 것 사이의 경계를 그었고, 그에 따라 이성애적 규범을 바람직하고 자연스러운 인간의 생리로, 그리고 동성애자를 비정상적이고 치유되어야 할 병리적 현상으로 규정하였다. 학교 울타리 안에서 구성원들은 이 담론을 실천하는 과정에 스스로 동참한다. 예를 들

6 여기서 학교 안의 성폭력 개념은 학생과 학생, 학생과 교사, 교사와 교사 간에 벌어지는 언어적 · 신체적 성희롱, 그리고 보다 강압적인 형태의 성추행과 강간 등을 모두 포괄하는 개념으로 사용되었음을 밝힌다.

어 남학생들은 그들의 이성애적 정체성을 드러내기 위해 남성성을 직접적으로 과시하기도 하지만, 이와 병행하여 여성을 비하하거나 성적인 대상으로 폄하하는 발언을 하며, 실제 성적 폭력 행위를 저지르고 이를 마치 훈장처럼 친구들에게 떠벌린다. 또한 동성애적 정체성에 대한 농담, 조롱, 폭력의 생산 과정에 직접 기여하거나, 그러한 행위를 웃어넘기거나 무시함으로써 확산 과정에 집단적으로 그리고 반복적으로 동참하기도 한다. 영국 중등학교에 실시된 마틴 맥엔게일Martin Mac an Ghaill, 1994의 문화기술적 연구는 학생들 사이에서 '남자의 탄생' 이 무엇을 의미하는지를 잘 보여준다. 맥엔게일이 참여관찰한 영국 학교에서 학생 문화를 주도하는 이성애적 규범성은 또래 아이들보다 훨씬 덩치가 크고 근육질의 잘생긴 학교 운동부 선수들이 만들어내는 마초적 남성성에만 의존하여 만들어진다기보다는, 그 반대편에 위치한 여성성과 동성애적 성향에 대한 언어적 · 신체적 공격과 폭력을 통해 완성되고 있었다.

이성애적 규범 문화에 기인하는 학교 폭력과는 달리, 최근 신문과 텔레비전의 집중보도 대상이었던 '일진 문화' 는 한국과 일본의 학교 문화에 자생하는 독특한 일탈적 현상이라 할 수 있다. 1990년대 일본 학교에서 등장한 일진一陣이라는 단어는 학생들에게 인기 있었던 학교 소재 만화의 단골 소재였는데, 1997년 '일진회' 사건을 계기로 일진의 존재와 학교 폭력 문제는 일본 사회의 주요 관심사로 등장하였다연합뉴스, 2011년 12월 28일자 인터넷판.[7] 우리나라에서도 2000년대에 들어 대부분의 학교에서 일진을 자처하는 학생 폭력 집단이 나타나기 시작하였고, 속칭 '빵셔틀' 로 대변되는 금품갈취와 집단구타가 자행되는 폭력 문화가 확산되었다. 이 같은 일진 문화의 심각성은 2012년 실시된 교육과학기술부의 학교 폭력실태조사에서 공식 확인되었다. 교과부는 학생 수가 아주 적거나 응답자가 극소수인 학교를 제외한 거의 모든 학교에 일진이 존재한다는 점을 공식적으로 인정하였으며, 일진이 있는 학교의 학생 모두가 직 · 간접적인 학교 폭력의

7 일진회 사건은 1997년 당시 일본 학교 폭력조직인 일진회의 멤버였던 고교 1학년생이 다른 학교 학생을 구타하여 숨지게 한 사건인데, 이 때 가해 학생이 학교 폭력을 소재로 그려진 만화 '캠퍼스 블루스' 의 내용을 모방했다고 진술하여 큰 화제가 되었다. 이 때 일본 당국은 해당 만화에 대해 판매금치조치를 내렸다(연합뉴스, 2011년 12월 28일자).

피해자가 될 수 있음을 경고하였다교육과학기술부, 2012. 특히 교과부는 조사 결과 드러난 학교 폭력의 피해 수준에 따라 전국 시 · 도별 '일진경보학교' 102곳을 지정하고 특별 관리를 실시한다고 발표했다.[8]

일진은 왜 학교 안에 독버섯처럼 자생하는 것일까? 학교 폭력의 예방책을 모색하는 일만큼 이 질문에 답하는 것은 무척 중요하다. 전국적으로 관찰되는 일진 조직의 확산 현상은 학교 폭력의 발생 원인에 대한 새로운 시각을 제공해 준다. 일진 현상은 단순히 폭력적 성향을 지닌 학교 부적응자들의 개인적 문제로 치부될 것이 아니라, 한국의 학교 안에서 공통적으로 관찰되는 일종의 문화 현상으로 이해될 필요가 있는 것이다. 일진과 관련된 학교 안의 폭력 현상을 문화 현상으로 간주할 때, 가장 먼저 우리에게 필요한 것은 그 문화 현상을 심층적으로 이해하는 일일 것이다. 예를 들어 관련 이론들을 참고할 때, 혹자는 대중매체에 그려진 헤게모니적 남성성과 권력에 대한 모방과 학습심리가 일진 문화의 확산에 영향을 주고 있다고 주장할 수 있다. 폭력 조직의 모습을 '쿨cool하게' 묘사하는 영화나 텔레비전 드라마 그리고 만화의 콘텐츠는 학생들에게 '따라하기' 의 욕망을 자극하며, 학생들은 그러한 가상적인 집단을 준거집단으로 삼고 그들의 가치와 태도를 내면화 할 수 있을 것이다. 혹자는 학교 폭력으로부터 상대적으로 안전한 북유럽 국가들의 사례 분석에 기초하여, 한국의 대학서열화와 고교서열화의 교육 환경이 학교 안의 폭력 문화에 미치는 영향에 더 주목할 수도 있다. 또한 각 지역별 성인 폭력 조직과 일진과의 연계에 관한 언론 보도에서 이미 확인된 바와 같이, 일진 현상을 조직 폭력배가 주도하는 일탈적인 사회화 과정으로 설명할 수도 있을 것이다시사저널, 2012년 5월 9일자. 지금 우리에게는 이와 같이 일진 문화를 직접적인 학문적 · 경험적 분석의 대상으로 삼는 다양한 연구가 절실히 요청된다.

하지만 우리나라의 교육 당국이 내놓은 학교 폭력 대책은 학교 폭력이 심각한 학교에 사회복지사나 경찰 등을 동원하여 감시하고 관련 학생들을 엄벌하는 단위 학교

8 우리 교육 당국과 언론이 일진의 존재 여부와 그에 따른 학교 폭력의 위험 수위를 심각한 사회 문제로 인지하기 시작한 것은 최근 몇 년 사이의 일이었다. 더욱이 일진 문화가 왜 확산되고 있는지를 과학적으로 분석하려는 시도는 거의 전무하다고 해도 과언이 아니다.

에 대한 감시와 처벌에 집중되어 있는 것이 현실이다. 폭력 현상에 대한 감시와 처벌도 반드시 필요한 일이겠지만, 사회 문제로서의 일진 문제를 해결하기 위해서는 일진 현상을 문화 현상으로 간주하고, 경험적인 자료에 근거하여 이를 학문적으로 규명하는 작업이 더 중요할 것이다. 서구 교육계에서는 학교 폭력 문화에 대한 후기실증주의적Post-Positivistic · 후기구조주의적Post-Structuralistic연구가 상당히 축적되었으며, 이러한 연구 사례들은 우리나라의 교육정책결정가와 현장 교사들이 학교 안의 폭력 문화를 이해하는데 도움을 줄 것이라 생각된다.

# SECTION 5 논의: 학교 폭력에 대한 인식의 전환

우리는 이제까지 폭력의 개념에 대한 고찰을 시작으로, 학교 안의 폭력이 가지는 특수성과 학교 폭력을 설명하는 이론적 모형을 살펴보았다. 그리고 이를 통해 학교 폭력의 문제는 개인과 학교의 울타리를 뛰어넘어 우리 사회의 정치적, 경제적, 문화적 맥락 속에서 총체적으로 조망해야 한다는 점, 특히 학교 안의 폭력을 일탈적 성향을 지닌 개인의 문제가 아닌 일종의 문화 현상으로 바라볼 필요성을 확인하였다. 그렇다면 이와 같은 분석 결과들은 한국의 학교 폭력 문제에 대한 예방 정책에 어떠한 함의를 지니고 있을까? 앞서 검토한 내용들을 토대로 한국의 학교 폭력 예방을 위한 주요 정책적 시사점을 간략히 논의함으로써 본 장을 마무리하도록 하겠다.

첫째, 학교 폭력에 관한 생태학적 모형은 학교 폭력 예방 프로그램이 1) 학생 개인, 2) 학생 개인과 친밀한 집단, 3) 지역사회, 4) 전체 사회의 수준에서 유기적으로 그리고 장기적인 안목에서 개발 및 적용되어야 한다는 점을 시사한다. 학교 폭력 예방을 위해 학교 현장에서 실시되는 예방 교육은 거의 대부분 단위 학교 학생 개인의 차원에 초점을 맞추고 있는 실정이다. 또한 예방 교육prevention보다는 사후 조정 교육intervention 프로그램에 더 의존하는 경향도 관찰된다. 학교 폭력 문제가 폭력 당사자 개인들 또는 단위 학교의 문제로만 치부되는 사회적 인식의 전환이 필요한 시점이다. 따라서 이러한 인식 전환을 위해 학부모와 지역 사회를 주된 대상으로 하는, 그리고 일회적이 아닌 지속적인 교육이 가능한 학교 폭력 예방 교육 프로그램이 개발되어야 할 것이다예: 가정-학교 협력 프로그램, 학생들의 등하굣길 안심 프로그램, 학교 차원의 폭력 대응 정책 컨설팅 프로그램, 미디어 산업의 폭력성 규제 정책, 폭력 완화를 가져오는 기존 학교 구조의 개혁 등.

둘째, 일반적인 학교 폭력 예방 개념에 입각한 예방 교육보다는, 특정 위험 요인의 문제를 방지할 수 있는 구체적인 접근이 더 효과적일 수 있다. 예를 들어, 남녀 학생의 성차에 따라 폭력 유형은 다르게 나타날 수 있으므로, 남학생 또는 여학생의 특성에 맞는 예방 교육이 구안될 필요가 있다. 또한, 연령별-학교급별 특성 역시 예방 교육 프로그램 개발 시 반드시 고려되어야 하는 요인이다.

셋째, 다문화교육 또는 반편견교육은 학교 폭력의 완화에 기여할 수 있는 학교 교육과정의 철학이자 목표이다. 다문화교육은 학교교육과 시민교육의 차원에서 학생들이 가지는 문화적 편견과 고정관념에 대한 감수성을 높여줄 수 있으며, 우리 사회 전반에 자리하는 구조적인 차별과 불평등의 문제에 대한 성찰을 가능하게 만든다. 따라서, 다문화교육의 정신은 학교 폭력 예방 정책의 효과적인 파트너로서의 구실을 담당할 필요가 있다.

특히 다문화교육의 내용 중 '문화적 적합성 교수법culturally-relevant pedagogy, CRP' 또는 '평등 교수법equity pedagogy'은 다문화 사회의 학교 교실에서 소수집단 학생들에게 공정한 학습 기회를 제공할 수 있는 탁월한 교수 전략을 제공한다. CRP는 소수 인종 · 민족 출신의 학생들이 지니는 독특한 문화적 배경과 학습 양식에 관한 정보를 교사가 자신의 교수법에 적극적으로 반영하는 것을 뜻한다. 다문화교육의 권위자인 뱅크스Banks, 2007, 게이Gay, 2000, 슬리터와 그랜트Sleeter & Grant, 2007 등이 밝힌 바와 같이, CRP는 인종적 · 문화적 소수 학생들의 학업 성취와 학업 태도에 긍정적인 영향을 미치고, 학교 안의 민주적 풍토를 고조시킬 수 있다. 그리고 이는 다시 학교 폭력의 감소에 긍정적인 영향을 미칠 것이다.

마지막으로, 학교 폭력의 가해자 처벌과 신속한 사후 조정에만 급급한 학교 폭력 대응 정책의 근본적인 변화 역시 요청된다. 오늘날 학교 폭력은 단위 학교에 국한된 문제가 아닌 사회 문제임이 명확해졌으며, 전국적으로 확산되고 있는 일진 현상은 문제의 초점이 가시적인 '학교 폭력' 이 아닌, 비가시적인 '학교 안의 폭력 문화' 에 놓여야 한다는 점을 시사한다. 학교 폭력 문제를 문화 현상으로 이해하고, 보다 엄밀한 학문적인 접근을 통해 학교 폭력 현상을 심층적으로 분석해야 할 것이다.

이와 더불어 최근 '회복적 정의관' 에 입각한 학교 폭력 문제 해결의 관점 역시 주목할 필요가 있다김은경, 2009; 송애리, 2012; 이대성, 2012; 조정실 · 차명호, 2012. 지금까지 대부분의 나라에서 학교 폭력의 해결은 가해자에 대한 적절한 '처벌' 과 '응징' 에 초점을 둔 응보적 관점이었다. 응보적 관점은 "처벌받는 학생이 자신이 저지른 행동보다는 자신에게 주어진 고통과 그것을 가한 사람에게 집중하도록 함으로써" , 진정한 용서와 뉘우침의 관계를 이끌어내지 못하는 경향이 있다이대성, 2012: 33-34. 반면, 회복적 정의의 개념은 현재의 사법제도가 가해자의 진정한 교화와 사회적응에 도움을 주지 못한다는 점에 주목하면서, 가해자로 하여금 자신의 범죄로 인해 피해자와 공동체 구성원들이 받은 상처와 피해가 무엇인지 알게 하고, 그것에 대해 스스로 책임을 지게 할 때 비로소 깨어진 관계가 회복되고 정의가 바로 선다고 본다. 이에 기초한 학교 폭력 대응의 관점을 적용한 예방 및 사후 조정 프로그램은 개발되지 않은 실정이며, 이에 대한 관련 연구 공동체의 추수 연구가 기대된다.

공진성(2009). 폭력(Vita Activa l 개념사 시리즈 06). 서울: 책세상.

교육과학기술부(2012a). 학교 폭력근절 종합대책. 2012년 2월 16일자 보도자료.

교육과학기술부(2012b). 학교 폭력에 대한 교사의 역할. 교사용 자료.

김은경(2009). 회복적 사법 실천모델의 효과성 연구: 공식소년절차 참여집단과 대화모임 참여집단 간의 비교연구를 중심으로. *형사정책연구*, 20(3), 239–272.

송애리(2012). 중학교에서 학교 폭력예방과 해결 주체로서 도덕교사의 역할. *도덕윤리과교육*, 36, 271–292.

시사저널(2012년 5월 9일자, 1177호). "일진은 권력의 맛도 알고 권력 유지 욕구도 강해". http://www.sisapress.com/news/articleView.html?idxno=57827

연합뉴스(2011년 12월 29일자 인터넷판). 〈학교 독버섯 '일진'〉 일본 유래 '폭력문화' ?②. http://www.yonhapnews.co.kr/society/2011/12/28/0701000000AKR20111228196200064.HTML

이대성(2012). 학교 폭력문제의 사회과교육적 접근의 가능성과 한계. 제145차 한국사회과교육학회 학술대회 자료집, 25–55.

조정실·차명호(2012). 학교 폭력 상담: 교사·학부모편. 서울: 학지사.

청소년폭력예방재단(2012). 2011년 전국 학교 폭력 실태조사 보고서.

Banks, J. A. (2007). Introduction to Multicultural Education (6th Ed.). Boston: Allyn & Bacon.

Benbeneshity, R. & Astor, R. A. (2005). *School Violence in Context: Culture, Neighborhood, Family, School, and Gender*. New York: Oxford University Press.

Benbeneshity, R. & Astor, R. A. (2012). Making the case for an international perspective on school violence. In S. R. Jimerson, A. B. Nickerson, M. J. Mayer & J. J. Furlong (Eds.). *Handbook of School Violence and School Safety: International Practice Research and Practice*. New York: Routledge, 15–26.

Berrill, K. (1990). Anti-gay violence and victimization in the U.S.: An Overview. *Journal of Interpersonal Violence*, 5. 274–294.

Bourdieu, P. & Passeron, J. C. (1977). Reproduction: *In Education, Society, and Culture*. London: Sage.

Brown, L. M., Chesney-Lind, M. & Stein, N. (2007). Patriarchy matters: Toward a gendered theory of teen violence and victimization. *Violence Against Women: An International and Interdisciplinary Journal, 13(3)*, 1249−1273.

Casella, R. (2012). The historical and political roots of school violence in South Africa: Developing a cross-national theory. In S. Saltmarsh, K. H. Robinson & C. Davies (Eds.). *Rethinking School Violence: Theory, Gender, Context*. New York: Palgrave Macmillan, 38−55.

Chambliss, W. J. (1973, December). The Saints and the Roughnecks. *Society, 11(1)*, 24−31.

Crocco, M. S. (2002). "Homophobic hallways: Is anyone listening?", *Theory and Research in Social Education, 30(2)*, 217−232.

Davies, C. & McInnes, D. (2012). Speaking violence: Homophobia and the production of injurous speech in schooling cultures. In S. Saltmarsh, K. H. Robinson & C. Davies (Eds.). *Rethinking School Violence: Theory, Gender, Context*. New York: Palgrave Macmillan, 131−148.

DeFour, D. C. (2005). Gender and ethnicity issues in school violence. In F. L. Denmark, H. H. Krauss, R. W. Wesner, E. Midlarsky, & U. P. Gielen (Eds.). Violence in Schools: *Cross-national and Cross-cultural Perspectives*. New York: Springer, 85−99.

Denmark, F. L., Krauss, H. H., Wesner, R. W., Midlarsky, E. & Gielen, U. P. (2005). *Violence in Schools: Cross-national and Cross-cultural Perspectives*. New York: Springer.

Devine, J. & Lawson, H. A. (2003). The complexity of school violence: Commentary from the US. In P. K. Smith (Ed.). *Violence in Schools*. London: RoutledgePalmer, 332−350.

Docker, J. (2008). *The Origins of Violence*. London: Pluto Press. 신예정 역(2012). 고전으로 읽은 폭력의 기원. 서울: 알마.

Foucault, M. (1978). *The History of Sexuality, Vol. 1: An Introduction.*. New York: Vintage Books. 이규현 역(1990). 성의 역사: I. 앎의 의지. 서울: 나남.

Furlong, M. J., Chung, A., Bates, M. P. & Morrison, R. L. (1995). Profiles of non-victims and multiple-victims of school violence. *Education and treatment of Children, 18(3)*, 282−298.

Gay, G. (2000). *Culturally Responsive Teaching : Theory, Research, and Practice.* New York: Teachers College Press.

Gilbert, R. & Gilbert, P. (1998). *Masculinity Goes To School.* London: Routledge.

Jimerson, S. R., Hart, S. R. & Renshaw, T. L. (2012). Conceptual foundations for understanding youth engaged in antisocial and aggressive behaviros. In S. R. Jimerson, A. B. Nickerson, M. J. Mayer & J. J. Furlong (Eds.). *Handbook of School Violence and School Safety: International Practice Research and Practice.* New York: Routledge, 3-14.

Keddie, A. (2006). Fighting, frustration, anger and tears: Matthew' s story of hegemonic masculinity. *Oxford Review of Education, 32(4)*, 521-534.

Klein, J. (2006). An invisible problem: Everyday violence against girls in schools. *Theoretical Criminology, 10(2)*, 147-177.

Klipp, G. (2001). *Resallying quids: Resilience of queer youth in school.* Unpublished doctoral dissertation, University of Michigan, Ann Arbor.

Krauss, H. H. (2005). Conceptualizing violence. In F. L. Denmark, H. H. Krauss, R. W. Wesner, E. Midlarsky & U. P. Gielen (Eds.). *Violence in Schools: Cross-national and Cross-cultural Perspectives.* New York: Springer, 11-36.

Krug, E. G., Dahlberg, L. L., Mercy, J. A., Zwi, A. B. & Lozano, R. (2002, Eds.). *World Report on Violence and Health.* Geneva. World Health Organization.

Larkin, J. (1994). *Sexual Harrassment: High School Girls Speak Out.* Toronto: Second Story Press.

Lee, S. & Oh, I. (2012). School violence in South Korea: An overview of school violence and intervention efforts. In S. R. Jimerson, A. B. Nickerson, M. J. Mayer & J. J. Furlong (Eds.). *Handbook of School Violence and School Safety: International Practice Research and Practice.* New York: Routledge, 541-554.

Lesko, N. (2001). *Masculinities Go To School.* Thousand Oaks, CA: Sage.

Levstik, L. & Groth, (2002). "Scary thing, being an eight grader": Exploring gender and sexuality in a middle school U. S. history unit." *Theory and Research in Social Education, 30(2)*, 233-254.

Mac an Ghaill, M. (1994). The making of men: Masculinities, sexualities and schooling. Buckingham, PA: Open University Press.

Nansel, T., Overpeck, M., Pilla, R., Ruan, W., Simons-Morton, B. & Scheidt, P. (2001). Bullying behaviros among U.S. youth: Prevalence and association with psychosocial adjustment. *Journal of the American Medical Association, 285*, 2094–2100.

Olweus, D. (1993). *Bullying at School.* Cambridge, MA: Blackwell.

Pellegrini, A. D. & Long, J. D. (2002). A longitudinal study of bullying, dominance, and victimization during the transition from primary school through secondary school. *British Journal of Development Psychology*, 20, 259–280.

Robinson, K. H. (2002). 'Great tits, miss!' The silencing of male students' sexual harassment of female teachers in secondary schools: A focus on gendered authority. *Discourse: Studies in the Cultural Politics of Education, 21(1)*, 75–90.

Robinson, K. H. (2005). Reinforcing hegemonic masculinities through sexual harassment: Issues of identity, power and popularity in secondary schools. *Gender and Education, 17(1)*, 19–37.

Robinson, K. H. (2012). Sexual harrassment in schools: Issues of identity and power - Negotiating the complexities, contexts and contradictions of this everyday practice. In S. Saltmarsh, K. H. Robinson & C. Davies (Eds.). *Rethinking School Violence: Theory, Gender, Context.* New York: Palgrave Macmillan, 71–93.

Saltmarsh, S. (2012). 'The kid most likley' : Naming, Brutality and silence within and beyond school settings. In S. Saltmarsh, K. H. Robinson & C. Davies (Eds.). *Rethinking School Violence: Theory, Gender, Context.* New York: Palgrave Macmillan, 21–37.

Sleeter, C. E. & Grant, C. A. (2007). *Making Choices for Multicultural Education: Five Approaches to Race, Class, and Gender (5th Ed.).* Hoboken, NJ: Wiley.

Soriano, M. & Soriano, F. I (1994). School violence among culturally diverse populations: Sociocultural and institutional considerations. *School Psychology Review, 23(2)*, 216–235.

Stevenson, H. C., Herrero-Taylor, T., Cameron, R. & Davis, G. Y. (2002). Mitigating instigation: Cultural phenomenological influence of anger and fighting among "Big-Boned" and "Big-Faced"

African American youth. *Journal of Youth and Adolescence, 31(5)*, 473-485.

Sullivan, K. (2000). *The Anti-Bullying Handbook*. New York: Oxford University Press.

Walker, H. M. & Gresham, F. M. (1997). Making schools after and violence-free. *Intervention in School and Clinic, 32*, 199-204.

Žižek, S. (2008). *Violence*. Andrew Nurnberg Associates. 이현우·김희진·정일권 역(2011). 폭력이란 무엇인가. 서울: 난장이.

참고문헌

# 폭력의 장으로의 학교

# part Ⅱ

SECTION

**1** / 학교 폭력의 정의

SECTION

**2** / 학교 폭력의 실태

SECTION

**3** / 학교 폭력의 유형

# SECTION 1 학교 폭력의 정의

## 1 학교 폭력의 정의

최근 학교 폭력은 청소년 문제를 논하는 데 있어서 빼놓을 수 없는 주제가 되었다. 특히 청소년들 대부분은 학업과 진로문제, 교우문제, 여가활동 부족 등으로 인하여 다양한 스트레스와 어려움에 처해 있고 이 시기의 스트레스는 청소년기에서 성인기로 이행하는 과정에서 고민, 갈등, 방황 등의 부정적 영향을 줄 가능성이 많다조아미, 2007. 이러한 스트레스가 교육현장에서 학교 폭력의 잠재화를 가중시키고 결국 심각한 문제로 드러나게 된 것이다. 2011년 12월 학교 폭력으로 고통 받던 학생이 스스로 목숨을 끊는 사건이 연이어 발생하면서, 학교 폭력은 더 이상 간과할 수 없는 심각한 사회문제로 부각되었고 학교 폭력에 대한 관심은 그 어느 때보다 높아지고 있다김승혜, 2012.

따라서 학교 폭력에 대한 정의를 파악하기 위해서는 학교 폭력을 크게 법적 개념과 연구적 정의로 나누어 살펴보고 그에 따라 통합적으로 학교 폭력에 대해 이해하는 것이 필요하다. 먼저, 법적으로 "학교 폭력" 이란 학교 내외에서 학생을 대상[1]으로 발생한 상해, 폭행, 감금, 협박, 약취 · 유인, 명예훼손 · 모욕, 공갈, 강요 · 강제적인 심부름 및 성폭력, 따돌림, 사이버 따돌림, 정보통신망을 이용한 음란 · 폭력 정보 등에 의하여 신체 · 정신 또는 재산상의 피해를 수반하는 행위학교폭력예방 및 대책에 관한 법률 제2조 제1호를 정의하고 있다.

## 1 법령상 개념 : 「학교폭력예방 및 대책에 관한 법률」 제2조

- 학교 내 · 외에서 학생을 대상으로 발생한 상해, 폭행, 감금, 협박, 약취 · 유인, 명예훼손 · 모욕, 공갈, 강요 · 강제적인 심부름 및 성폭력, 따돌림, 사이버 따돌림, 정보통신망을 이용한 음란 · 폭력 정보 등에 의하여 신체 · 정신 또는 재산상의 피해를 수반하는 행위.
- "따돌림" 이란 학교 내외에서 2명 이상의 학생들이 특정인이나 특정집단의 학생들을 대상으로 지속적이거나 반복적으로 신체적 또는 심리적 공격을 가하여 상대방이 고통을 느끼도록 하는 일체의 행위.
- "사이버 따돌림" 이란 인터넷, 휴대전화 등 정보통신기기를 이용하여 학생들이 특정 학생들을 대상으로 지속적, 반복적으로 심리적 공격을 가하거나, 특정 학생과 관련된 개인정보 또는 허위사실을 유포하여 상대방이 고통을 느끼도록 하는 일체의 행위.

또한 법에서 가해학생, 피해학생의 정의를 가해학생이란 가해자 중에서 학교 폭력을 행사하거나 그 행위에 가담한 학생을 말하며학교폭력예방 및 대책에 관한 법률 제2조 3호, 피해학생이란 학교 폭력으로 인하여 피해를 입은 학생으로 하고 있다학교폭력예방 및 대책에 관한 법률 제2조 4호.

1 개정이유를 살펴보면 기존 학교 폭력의 범위를 '학생 간에 발생한' 사건에서 '학생을 대상으로 발생한' 사건으로 확대하여 학교 밖 청소년 등에 의한 학교 폭력도 이 법에 따라 지원을 받을 수 있게 한 것으로 되어 있다.

## 2 연구적 정의

학교 폭력은 연구자마다 다양한 시각의 차이가 있기 때문에 한마디로 정의하기는 어렵다. 일반적으로 학교 폭력에 대해 Olweus1994는 한 명 또는 그 이상의 학생들에 의해 행해지고, 가해자와 피해자 간의 관계가 반드시 힘의 불균형 상태에 있고 이것이 지속적이고 반복적인 부정적 행위로 나타나는 것으로 정의한다. 여기서 부정적 행위란 누군가가 의도적으로 다른 사람에게 상처를 주거나 불안을 끼치거나 또는 그렇게 하려고 시도하는 경우를 말한다. Olweus1994는 학교 폭력에 대해 한 명 또는 그 이상의 학생들에 의해 행해지고, 가해자와 피해자 간의 관계가 반드시 힘의 불균형 상태에 있어야 함을 강조하였다. 누군가가 의도적으로 다른 사람에게 상처를 주거나 불안을 끼치거나 또는 그렇게 하려고 시도하는 경우가 지속적이고 반복적으로 이루어지는 것을 의미한다. 또한 Mulrine1996은 학교 폭력이란 학교뿐 아니라 가정이나 학교 밖에서 일어나는 폭력이라도 학생들에게 영향을 미치는 것이면 모두 학교 폭력으로 규정하는 광의적 개념으로 정의하였다김민정, 2009, 재인용.

국내의 연구에서는 대체적으로 Olweus의 정의와 유사하게 학교 폭력을 정의하고 있다김정옥 · 박경규, 2002; 김준호, 1997; 임영식, 1998. 즉 자기보다 약한 처지에 있는 상대에게 불특정 다수의 학생이 남에게 보이지 않는 장소에서 신체 · 심리적인 폭력을 반복하여 행하거나 심각한 공격을 가하는 문제행동으로 정의하고 있다문용린 외, 2008. 이러한 정의를 종합해보면 학교 폭력이란 학교에 다니는 청소년 사이에 발생하는 심리적 · 신체적 · 물리적 폭력을 모두 포함한 행동을 말한다김승혜, 2012.

학교 폭력에 대하여 Astor와 Meyer2001는 신체적, 심리적 상해나 재산상의 피해를 가져오는 의도적이고 부주의한 행동으로 정의하였고, Olweus1993는 학교와 관련하여 일어나는 폭력행위로 개인이나 또래집단에 의해 반복적이고 지속적으로 일어나는 신체적, 물리적 폭력은 물론 집단 따돌림, 욕설, 협박 등의 심리적, 언어적 폭력행위에 노출되는 것으로 정의하였다. 좀 더 신체적 행동에 초점을 맞추면 학교 폭력이란 신체적인 상해나 위험, 괴롭힘, 강간 등을 야기하는 의도적인 협박이나 신체적 힘의 사용으로 정의되거나Elliott, Hamburg & Williams, 1998, 학습을 방해하거나 학교의 환경을 저해하는 모든 범죄적 행동과 공격적 행동으로 폭넓게 정의되기도 하였다Furlong, 2000. 또한 학교 폭력의 심각성과 실태를 알아보기 전에 지금까지의 논의를 중심으로 학교 폭력을 매우 포괄적으로 "학교 교내, 주변, 등하굣길, 집 주변, 학원 주변 등 물리적인 장소는 물론이고 교육과 관련된 장소 및 현장에서 부모와 교사를 제외한 모든 사람이 학생에게 행사한 정도가 상당히 심각한 유형무형의 모든 폭력" 이라고 정의한다문용린 외, 2006.

## 3 학교 폭력을 설명하는 이론적 관점

### 가) 개인적 특성의 차이

이 관점에서는 괴롭힘 등과 같은 학교 폭력을 개인적 힘power이나 특성의 차이로 설명하고자 한다. 즉, 상대적으로 힘이 강한 아동은 자기보다 힘이 약한 대상을 억압하려는 동기를 갖는다는 것이다. 아동들 간의 심리적, 신체적 힘의 불균형 현상은 학교 현장에서 항상 존재하기 때문에 상대적으로 우세한 힘과 타인을 지배하려는 동기의 연합은 학교 폭력을 설명할 수 있는 중요한 요인이 될 수 있다Rigby, 2004; 문용린 외, 2006, 재인용.

많은 경험적 연구들은 이러한 관점에서 개인의 심리적, 신체적 요인이 학교 폭력을 유발하는 중요한 요인이라는 것을 밝혀왔다. 일반적으로 가해자는 평균적인 학생보다 신체적으로 강하고 공격적이며 덜 동정적이지만, 피해자는 신체적으로 약하며 내향적이고 낮은 자존심을 갖는 경향이 있다Sutton & Keogh, 2000; Maynard & Joseph, 1997; 문용린 외, 2006, 재인용. 이러한 개인차는 유전적 요인에 의해 나타날 수 있으며, 가정환경예를 들어, 역기능적 가정과 강압적인 부모의 훈육은 타인에 대한 공격행동을 증가시킬 수 있음이나 사회적 학습 등에 의해 발생될 수도 있다. 또한 학교 폭력의 가해자들은 자신이 다니고 있는 학교에 대해 자부심을 거의 가지지 못하며, 지역사회에 통합되어 있지 않으며Morrison, 2002, 스트레스에 적절하게 대응하지도 못하며, 자신의 부적절한 반응을 자신이 가해한 피해자 때문이라고 생각하는 경향이 있다. 반면, 피해자들은 지나치게 부적절한 부끄러움을 가지고 있는 경우가 많다.

나) 발달과정에서 나타나는 현상

학교 폭력을 설명하는 또 다른 관점은 타인을 괴롭히는 행동bullying 등은 발달과정에서 초기 아동기부터 나타나는 현상으로 본다. 즉 초기 아동들은 자신의 사회적 우월성을 확보하기 위하여 타인을 희생시키고 스스로를 내세우려는 행위를 한다는 것이다. 이러한 견해는 진화론적 관점과 맥을 같이 하는 것으로, 타인에 대한 지배는 경쟁적 환경에서 개인의 생존을 확보하기 위한 일차적인 목표가 되는 것이다. 학교 폭력에 대한 이러한 이론적 관점에서는 학교 폭력을 어느 정도 자연스러운 현상으로 보는 경향이 있다고 할 수 있다.

아동 초기에 나타나는 이러한 행동 경향성은 처음에는 타인을 때리는 행동과 같이 직접적인 형태로 나타나지만, 성장하면서 사회적으로 비난을 덜 받을 행동 유형으로 변하게 된다Hawley, 1999. 따라서 학교 현장에서는 신체적이고 물리적인 폭력보다는 언어적 또는 놀림 등과 같은 간접적인 괴롭힘이 더 빈번하게 발생한다.

다) 사회문화적 현상

사회문화적 관점에서는 학교 폭력을 서로 다른 수준의 힘을 가진 사회적 집단에 의해 일어나는 현상으로 설명한다. 다시 말해 성별, 인종, 사회 계층, 종교적 성향, 신체적 또는 심리적 장애 등에 의해 나타나는 차이에 대한 문화적인 견해로서 학교 폭력을 설명하고자 한다. 이러한 사회문화적 현상 중에서 가장 두드러진 부분이 성별 차이에 관한 것이다. 일반적으로 남성들은 여성에 비해 우세한 힘을 가지고 있는 것으로 인식되고 있으며, 이러한 사회적 우월성을 유지하기 위하여 남자 아이들은 여자 아이들에 대한 괴롭힘 행동을 정당화하는 경향이 있다. 많은 연구들은 여학생보다 남학생들이 타인을 괴롭히는 행동이나 학교 폭력을 더 많이 행사하고 있으며, 여학생이 남학생을 괴롭히는 경우보다 남학생이 여학생을 괴롭히는 경우가 더 많다는 것을 보고하고 있다Olweus, 1997. 타인을 억압하는 행동 특성을 학습하고 이러한 특성을 발달시키는 남자 아동에게 남자다움을 형성하는 것이라고 긍정적으로 인식하는 문화적 관점에서 이와 같은 연구 결과는 당연한 것이라 하겠다.

라) 사회적 맥락

학교 폭력을 사회적 맥락에서 설명하고자 하는 관점은 앞에서 설명한 사회문화적 조망과 달리 성별, 인종, 사회 계층 등과 같은 요인보다는 사회적 구성체인 학교 구성원들의 태도와 행동에 영향을 미치는 맥락context을 강조한다. 학생들의 행동과 태도는 무엇보다도 학교에서 학생들에게 어떠한 것을 원하는지 등과 같은 학생들이 지각하는 학교의 분위기에 의해 영향을 받는다Rigby, 1997. 따라서 친구를 괴롭히거나 폭력을 사용하는 것이 큰 문제가 아니라고 생각하는 학교 분위기에서는 그렇지 않은 학교에 비해 학교 폭력의 발생율은 높다고 하겠다.

또한 각 개인의 행동은 그들이 비교적 친밀한 관계를 형성하고 있고 적은 수의 동료집단에 의해서도 영향을 받는다. 이러한 동료집단은 대개 공통적인 관심사와 홍미를 가지고 있으며, 서로에게 지지와 보상을 함으로써 더욱더 유사한 태도와 행동을 하게 된다. 따라서 친밀한 관계를 형성하고 있는 친구가 학교 폭력에 긍정적인 태도와 행동을 보일수록 학교 폭력에 더 많이 연루될 가능성은 높아진다고 할 수 있다.

## 학교 폭력의 문제점 2

학교 폭력은 그냥 방관할 문제도 아니고 그저 아이들만의 문제로 치부할 것도 아니다. 이미 학교 폭력은 그 심각함이 우리 사회 전반에 걸쳐 나타나고 있고, 자살, 잔인한 폭력, 교묘하고 상대방을 고통으로 몰고 가는 따돌림 수법 등 성인사회와 우리 사회 전체에 충격을 주고 있다. 하지만 이런 현상은 어제 오늘 일어난 일이 아닌 이미 오래 전부터 청소년 사이에 방관되어 왔던 폭력의 양상이 점차적으로 커진 것으로 볼 수 있다.

학교 폭력의 가장 큰 문제점은 학교 폭력 경험이 청소년에게 미치는 영향이 심각하다는 것이다. 학교 폭력 경험은 피해자와 가해자, 목격자 모두에게 신체적 · 정신적 · 사회적으로 부정적인 영향을 미치고 이것은 성인이 된 이후에도 지속될 수 있다고 한다Haddow, 2006. 또한 학교 폭력을 경험한 청소년들은 이후 즉각적인 개입이나 적절한 치료를 받지 못하면 자살의 증가, 사회심리적 발달 저하, 대인관계에서 어려움 등의 문제를 겪을 수 있다신혜섭, 2005. 또 여러 내 · 외적 변화에 효과적으로 적응하는 방법을 찾지 못하는 경우에는 불안, 우울과 같은 정서적 변화로 반응하거나 불안정한 행동문제와 같은 부적응을 겪게 될 수도 있다정현희 · 양계민, 1999. 청소년들의 학교 폭력 경험은 음주, 약물사용, 중도탈락, 자살 등 다양한 문제행동 및 부적응을 수반하기도 하며Ellickson, Saner & McGuigan, 1997; White, Loeber, Stouthamer-Loeber & Farrington, 1999, 청년기와 성인기의 폭력으로 이어질 가능성이 높아Olweus, 1994; 신혜섭, 2005, 재인용 사회적으로 심각한 문제가 되기도 한다. 학교 폭력을 경험한 청소년들은 다시 폭력으로 문제를 해결하려는 경향을 보이기도 하고, 성인이 되어서도 폭력을 가하거나 반대로 폭력에 무력해져서 사회에서 문제행동을 하는 사람이 될 수 있다는 점에서 모두가 관심을 갖고 대처해야 할 중요한 과제이다. 또한 학교 폭력 피해 및 가해 경험은 청소년에게 미치는 영향이 심각하다는 점에서 더욱 문제점이 크다. 학교 폭력 피해자들은 일반적으로 불안과 수치감, 가해학생에 대한 분노를 느낀다. 학교 폭력은 일회적이라기보다 지속적이고, 학교 폭력에 시달린 경우 불안은 공포감으로 발전하고 학교부적응, 자살충동 등 다양한 문제로 나타날 수 있다. 최근 학교 폭력 현상은 학교 폭력을 당하던 청소년이 폭력에서 벗어나기 위해 가해자가 되기도 하고, 또래집단에서 피해를 당하는 청소년이 자신보다 약한 상대에게는 오히려 가해자의 역할을 하는 피해와 가해가 반복되는 현상이 나타나고 있다조정실 · 차명호, 2010. 이 청소년들은 단지 가해나 피해 경험만 있는 청소년들에 비해 문제의 심각성을 많이 가지는 것으로 보고된다오주 · 아영아, 2006. 김준호 외 1997의 연구에서도 피해 경험이 많은 아이들이 가해성향 역시 높게 나타나는 것으로 보고하고 있다. 이는 폭력의 사회화과정에서 피-가학적인 심성이 강화될 수 있다는 점을 간접적으로 뒷받침한다.

이는 청소년폭력예방재단에서 실시한 전국학교 폭력실태조사2011 결과에서도 나타나는데 전체 응답자 9,174명 중에서 피해와 가해를 모두 경험한 학생은 785명8.6%이라고 나타났고, 학교 폭력 피해 경험과 가해 경험이 '셀 수 없이6회 이상 있다' 라고 응답한 학생도 전체의 48.9%로 나타났다. 이는 학교 폭력 가해와 피해를 모두 경험한 청소년들이 많다는 것을 나타낸다. 따라서 폭력이 또 다른 학교 폭력을 부를 가능성이 있다는 점으로 보아 학교 폭력의 피해가 단순한 문제 혹은 서로 별도의 문제가 아니라 상호 연관 속에서 이해되어야 한다김승혜, 2012.

## 학교 폭력의 원인 - 복합적, 불분명함, 다양함 3

이런 학교 폭력의 원인으로 다양한 요인이 연구되어 왔고 그것은 개인, 가족, 또래, 사회문화 등으로 나눌 수 있으나, 한 가지 요인만이 아닌 다양한 요인이 복합적으로 작용하는 것으로 보고되고 있다. 학교 폭력은 결코 단순한 현상이 아니다. 기성세대 중 혹자는 자신들의 어릴 적을 떠올리며 누구나 다 그렇게 클 수 있다고 하거나, 학생 간의 싸움 정도로 치부하기도 하는데 그것은 잘못된 것이다. 그렇게 쉽게 넘어갈 단순한 청소년기의 문제라면 학교 폭력으로 인해 자살하고 치료를 받고, 몇 년동안 고통에서 헤어나오지 못하는 말로 다 설명할 수 없는 상황이 일어나겠는가? 학교 폭력은 그 발생부터 몹시 애매하기도 하고 복잡한 양상과 원인을 가지고 있다.

또한 학교 폭력은 그것을 구성하는 요소도 복합적이다. 겉으로 보기엔 피해자와 가해자만 부각되어 보이지만, 가해자와 부모, 피해자와 그의 부모, 교사, 학교 관련자, 방관자, 주변 친구들, 암묵적 동조자 등 그 구성 요소들은 엄청나게 복잡하다. 따라서 이런 다각적인 학교 폭력의 원인과 구성요소 등이 가지는 복합성을 꼭 염두에 두고 학교 폭력을 이해하고 바라보는 것이 중요하다.

## 1 개인요인

개인적 요인으로는 공격성, 자아존중감, 자기통제 등이 자주 언급되고 있다. 학교 폭력 가해를 하는 청소년은 공격성이 강하기 때문에 자기의 욕망이나 감정에 따라 사회질서나 규범을 고려하지 않고 행동하며 학교 폭력 가해 등 반사회적 행동을 하고도 반성하거나 고민하지 않는다고 하였다신혜섭, 2005. 또한 높은 자존감은 학교 폭력을 일으키거나 공격적인 행동을 하는 것과 밀접한 관련이 있다고 보고되고 있으며Olweus, 1997, 폭력가해 학생의 자존감이 다른 학생의 자존감과 차이가 없거나 오히려 평균 이상의 자존감을 갖고 있다는 연구도 있다. 또한 학교 폭력 가해를 하는 청소년에게 많이 나타나는 특성으로 낮은 자기통제력을 들 수 있다. 이들은 자신의 욕망이나 감정에 따라 행동하거나 자기중심적이고 판단력 부족 등으로 폭력을 행사하거나 작은 문제에도 자신을 조절하지 못하고 공격적으로 반응하여 폭력행동을 하게 된다청소년폭력예방재단, 2008. 즉 자기통제력이 낮을수록, 폭력 가해행동은 더 증가한다는 것이다도기봉, 2007.

## 2 가정요인

학교 폭력의 원인 중 하나는 가정적 요인이다. 그것은 학생들이 성인이 되기 전까지 가장 근본적인 성격형성에 영향을 미치는 것이 바로 가정이기 때문이다. 따라서 가정환경에 문제가 있을 때 인격형성에 나쁜 영향을 주며 가정 내의 불만이나 그것들로 인한 정신적 압박이나 도피가 폭력행위의 원인이 될 수 있다김승혜, 2012. 그 원인으로는 대체적으로 핵가족 제도와 결손가정, 폭력적인 부모, 그리고 부모들의 인식부족으로 볼 수 있는데 정리하면 다음과 같다강유미, 2011. 첫째, 대가족 제도에서 핵가족 제도로 변화하면서 대가족 제도에 비해서 핵가족 제도로 변화하면서 가정 내에서 부모가 교육시켜야 할 내용들이 양적으로 더욱 증대되었음에도 부모들의 사회적 활동이 상대적으로 늘어나 아이들에게 가정 내에서 가르쳐야 할 예절교육이 제대로 되지 못하고 있다. 이로 인해 아이들의 인격이 제대로 형성되지 못하고, 윤리적인 인식체계도 제대로 자리

잡지 못하게 되는 것이다. 다음으로 청소년의 폭력 문제는 청소년들의 일차적인 환경인 가정 내에서 일어나는 폭력과 학교 폭력과의 관계에 대한 연구를 통하여 이해할 수 있다. 폭력은 환경적 요인에 의한 학습에 의하여 일어나고Straus&Gelles, 1990 특히 가족 간에 폭력의 전달과 학습이 강력한 효과를 가지는 것으로 볼 수 있다. 또한 형제 간의 폭력은 학교생활 적응력을 현저히 떨어트리며 또래와의 관계형성에 부정적인 영향을 미치는 것으로 보고되고 있다Hardy, 2001; Roland & Idsoe, 2001, 재인용. 이렇듯 가족 안의 요인들은 이후의 사회적 관계 형성을 위한 전조가 된다는 논리에 입각하여, 가족 안의 폭력 문제와 밀접한 관계를 맺는 형제자매관계는 청소년의 관계형성과 나아가 학교 폭력에 영향을 미친다고 할 수 있다.

### 3 학교 환경적 요인

청소년의 학교 폭력의 1차적 원인은 청소년 개인과 가정의 문제이지만, 오늘날 학교 교육이 갖는 여러 가지 역기능적 요소들 또한 학교 폭력의 직접적인 원인이 되고 있다. 학교와의 유대관계에 중요한 영향을 미치는 학교 관련 요인들, 교사의 학습지도 실체와 학급 운영기술 등은 청소년의 공격행동 발달에 직접적으로 관여한다고 볼 수 있기 때문이다. 진학중심의 교육체제와 이로 인한 스트레스, 전인교육이 소홀하게 취급되는 점, 학교 내에서 맺어지는 관계에서 신뢰감이 결여되는 경우에도 학교 폭력은 늘 잠재되어 있다.

### 4 사회 환경적 요인

급속한 산업화와 도시화는 우리 사회와 청소년들에게 전통적 가치의 붕괴를 가져왔고 기성세대의 도덕적 타락과 사업적 이윤추구 등 유해환경의 범람은 청소년들의 비행행동을 유발시키면서 또한 쉽게 폭력을 행사하게 만든다. 대중매체를 통한 성과 폭력의 자극은 정도를 넘어서 청소년 폭력의 양적 증가는 물론 질적 변화를 가져오고 있

표 1 학교 폭력 발생 메커니즘

| | |
|---|---|
| 사회 요인 | 대중매체에서의 폭력묘사, 성역할, 낙인이론, 사회학습경험 |
| 지역 요인 | 학교와 지역의 분리, 가난과 실직, 사회의 소속감 결여 |
| 학교 요인 | 학교 환경과 학급크기, 학교 훈육에 대한 예상, 학교 훈육의 규칙과 형태 |
| 가족 요인 | 가정폭력, 학대와 유기, 가정 훈육에 대한 예상, 가정 훈육의 규칙과 형태 |
| 관계 요인 | 부모, 교사, 학생 간의 관계, 피해자와의 관계, 상황적 결정요인, 또래집단/패거리 구성원 |
| 개인 요인 | 사회적 기술과 문제 해결 기술, 유전적 요인, 발달적 요인, 인지적 요인, 신경심리학적 요인, 정신병리 |

다. 특히 학교 근처 또는 학생들이 자주 다니는 곳에 주택가와 유흥가가 공존하는 도시 구조는 청소년 유해환경으로 학교 폭력을 발생시키는 요인으로 작용한다. 청소년 문화 공간이 절대적으로 부족하여 청소년 시설이나 프로그램에 있어서도 절대적으로 부족한 실정이다.

SECTION 2

# 학교 폭력의 실태[2]

## 학교 폭력의 인식 및 심각성 실태 1

### 1 여전히 빈번하게 일어나고 있는 학교 폭력!

최근 1년간 학교 폭력이 얼마나 자주 일어나는가에 대한 질문에 '일어난다' 26.9%, '자주 일어난다' 8.9%로 35.8%의 학생들이 학교 폭력이 일어난다고 여겼다. 2011년도 '전국 학교 폭력 실태조사' 와 비교해보면 24.4%로 2011년에 비해 학생들은 학교 폭력이 더 많이 발생한다고 인식했다.

2 2장 학교 폭력 실태는 (재)청소년폭력예방재단에서 매년 실시하는 전국학교 폭력실태조사 결과를 바탕으로 구성되었음. 2012년 전국학교 폭력실태조사 중 발췌.

표 2  2012년 학교 폭력 발생빈도에 대한 인식

(무응답: 17명)

| 항목 | 빈도(명) | 비율(%) |
|---|---|---|
| 전혀 일어나지 않는다 | 603 | 10.9% |
| 일어나지 않는다 | 1,000 | 18.2% |
| 보통이다 | 1,935 | 35.1% |
| 일어난다 | 1,483 | 26.9% |
| 매우 자주 일어난다 | 492 | 8.9% |
| **합계** | **5,513** | **100.0%** |

표 3  2011년, 2012년 학교 폭력 발생빈도에 대한 인식

| 항목 | 2011년 | 2012년 |
|---|---|---|
| 전혀 일어나지 않는다 | 22.0% | 10.9% |
| 일어나지 않는다 | 16.3% | 18.2% |
| 보통이다 | 37.3% | 35.1% |
| 일어난다 | 18.2% | 26.9% |
| 매우 자주 일어난다 | 6.2% | 8.9% |
| **합계** | **100.0%** | **100.0%** |

## 2 집단따돌림, 신체폭력을 가장 심각하다고 인식!

가장 심각하다고 생각하는 학교 폭력으로 1순위는 '집단따돌림' 24.4%, 2순위는 '신체폭력' 23.3%라고 응답했다. 2011년에는 1순위 '신체폭행' 20.9%, 2순위 '집단따돌림' 20.5%로 여전히 집단따돌림 및 신체폭행이 가장 심각한 것으로 분석되었다.

표 4 2012년 학교 폭력 유형별 심각성 인식

(무응답: 21명)

| 항목 | 빈도(명) | 비율(%) |
|---|---|---|
| 신체폭력 | 1,284 | 23.3% |
| 금품갈취 | 471 | 8.6% |
| 괴롭힘 | 560 | 10.1% |
| 집단따돌림 | 1,343 | 24.4% |
| 언어폭력 | 746 | 13.5% |
| 위협이나 협박 | 196 | 3.6% |
| 성적 추행 | 350 | 6.3% |
| 사이버폭력 | 257 | 4.7% |
| 모두 심각하지 않다 | 302 | 5.5% |
| **합계** | **5,509** | **100.0%** |

표 5 2011년, 2012년 학교 폭력 유형별 심각성 인식

| 항목 | 2011년 | 2012년 |
|---|---|---|
| 신체폭력 | 20.9% | 23.3% |
| 금품갈취 | 10.2% | 8.6% |
| 괴롭힘 | 12.7% | 10.1% |
| 집단따돌림 | 20.5% | 24.4% |
| 언어폭력 | 17.6% | 13.5% |
| 위협이나 협박 | 4.6% | 3.6% |
| 성적 추행 | 4.8% | 6.3% |
| 사이버폭력 | 1.8% | 4.7% |
| 모두 심각하지 않다 | 6.9% | 5.5% |
| **합계** | **100.0%** | **100.0%** |

# 2 학교 폭력 피해실태

## 1 학교 폭력 피해율 감소, 피해학생의 심리적 고통 증가

2012년 최근 1년간 학교 폭력 피해율은 12.0%로 나타나 2011년 18.3%에 비해 감소한 것으로 조사되었다. 하지만 2006년 이후 학교 폭력 피해율과 비교하여 살펴보면 여전히 심각한 수준임을 알 수 있다. 또한 2011년에 비해 2012년에는 학교 폭력 피해 후 고통정도의 경우 33.5%에서 49.3%로 높아져 피해 청소년들의 심리적 고통은 과거에 비해 더욱 증가한 것으로 밝혀졌다.

이는 학교 폭력이 양적으로 다소 감소하였으나, 질적으로 학생들이 체감하는 학교 폭력은 심각해졌음을 의미한다. 학생들의 학교 폭력 피해 후유증, 청소년 자살, 범죄로 인한 심리적 고통이 고질적인 문제로 이어질 수 있기 때문에 단순히 수치가 떨어진 현상으로 학교 폭력이 줄고 있다고 보기보다는 학교 폭력의 실상에 대한 경각심을 가져야 한다.

표 6 2012년 최근 1년간 학교 폭력 피해 경험

(무응답: 60명)

| 항목 | 빈도(명) | 비율(%) |
|---|---|---|
| 당한 적이 없다 | 4,809 | 88.0% |
| 1회 | 293 | 5.4% |
| 2회 | 117 | 2.1% |
| 3회 | 60 | 1.1% |
| 4회 | 40 | 0.7% |
| 5회 | 17 | 0.3% |
| 셀 수 없이 많다(6회 이상) | 134 | 2.4% |
| **합계** | **5,470** | **100.0%** |

그림 1 2006년~2012년 학교 폭력 피해율

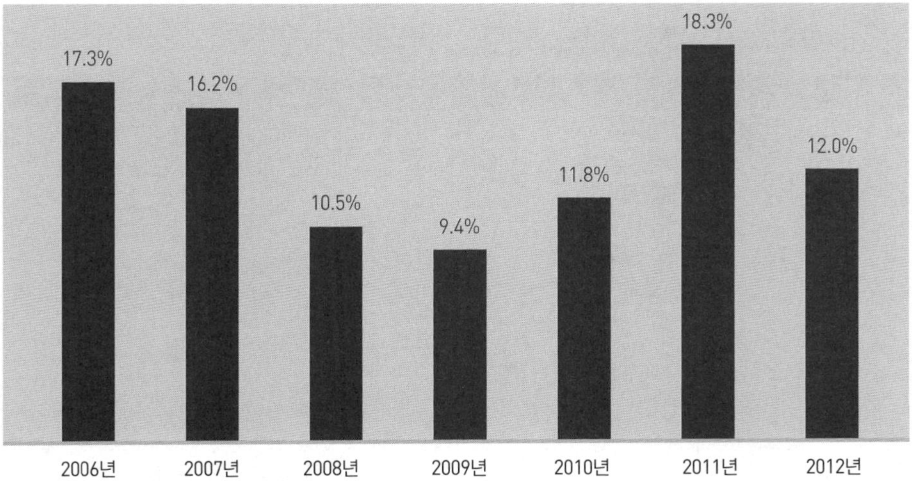


표 7 2011년, 2012년 학교 폭력으로 인한 고통정도

| 항목 | 2011년 | 2012년 |
|---|---|---|
| 전혀 고통스럽지 않았다 | 10.2% | 10.0% |
| 고통스럽지 않았다 | 26.4% | 8.3% |
| 보통이다 | 29.9% | 32.3% |
| 고통스러웠다 | 15.8% | 31.1% |
| 매우 고통스러웠다 | 17.7% | 18.2% |
| **합계** | **100.0%** | **100.0%** |

## 2 학교 폭력 피해로 인한 자살생각, 10명 중 4.5명!

학교 폭력을 경험한 학생들 중 44.7%가 폭력의 고통으로 인해 자살을 생각해 본 적이 있는 것으로 응답했다. 즉, 학교 폭력 피해자 10명 중 4.5명은 피해 후 자살을 생각해본 경험이 있다. 이는 2011년 31.4%에 비해 13.3% 증가한 수치로 최근 자살이라는 극단적인 생각을 하는 청소년들이 점차 많아지고 있음을 알 수 있다. 따라서 적극적인 사회안전망 확충이 시급히 요구되는 시점이다.

표 8 2012년 학교 폭력으로 인한 자살생각

(무응답: 5명)

| 항목 | 빈도(명) | 비율(%) |
|---|---|---|
| 전혀 없었다 | 363 | 55.3% |
| 일 년에 1~2번 | 119 | 18.2% |
| 한 달에 1~2번 | 84 | 12.8% |
| 일주일에 1~2번 | 57 | 8.7% |
| 하루에 1번 이상 | 33 | 5.0% |
| **합계** | **656** | **100.0%** |

그림 2 2011년, 2012년 학교 폭력 피해 후 자살생각

## 3 학교 폭력의 악순환! 복수 행동으로 이어져 또 다른 피해로 이어질 수도

학교 폭력 피해 이후 가해학생에게 복수를 하고 싶은 충동을 느낀 적이 있는지에 대한 질문에 2011년 73.6%, 2012년 70.7%가 있었다고 응답했다. 즉, 피해학생 10명 중 7명은 모욕감, 분노, 억울함, 증오 등으로 학교 폭력 피해에 대한 보복 심리를 가지고 있는 것을 의미한다. 이 같은 복수 충동은 가해학생에 대한 보복 심리 및 행동으로 이어져 또 다른 학교 폭력을 발생시킬 수 있다. 또한, 복수 충동이 해결되지 못했을 경우 보복폭행, 우울, 자살 등과 같은 심각한 위기를 초래할 수 있다.

표 9 2012년 학교 폭력으로 인한 복수 충동

(무응답: 3명)

| 항목 | 빈도(명) | 비율(%) |
|---|---|---|
| 전혀 없었다 | 193 | 29.3% |
| 일 년에 1~2번 | 138 | 21.0% |
| 한 달에 1~2번 | 98 | 14.9% |
| 일주일에 1~2번 | 93 | 14.1% |
| 하루에 1번 이상 | 136 | 20.7% |
| **합계** | **658** | **100.0%** |

그림 3 2011년, 2012년 학교 폭력 피해 후 복수 충동

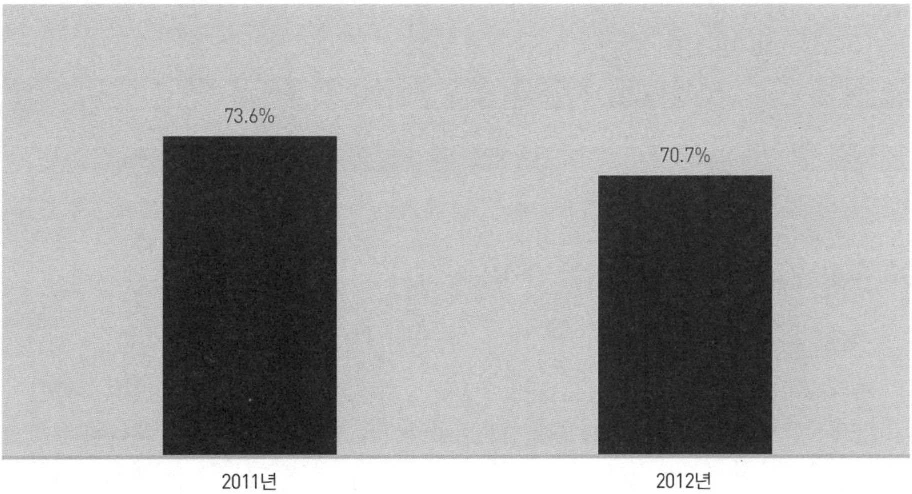


## 4 학교 폭력 피해학생의 저연령화로 심리적 후유증 장기화 우려

재학 기간 중 학교 폭력 경험이 있다고 응답한 학생1,264명중, 학교 폭력 피해를 처음 당한 시기에 대해 질문한 결과 '초등학교 5학년'이 17.8%로 가장 높게 나타났다. 그리고 초등학교 저학년1~3학년 때 학교 폭력 피해를 입은 학생은 30.5%, 초등학교 고학년

4~6학년 때 피해를 경험한 학생은 47.8%로 초등학교 시기에 피해를 당한 경우는 전체의 78.3%로 분석되었다. 학교 폭력으로 인한 후유증은 장기화되어 지속적으로 학교생활 적응에 부정적인 영향을 끼칠 수 있으므로, 초등학교 때부터 학교 폭력 예방에 대한 대책마련이 시급함을 시사한다.



표 10 처음 학교 폭력을 당한 시기

(무응답: 14명)

| 항목 | 초1 | 초2 | 초3 | 초4 | 초5 | 초6 | 중1 | 중2 | 중3 | 고1 | 고2 | 전체 |
|---|---|---|---|---|---|---|---|---|---|---|---|---|
| 빈도(명) | 118 | 101 | 163 | 182 | 222 | 192 | 157 | 68 | 23 | 16 | 8 | 1,250 |
| 비율(%) | 9.4% | 8.1% | 13.0% | 14.6% | 17.8% | 15.4% | 12.6% | 5.4% | 1.8% | 1.3% | 0.6% | 100% |

표 11 2011년, 2012년 초등학교 시기 학교 폭력 피해 경험

| 항목 | 초1~3학년 | 초4~6학년 |
|---|---|---|
| 2011년 | 26.7% | 46.2% |
| 2012년 | 30.5% | 47.8% |

## 5 일상생활이 되어버린 심각한 언어폭력

학교 폭력 피해유형을 분석한 결과 '욕설이나 모욕적인 말을 들었다'가 27.3%로 가장 많았으며, 다음으로 '맞았다' 18.0% 등의 순으로 조사되었다. 한편 '욕설이나 모욕적인 말을 들었다' 와 더불어 '말로 협박이나 위협을 당했다' 는 응답이 전체의 41.2%로 최근 청소년들 사이에서 언어를 이용한 욕설, 모욕 등의 학교 폭력이 심각해짐을 알 수 있다. 신체폭력, 금품갈취 등의 드러난 학교 폭력뿐만 아니라 언어폭력과 같이 보이지 않는 학교 폭력에 대한 경각심이 필요한 시점이다. 청소년들에게 올바른 언어문화가 자리 잡을 수 있도록 대책마련과 실행이 시급하다.

표 12 2012년 학교 폭력 피해유형(다중응답)

(실제 응답인원 633명, 무응답: 28명)

| 항목 | 빈도(명) | 비율(%) |
|---|---|---|
| 욕설이나 모욕적인 말을 들었다 | 274 | 27.3% |
| 맞았다 | 181 | 18.0% |
| 말로 협박이나 위협을 당했다 | 139 | 13.9% |
| 괴롭힘을 당했다 | 132 | 13.2% |
| 집단적으로 따돌림을 당했다 | 125 | 12.5% |
| 돈이나 물건 등을 빼앗겼다 | 77 | 7.6% |
| 사이버폭력을 당했다 | 45 | 4.5% |
| 성적인 놀림과 접촉 피해를 당했다 | 30 | 3.0% |
| **합계** | **1,003** | **100.0%** |

표 13 2011년, 2012년 학교 폭력 피해유형

| 항목 | 2011년 | 2012년 |
|---|---|---|
| 욕설이나 모욕적인 말을 들었다 | 2순위 | 1순위 |
| 맞았다 | 1순위 | 2순위 |
| 말로 협박이나 위협을 당했다 | 3순위 | 3순위 |
| 괴롭힘을 당했다 | 6순위 | 4순위 |
| 집단적으로 따돌림을 당했다 | 5순위 | 5순위 |
| 돈이나 물건 등을 빼앗겼다 | 4순위 | 6순위 |
| 사이버폭력을 당했다 | 8순위 | 7순위 |
| 성적인 놀림과 접촉 피해를 당했다 | 7순위 | 8순위 |

## 6 학교 폭력의 사각지대! 사이버 공간!

학교 폭력 피해를 당한 장소를 묻는 질문에 '사이버 공간' 이라고 응답한 학생은 8.4%로 나타났다. 또한 학교 폭력 중 심각하다고 생각하는 유형으로 사이버폭력이라고 대답한 학생은 2011년도 1.8%에서 2012년도 4.7%로 증가하였다. 최근 인터넷과 인터넷을 활용할 수 있는 매체의 발달 그리고 학생들의 이용 증가로 사이버공간상의 학교 폭력이 점차 활발해지고 심각해짐을 알 수 있다.

표 14 2012년 학교 폭력을 당한 장소

(무응답: 33명)

| 항목 | 빈도(명) | 비율(%) |
|---|---|---|
| 학교 교실 | 314 | 50.0% |
| 학교 복도 | 70 | 11.1% |
| 학교 화장실 | 38 | 6.1% |
| 학교 운동장 | 32 | 5.1% |
| 학교 밖 | 121 | 19.3% |
| 사이버 공간(인터넷, 휴대전화 등) | 53 | 8.4% |
| **합계** | **628** | **100.0%** |

표 15 2011년, 2012년 학교 폭력 사이버폭력의 심각성

| 항목 | 2011년 | 2012년 |
|---|---|---|
| 사이버폭력 | 1.8% | 4.7% |

## 7 피해학생이 가해학생으로, 가해학생도 피해학생으로! 누구도 안전하지 않다

조사 전체 응답자5,530명 중, 학교 폭력 피해와 가해를 모두 경험한 학생은 286명이다. 특히 학교 폭력 피 · 가해를 6회 이상 셀 수 없이 많이 경험한 학교 폭력 고위험군은 이 중 5.6%로 나타났다. 이들은 학교 폭력 피 · 가해로 인한 부정적인 영향을 모두 받을 수 있기 때문에 더욱 위험할 것으로 생각된다. 과거에는 주로 피해자 혹은 가해자에 대한 접근과 대책방안이 논의되었지만, 이제부터라도 피 · 가해 중복 경험자에 대한 새로운 대안마련이 필요하다.

## 8 피해 후 도움요청하지 않는 학생! 아직도 10명 중 3명!

학교 폭력 피해학생 중 도움요청 유무에 대해 질문한 결과 '아무런 도움을 요청하지 않았다' 가 33.8%로 학생 10명 중 3명 이상은 학교 폭력 피해 후 도움을 요청하지 않은 것으로 나타났다. 한편, 도움을 요청한 경우 그 대상이 부모님인 경우가 24.0%, 학

교 선생님인 경우가 26.6% 등으로 조사되었다. 그리고 도움의 효과성을 묻는 질문에 '그렇다', '매우 그렇다' 라고 응답한 학생은 27.9%, '전혀 그렇지 않다', '그렇지 않다' 라고 응답한 학생은 41.8%로 나타났다.

학교 폭력 후 도움을 요청하지 않은 학생들이 여전히 존재하며 도움을 요청하더라도 피해학생들에게 실질적인 도움이 되지 않고 있음을 알 수 있다. 피해학생들이 학교 폭력으로부터 보호받고 사안이 잘 해결될 수 있도록 부모, 선생님 등 1차적으로 도움을 요청 받은 주변 인물들의 적극적이고 실질적인 대처가 필요하다.

표 16 2012년 학교 폭력 도움요청 방법

| 항목 | 빈도(명) | 비율(%) |
|---|---|---|
| 아무런 도움을 요청하지 않았다 | 210 | 33.8% |
| 부모님께 알려 도움을 요청했다 | 149 | 24.0% |
| 학교 선생님께 알려 도움을 요청했다 | 166 | 26.6% |
| 친구들에게 알려 도움을 요청했다 | 62 | 10.0% |
| 학교 폭력전문기관이나 청소년상담실에 도움을 요청했다 | 16 | 2.5% |
| 117에 신고하여 도움을 요청했다 | 19 | 3.1% |
| **합계** | **622** | **100.0%** |

표 17 2012년 학교 폭력 도움요청의 효과성

| 항목 | 빈도(명) | 비율(%) |
|---|---|---|
| 전혀 그렇지 않다 | 39 | 18.1% |
| 그렇지 않다 | 51 | 23.7% |
| 보통이다 | 65 | 30.3% |
| 그렇다 | 40 | 18.6% |
| 매우 그렇다 | 20 | 9.3% |
| **합계** | **215** | **100.0%** |

## 9 해결해주지 못할 것 같아 도움요청 안 한다

학교 폭력 피해 시 도움을 요청하지 않은 이유를 분석한 결과 '일이 커질 것 같아서' 29.8%, '이야기해도 소용없을 것 같아서' 25.8% 등의 순으로 나타났다. 피해학생들은 아직 가정, 학교, 사회의 학교 폭력 대처방안이 실질적으로 도움이 되지 않는다고 생각하거나 학교 폭력 피해 후 도움요청을 하는 것에 대하여 부정적인 인식이 자리 잡고 있는 것으로 보인다. 도움요청 및 신고체계에 대해 믿음을 가질 수 있도록 사회적인 인식 제고 및 실질적인 방안이 마련되어야 한다.

표 18 2012년 학교 폭력 도움을 요청하지 않은 이유

| 항목 | 빈도(명) | 비율(%) |
|---|---|---|
| 알려지는 것이 창피해서 | 18 | 10.1% |
| 야단맞을 것 같아서 | 8 | 4.5% |
| 이야기해도 소용없을 것 같아서 | 46 | 25.8% |
| 일이 커질 것 같아서 | 53 | 29.8% |
| 대단한 일이 아니라고 생각해서 | 30 | 16.9% |
| 보복당할 것 같아서 | 23 | 12.9% |
| **합계** | **178** | **100.0%** |

# 학교 폭력 가해실태 3



## 1 여전히 높은 학교 폭력 가해율이 심각하다

최근 1년간 학교 폭력 가해경험을 묻는 질문에 1회 이상 가해를 경험한 경우는 12.6%로 2011년 15.7%보다 다소 감소하였다. 하지만 가해율은 과거에 비해 낮지 않은 수준을 보여 여전히 학교 폭력이 심각함을 알 수 있다.

표 19 2012년 최근 1년간 학교 폭력 가해경험

(무응답: 143명)

| 항목 | 빈도(명) | 비율(%) |
|---|---|---|
| 피해를 준 적이 없다 | 4,706 | 87.4% |
| 1회 | 298 | 5.5% |
| 2회 | 184 | 3.4% |
| 3회 | 36 | 0.7% |
| 4회 | 23 | 0.4% |
| 5회 | 111 | 2.1% |
| 셀 수 없이 많다(6회 이상) | 29 | 0.5% |
| **합계** | **5,387** | **100.0%** |

그림 4 학교 폭력 가해경험(2006~2012년 비교)

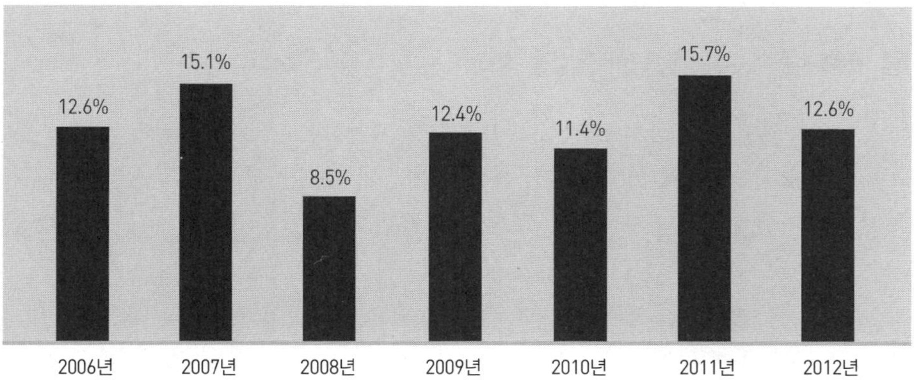

## 2 여전히 학교 폭력 가해학생에 대한 무조치! 공정하고 일관된 조치가 필요하다

최근 1년 동안 학교 폭력 가해 후 일어난 일에 대한 질문에 '피해학생에게 사과했다' 36.4%, '아무 일도 일어나지 않았다' 27.6% 등의 순으로 조사되었다. 학교 폭력 가해 이후 아무 일도 일어나지 않은 경우는 2011년도 33.8%와 유사하게 높게 나타났다. 최근 학교 폭력에 대한 인식이 증가하면서 가해학생에 대한 조치가 부각되고 있으나, 현장에서는 적절한 조치가 이루어지지 않고 있음을 알 수 있다. 학교 폭력 신고의식의 강화뿐만 아니라 이후 적절한 제지 및 가해행동에 대한 처벌, 교육이 실제로 이루어질 수 있도록 학교 폭력 사후관리 · 감독을 강화해야 한다.

표 20 2012년 학교 폭력을 가한 후 발생한 일 유형(다중응답)

(실제 응답인원: 619명, 무응답: 62명)

| 항목 | 빈도(명) | 비율(%) |
|---|---|---|
| 피해학생에게 사과했다 | 273 | 36.4% |
| 아무 일도 일어나지 않았다(누구도 문제 삼지 않았다) | 207 | 27.6% |
| 학교 선생님이 아셔서 꾸지람을 듣거나 벌을 받았다 | 137 | 18.2% |
| 피해학생 부모님에게 꾸지람을 들었다 | 47 | 6.2% |
| 자치위원회에서 가해학생 조치를 받았다 | 44 | 5.9% |
| 경찰서에 신고되어 조사를 받았다 | 19 | 2.5% |
| 형사처벌을 받았다 | 13 | 1.7% |
| 피해학생에게 물질적인 보상을 했다 | 11 | 1.5% |
| **합계** | **751** | **100.0%** |

## 3 폭력서클에 대한 강력한 처벌을 요구하는 학생들의 목소리 높아져

폭력서클에 대해 강한 처벌이 필요하다고 생각하는 학생들은 전체의 55.5%로 2010년 50.2%보다 높게 조사되었다. 즉, 청소년들의 절반 이상은 폭력서클에 대해 없어져야 하며 강한 처벌이 필요하다고 인식했다. 반면 '나와 상관없다' 라고 응답한 학생은 19.3%로 학생들의 무관심적인 인식 및 태도가 심각함을 알 수 있다.

표 21 2012년 폭력서클에 대한 인식

(무응답: 36명)

| 항목 | 빈도(명) | 비율(%) |
|---|---|---|
| 없어져야 하며 강한 처벌이 필요하다 | 3,049 | 55.5% |
| 학교생활을 어렵게 하고 분위기를 흐린다 | 1,060 | 19.3% |
| 나와 상관없다 | 1,092 | 19.9% |
| 폭력서클 학생은 생각보다 괜찮고 평범하다 | 238 | 4.3% |
| 폭력서클은 멋있고 나도 속하고 싶다 | 55 | 1.0% |
| **합계** | **5,494** | **100.0%** |

표 22 2010년, 2012년 폭력서클에 대한 인식[3]

| 항목 | 2010년 | 2012년 |
|---|---|---|
| 없어져야 하며 강한 처벌이 필요하다 | 50.2% | 55.5% |
| 학교생활을 어렵게 하고 분위기를 흐린다 | 22.0% | 19.3% |
| 나와 상관없다 | 19.3% | 19.9% |
| 폭력서클 학생은 생각보다 괜찮고 평범하다 | 4.2% | 4.3% |
| 폭력서클은 멋있고 나도 속하고 싶다 | 2.3% | 1.0% |
| 기타 | 2.0% | - |
| **합계** | **100.0%** | **100.0%** |

## 4 학교 폭력이 범죄라는 인식 부족! 청소년들의 갈등조정 해결능력이 필요

학교 폭력 피해를 준 이유로 '장난' 33.1%가 2011년에 이어 여전히 1순위로 조사되어 학교 폭력이 범죄라는 심각성을 모르고 있는 경우가 많았다. 다음으로 '오해와 갈등' 18.4%, '상대방 학생이 잘못해서' 17.3% 등의 순으로 학교 폭력 가해 이유라 응답했다. 최근 청소년들이 또래와의 관계에서 의견 차이로 발생하는 갈등을 적절하게 조율할 수 있는 능력이 부족함을 짐작할 수 있다.

3 2011년도에는 해당 문항 없음.

표 23 2012년 학교 폭력 가해 이유

(무응답: 50명)

| 항목 | 빈도(명) | 비율(%) |
|---|---|---|
| 장난 | 209 | 33.1% |
| 오해와 갈등 | 116 | 18.4% |
| 친구들이나 선배 등이 시켜서 | 30 | 4.8% |
| 보복 | 24 | 3.8% |
| 화가 나서 | 77 | 12.2% |
| 상대 학생이 잘못해서 | 109 | 17.3% |
| 스트레스 때문에 | 25 | 3.9% |
| 이유 없다 | 41 | 6.5% |
| **합계** | **631** | **100.0%** |

표 24 2011년, 2012년 학교 폭력을 가한 이유

| 항목 | 2011년 | 2012년 |
|---|---|---|
| 장난 | 1순위 | 1순위 |
| 오해와 갈등 | 3순위 | 2순위 |
| 친구들이나 선배 등이 시켜서 | 7순위 | 6순위 |
| 보복 | 6순위 | 8순위 |
| 화가 나서 | 5순위 | 4순위 |
| 상대 학생이 잘못해서 | 2순위 | 3순위 |
| 스트레스 때문에 | 8순위 | 7순위 |
| 이유 없다 | 4순위 | 5순위 |

## 5 가해행동을 중지하기 위해 청소년들의 올바른 인식 및 자성이 중요!

최근 1년 동안 학교 폭력 가해행동을 그만두게 된 이유로 ‘스스로 나쁜 행동임을 알게 되어서’ 가 48.5%로 가장 높게 나타났다. 즉, 다른 학생을 가해하는 행위가 범죄라는 사실을 스스로 깨우치는 것이 중요함을 알 수 있다. 현재의 주입식 학교 폭력 예방교육이 아닌 체험위주의 활동을 통해 가해청소년들이 스스로 심각성을 자각할 수 있도록 도와주어야 한다. 한편 ‘이전과 같이 가해행동을 지속하고 있다’ 라고 응답한 학생은 전체의 11.3%로 나타나 그 심각성을 더했다.

표 25 학교 폭력을 그만둔 이유

(무응답: 81명)

| 항목 | 빈도9명) | 비율(%) |
|---|---|---|
| 이전과 같이 가해행동을 지속하고 있다 | 68 | 11.3% |
| 스스로 나쁜 행동임을 알게 되어서 | 291 | 48.5% |
| 피해학생 부모님에게 꾸지람을 들어서 | 18 | 3.0% |
| 학교 선생님에게 꾸지람을 들어서 | 56 | 9.3% |
| 자치위원회에서 가해학생 조치를 받아서 | 24 | 4.0% |
| 경찰서에 신고되어 조사 받고 처분을 받아서 | 11 | 1.8% |
| 함께 가해행동을 한 친구를 멀리해서 | 27 | 4.5% |
| 학교 폭력 예방교육을 받고 생각이 변해서 | 26 | 4.3% |
| 피해학생과 멀리 떨어져서 | 41 | 6.9% |
| 학년이 올라갔거나, 학교졸업 등으로 환경이 바뀌어서 | 38 | 6.4% |
| **합계** | **600** | **100.0%** |

# 4 학교 폭력 목격 및 방관실태

## 1 10명 중 4.5명은 학교 폭력을 보고도 눈을 감는다

학교 폭력 목격 후 행동에 대한 질문에 목격한 적이 있는 학생은 전체의 41.7%로 나타났으며, 그 학생 중 목격 후 모르는 척한 학생은 44.5%로 나타났다. 즉, 학교 폭력의 방관자는 절반 가량을 차지했으며, 이들에게 목격 후 적극적인 대처가 중요함을 인식시켜 줄 필요가 있다.

표 26 학교 폭력 목격 유무 및 목격 후 행동(다중응답)[4]

| 항목 | 비율 | 목격유무 | | 목격 후 행동(모른 척 유무) | |
|---|---|---|---|---|---|
| | | 2011년 | 2012년 | 2011년 | 2012년 |
| 목격한 적이 없다 | 58.3% | 68.2% | 58.3% | | |
| 모른 척 했다 | 15.6% | 31.8% | 41.7% | 56.3% | 44.5% |
| 부모님께 알렸다 | 2.7% | | | 43.7% | 55.5% |
| 학교 선생님께 알렸다 | 8.5% | | | | |
| 경찰에 신고했다 | 1.7% | | | | |
| 상담센터에 상담했다 | 0.8% | | | | |
| 직접 말렸다 | 7.1% | | | | |
| 피해학생에게 친구가 되어주었다 | 5.3% | | | | |
| **합계** | 100.0% | 100.0% | 100.0% | 100.0% | 100.0% |

## 2 학교 폭력 방관자, 보복이 두렵다

학교 폭력 방관자들의 방관이유에 대해 조사한 결과 '같이 피해를 당할까봐' 가 30.6%로 가장 높게 나타났으며 이러한 결과는 2011년도와 유사하다. 즉, 방관자들은

4 응답자 전체 5,530명 중 무응답 178명 제외한 유효응답인원은 5,352명.

보복 등 자신이 또 다른 학교 폭력 피해자가 될지 모른다는 두려움이 큰 것으로 조사되었다. 또한 '어떻게 해야 할지 몰라서' 의 비율은 2011년 28.5%에서 19.0%로 크게 줄어든 반면, '관심이 없어서' 의 응답은 2011년 21.3%에서 2012년 26.9%로 증가하였다. 그리고 '도와줘도 소용이 없을 것 같아서' 의 응답 또한 증가한 추세를 보였다. 즉, 최근 학생들의 학교 폭력 대처방법에 대한 인식은 증가한 것으로 보이나 친구들에 대한 관심이 부족하거나 도와줘도 소용이 없을 것 같은 좌절감은 높아짐을 짐작할 수 있다. 단순한 대처방법에 대한 교육보다는 이타심, 공동체의식 등 개인화현상에 대한 다각적인 접근이 필요함을 시사한다.

표 27 2012년 학교 폭력 목격 후 모른 척한 이유

(무응답: 85명)

| 항목 | 빈도(명) | 비율(%) |
|---|---|---|
| 같이 피해를 당할까봐 | 248 | 30.6% |
| 관심이 없어서 | 218 | 26.9% |
| 도와줘도 소용이 없을 것 같아서 | 190 | 23.5% |
| 어떻게 해야 할지 몰라서 | 154 | 19.0% |
| **합계** | **810** | **100.0%** |

표 28 2011년, 2012년 학교 폭력 목격 후 모른 척한 이유

| 항목 | 2011년 | 2012년 |
|---|---|---|
| 같이 피해를 당할까봐 | 33.6% | 30.6% |
| 관심이 없어서 | 21.3% | 26.9% |
| 도와줘도 소용이 없을 것 같아서 | 16.6% | 23.5% |
| 어떻게 해야 할지 몰라서 | 28.5% | 19.0% |
| **합계** | **100.0%** | **100.0%** |

## 3 안심하고 신고할 수 있는 곳이 필요하다

학교 폭력을 목격했을 시 효과적인 도움요청 방법에 대해 1순위가 '117, 경찰에 신고한다' 31.6%로 나타났으며, '담임 선생님에게 알린다' 29.7%는 2순위로 조사되

었다. 이는 최근 교육 및 홍보 등을 통해 학생들의 117기관에 대한 인식이 향상된 결과로 보인다. 한편 '어떠한 방법도 안심되지 않는다' 라는 응답도 15.8%로 비교적 높게 나타나 청소년들이 안심하고 도움을 요청할 수 있는 다양한 신고방법들이 강구되어야 할 것이다.

표 29 2012년 학교 폭력을 목격했을 때 도움 요청 방법

| 항목 | 빈도(명) | 비율(%) |
|---|---|---|
| 담임 선생님에게 알린다 | 1,571 | 29.7% |
| 학교에 알린다(학교 홈페이지, 학교 폭력 신고함, 문자, 이메일 등으로) | 462 | 8.7% |
| 117, 경찰에 신고한다 | 1,671 | 31.6% |
| 부모님께 알린다 | 549 | 10.4% |
| 친구나 선배에게 말한다 | 198 | 3.8% |
| 어떤 방법도 안심되지 않는다 | 836 | 15.8% |
| **합계** | **5,287** | **100.0%** |

## 4 방관자를 조력자로 만들어야 학교 폭력이 사라진다

학교 폭력을 목격한 학생을 바탕으로 어떠한 느낌이 들었는지 질문에 '왜 똑부러지게 대처하지 못하는지 답답하다' 라고 응답한 학생은 25.7%로 나타났으며, '도와줄 수 없어서 무기력하다' 라고 응답한 학생은 21.0%로 조사되었다. 학교 폭력을 목격하고 답답하다고 느끼거나 무기력하다고 느끼는 방관자들을 대상으로 피해학생을 도울 수 있는 조력자로 만드는 교육 및 인식전환이 필요하다.

표 30 2012년 학교 폭력 당하는 학생을 목격한 느낌

(목격한 적 없다: 2,405명, 무응답: 141명)

| 항목 | 빈도(명) | 비율(%) |
|---|---|---|
| 별 느낌 없다 | 466 | 15.6% |
| 무섭다 | 517 | 17.4% |
| 화가 난다 | 472 | 15.8% |
| 우울하다 | 134 | 4.5% |
| 왜 똑 부러지게 대처하지 못하는지 답답하다 | 768 | 25.7% |
| 도와줄 수 없어 무기력하다 | 627 | 21.0% |
| **합계** | **2,984** | **100.0%** |

표 31 2011년, 2012년 학교 폭력 당하는 학생을 목격한 느낌

| 항목 | 2011년 | 2012년 |
|---|---|---|
| 별 느낌 없다 | 17.1 | 15.6% |
| 무섭다 | 26.6 | 17.4% |
| 화가 난다 | 19.7 | 15.8% |
| 우울하다 | 5.2 | 4.5% |
| 왜 똑 부러지게 대처하지 못하는지 답답하다 | 31.4 | 25.7% |
| 도와줄 수 없어 무기력하다 | - | 21.0% |
| **합계** | **100.0%** | **100.0%** |

# 학교 폭력 예방 및 근절대책에 대한 실태 5

## 1 소그룹, 학급 단위의 효과적 예방교육 활동이 필요하다

최근 1년간 받은 학교 폭력 예방교육 유형에 대한 질문에 '강당에 모여서 교육' 이 42.2%, '방송교육' 이 28.1%로 나타나 여전히 대단위 교육으로 진행되고 있는 경우가 많았다. 또한 학교 폭력 예방교육이 효과적이었는지에 대한 질문에 30.3%의 학생은 도움이 되지 않았다고 응답했다. 일방적인 강의식 교육이 아닌 학생들의 흥미와 욕구를

고려한 소그룹 단위 또는 학급 단위의 활동위주의 교육이 필요하다.

표 32 2012년 최근 1년 동안 받은 학교 폭력 예방교육 유형

(무응답: 955명)

| 항목 | 빈도(명) | 비율(%) |
|---|---|---|
| 소그룹 단위의 교육 | 151 | 3.3% |
| 학급 단위의 교육 | 1,209 | 26.4% |
| 강당에 모여서 교육 | 1,930 | 42.2% |
| 방송을 통한 교육 | 1,285 | 28.1% |
| **합계** | **4,575** | **100.0%** |

표 33 2012년 학교 폭력 예방교육의 도움정도

(무응답: 420명)

| 항목 | 빈도(명) | 비율(%) |
|---|---|---|
| 전혀 도움이 되지 않았다 | 636 | 15.2% |
| 도움이 되지 않았다 | 632 | 15.1% |
| 보통이다 | 1,783 | 42.5% |
| 도움이 되었다 | 743 | 17.7% |
| 매우 도움이 되었다 | 397 | 9.5% |
| **합계** | **4,191** | **100.0%** |

## 2 결과위주의 처벌에 대한 사회적 분위기! 학생에게 영향을 미친다

학교 폭력을 예방하기 위한 효과적인 방법으로 '가해학생에 대한 처벌을 강화한다' 가 전체의 26%로 2011년 19.3%에 비해 증가한 것으로 조사되었다. 반면, '평소에 친구들과 잘 지낼 수 있도록 교육한다' 는 9.5%로 상대적으로 낮게 나타났다. 학교 폭력을 예방하기 위해서는 근본적으로 친구들 간의 관계개선이 중요함에도 불구하고 처벌만을 우선시하는 결과위주의 사회적 분위기가 청소년들에게도 많은 영향을 미친 것으로 보인다.

표 34 2012년 효과적인 학교 폭력의 예방방법

(무응답: 60명)

| 항목 | 빈도(명) | 비율(%) |
|---|---|---|
| 정기적으로 학교 폭력 예방교육을 실시한다 | 679 | 12.4% |
| 학교 안에 전문상담교사를 둔다 | 433 | 7.9% |
| 학교 폭력 신고의식을 강화한다 | 427 | 7.8% |
| 선생님이 학교 폭력에 대해 관심 있게 지도한다 | 551 | 10.1% |
| 가해학생에 대한 처벌을 강화한다 | 1,424 | 26.0% |
| 학교에 배움터지킴이를 둔다 | 309 | 5.6% |
| 학교 안팎에 CCTV를 설치한다 | 825 | 15.1% |
| 가정에서 인성교육을 강화한다 | 244 | 4.5% |
| 평소에 친구들과 잘 지낼 수 있도록 교육한다 | 517 | 9.5% |
| 유해매체에 대한 규제를 강화한다 | 61 | 1.1% |
| **합계** | **5,470** | **100.0%** |

표 35 2011년, 2012년 효과적인 학교 폭력의 예방방법

| 항목 | 2011년 | 2012년 |
|---|---|---|
| 정기적으로 학교 폭력 예방교육을 실시한다 | 9.0% | 12.4% |
| 학교 안에 전문상담교사를 둔다 | 4.0% | 7.9% |
| 학교 폭력 신고의식을 강화한다 | - | 7.8% |
| 선생님이 학교 폭력에 대해 관심 있게 지도한다 | 9.0% | 10.1% |
| 가해학생에 대한 처벌을 강화한다 | 19.3% | 26.0% |
| 학교에 배움터지킴이를 둔다 | 4.7% | 5.6% |
| 학교 안팎에 CCTV를 설치한다 | 11.5% | 15.1% |
| 가정에서 인성교육을 강화한다 | - | 4.5% |
| 평소에 친구들과 잘 지낼 수 있도록 교육한다[5] | 37.4% | 9.5% |
| 유해매체에 대한 규제를 강화한다 | - | 1.1% |
| 학교 폭력에 대한 캠페인을 한다 | 5.1% | - |
| **합계** | **100.0%** | **100.0%** |

5 2011년도 실태조사에서는 '평소에 친구들과 잘 지낸다' 로 조사함.

## 3 학생들이 느끼는 학교폭력예방 및 대책에 관한 법률과 정부의 학교 폭력 종합대책!

학생들에게 '학교폭력예방 및 대책에 관한 법률'에 대한 인식에 대해 질문한 결과 '전혀 모른다' 라고 응답한 학생은 9.1%, '모른다' 라고 응답한 학생은 25.8%로 총 34.9%로 나타나 학교 폭력에 관련 법률에 대해 인식하고 있는 비율이 낮았다. 또한 정부가 학교 폭력을 4대 악惡으로 정하고 추진한 대책 중 전문상담교사, 학교 폭력 전담경찰, CCTV에 대하여 질문한 결과, 전문상담교사가 학교 폭력 예방에 도움이 된다고 생각한 학생은 28.4%, 학교 폭력 전담경찰이 도움이 된다고 생각한 학생은 30.3%, CCTV가 도움이 된다고 생각한 의견은 23.2%로 조사되었다. 현 대책에 대한 보완뿐만 아니라 청소년들의 목소리를 반영한 대책들이 다각적으로 고려될 필요가 있다.

표 36 학교폭력예방 및 대책에 관한 법률 이해정도

(무응답: 32명)

| 항목 | 빈도(명) | 비율(%) |
|---|---|---|
| 전혀 모른다 | 500 | 9.1% |
| 모른다 | 1,409 | 25.8% |
| 보통이다 | 2,427 | 44.3% |
| 알고있다 | 924 | 16.9% |
| 매우 잘 알고 있다 | 211 | 3.9% |
| **합계** | **5,471** | **100.0%** |

표 37 2012년 전문상담교사의 학교 폭력 도움정도

(무응답: 32명)

| 항목 | 빈도(명) | 비율(%) |
|---|---|---|
| 전혀 도움이 되지 않았다 | 245 | 10.5% |
| 도움이 되지 않았다 | 254 | 10.9% |
| 보통이다 | 1,176 | 50.2% |
| 도움이 되었다 | 422 | 18.0% |
| 매우 도움이 되었다 | 244 | 10.4% |
| **합계** | **2,341** | **100.0%** |

표 38 2012년 학교 폭력 전담경찰의 학교 폭력 도움정도

(무응답: 23명)

| 항목 | 빈도(명) | 비율(%) |
|---|---|---|
| 전혀 도움이 되지 않았다 | 149 | 12.7% |
| 도움이 되지 않았다 | 109 | 9.3% |
| 보통이다 | 556 | 47.7% |
| 도움이 되었다 | 213 | 18.2% |
| 매우 도움이 되었다 | 142 | 12.1% |
| **합계** | **1,169** | **100.0%** |

표 39 2012년 CCTV의 학교 폭력 도움정도

(무응답: 30명)

| 항목 | 빈도(명) | 비율(%) |
|---|---|---|
| 전혀 도움이 되지 않았다 | 610 | 15.1% |
| 도움이 되지 않았다 | 607 | 15.0% |
| 보통이다 | 1,894 | 46.7% |
| 도움이 되었다 | 613 | 15.1% |
| 매우 도움이 되었다 | 327 | 8.1% |
| **합계** | **4,051** | **100.0%** |

SECTION 3

# 학교 폭력의 유형

## 1 학교 폭력의 유형[6]

표 40 학교 폭력 유형과 예시

| 유형 | 학교폭력예방 및 대책에 관한 법 관련 | 예 시 |
|---|---|---|
| 신체 폭력 | 상해, 폭행, 감금, 약취 · 유인 | •일정한 장소에서 쉽게 나오지 못하도록 하는 행위(감금)<br>•신체를 손, 발로 때리는 등 고통을 가하는 행위(상해, 폭행)<br>•강제(폭행, 협박)로 일정한 장소로 데리고 가는 행위(약취)<br>•상대방을 속이거나 유혹해서 일정한 장소로 데리고 가는 행위(유인)<br>※ 장난을 빙자해서 꼬집기, 때리기, 힘껏 밀치는 행동 등도 상대 학생이 폭력행위로 인식한다면 이는 학교 폭력에 해당 |
| 언어 폭력 | 명예훼손, 모욕, 협박 | •여러 사람 앞에서 상대방의 명예를 훼손하는 구체적인 말(성격, 능력, 배경 등)을 하거나 그런 내용의 글을 인터넷, SNS 등으로 퍼뜨리는 행위(명예훼손)<br>※ 내용이 진실이라고 하더라도 범죄이고, 허위인 경우에는 형법상 가중 처벌됨 |

6 학교 폭력 현장 컨설팅 자료집 중 발췌(교육과학기술부, 2012).

| 유형 | 학교폭력예방 및 대책에 관한 법 관련 | 예 시 |
|---|---|---|
| 언어 폭력 | 명예훼손, 모욕, 협박 | ·여러 사람 앞에서 모욕적인 용어(생김새에 대한 놀림, 병신, 바보 등 상대방을 비하하는 내용)를 지속적으로 말하거나 그런 내용의 글을 인터넷, SNS등으로 퍼뜨리는 행위(모욕)<br>·신체 등에 해를 끼칠 듯한 언행(죽을래 등)과 문자메시지 등으로 겁을 주는 행위(협박) |
| 금품 갈취 | 공갈 | ·돌려 줄 생각이 없으면서 돈을 요구하기<br>·옷, 문구류 등을 빌린다며 되돌려주지 않기<br>·일부러 물품을 망가뜨리기<br>·돈을 걷어오라고 하기 등 |
| 강요 | 강제적 심부름, 강요 | ·속칭 빵 셔틀, 와이파이 셔틀 등<br>·의사에 반하는 행동을 강요하는 행위(과제 대행, 게임 대행, 심부름 강요)<br>·폭행 또는 협박으로 상대방의 권리행사를 방해하거나 의무 없는 일을 하게 하는 행위(강요)<br>※ 속칭 바바리맨을 하도록 강요하는 경우, 스스로 자해하거나 신체에 고통을 주게 하는 경우 등이 강요죄에 해당됨 |
| 따돌림 | 따돌림 | ·집단적으로 상대방을 의도적이고, 반복적으로 피하는 행위<br>·싫어하는 말로 바보취급 등 놀리기, 빈정거림, 면박주기, 겁주는 행동, 골탕 먹이기, 비웃기<br>·다른 학생들과 어울리지 못하도록 막기 등 |
| 성폭력 | 성폭력 | ·폭행 · 협박을 하여 성행위를 강제하거나, 유사 성행위, 성기에 이물질을 삽입하는 행위<br>·상대방에게 폭행과 협박을 하면서 성적 모멸감을 느끼도록 신체적 접촉을 하는 행위<br>·성적인 말과 행동을 함으로써 상대방이 성적 굴욕감, 수치감을 느끼도록 하는 행위 등 |
| 사이버 폭력 | 사이버 따돌림, 정보통신망을 이용한 음란 · 폭력정보 등에 의해 신체 · 정신 또는 재산상 피해를 수반하는 행위 | ·특정인에 대해 모욕적 언사나 욕설 등을 인터넷 게시판, 채팅, 카페 등에 올리는 행위<br>·특정인에 대한 허위 글이나 개인의 사생활에 관한 사실을 인터넷, SNS, 카카오톡 등을 통해 불특정 다수에 공개하는 행위<br>·성적 수치심을 주거나, 위협하는 내용, 조롱하는 글, 그림, 동영상 등을 정보통신망을 통해 유포하는 행위<br>·공포심이나 불안감을 유발하는 문자, 음향, 영상 등을 휴대폰 등 정보통신망을 통해 반복적으로 보내는 행위 |

# 2 학교 폭력의 유형별 세부내용

학교 폭력의 유형을 학교폭력예방 및 대책에 관한 법률 및 시행령 해설집청소년 폭력 예방 재단, 2009과 2012년 개정된 법령을 기초로 하여 살펴보면 다음과 같다. 또한 학교 폭력을 인식하고 구분할 때 "사소한 괴롭힘", 학생들이 "장난"이라고 가장한 행위도 학교 폭력임을 분명히 인식할 수 있도록 하여야 할 필요가 있다.

※ 「학교폭력예방 및 대책에 관한 법률」에서 정의된 학교 폭력은 폭행, 상해뿐만 아니라 명예훼손, 모욕 등 법 제2조에서 정한 여러 형태를 포함하는 개념이고, 그 중 강제적인 심부름, 따돌림, 사이버 따돌림을 제외한 나머지 모두는 형법 또는 특별법상 그 자체가 범죄로 되어 있는 죄명임.

## 1 폭행

폭행이란 사람의 신체에 대하여 힘을 행사하는 것을 말한다. 간단히 말해 폭행은 사람을 때리는 것이라 할 수 있다. 사람에 대해 물건을 이용하여 폭력을 행사하는 것도 폭행에 해당한다. 사람의 몸을 주먹이나 발로 때리는 경우는 물론 뺨을 때리거나, 사람에게 돌을 던지거나, 침을 뱉거나, 손이나 옷을 잡아당기거나 미는 것, 강제로 모발을 자르는 것도 폭행에 해당한다. 폭행보다 무겁게 처벌되는 특수폭행은 단체 또는 다중의 위력을 보이거나 위험한 물건을 휴대하여 사람의 신체에 대하여 가하는 폭행을 말한다. 이는 행위의 수단과 방법이 피해자에게 중대한 침해를 발생케 할 위험이 있고 피해자의 방어기회를 없게 한다는 점에서 형법상으로는 단순폭행2년 이하의 징역, 5백만원 이하의 벌금, 구류 또는 과료보다 가중하여 처벌5년 이하의 징역 또는 1천만원 이하의 벌금하고 있다.

## 2 협박

협박이란 상대방에게 해악을 알림으로써 상대방이 공포심을 느끼게 되는 것을 말한다. 협박이 되려면 해악이 직접 · 간접적으로 행위자에 의하여 발생할 수 있는 것이어야 하지만, 해악이 현실적으로 일어날 가능성이 있어야 한다거나 행위자가 이를 실현할 의사가 있을 것은 요하지 않는다. 다만 여기서의 해악은 상대방이 공포심을 느낄 만한 정도의 해악이어야 한다. 협박이라고 하려면 적어도 발생 가능한 것으로 생각될 수 있는 정도의 구체적인 해악을 말해야만 한다. 또한 해악을 알리는 방법에는 제한이 없어서 언어에 의한 경우뿐만 아니라 행동에 의한 경우에도 협박이 가능하다. 또한 특수협박이라는 것이 있는데, 특수협박은 단체 또는 다중의 위력을 보이거나 위험한 물건을 휴대하여 협박하는 것을 말한다. 단체 또는 다중의 위력을 보인다거나 위험한 물건을 휴대한다는 것은 특수폭행에서 설명한 바와 같다. 형법상 특수협박죄제284조: 7년 이하의 징역 또는 1천만원 이하의 벌금는 단순협박죄제283조 제1항: 3년 이하의 징역, 5백만원 이하의 벌금, 구류 또는 과료보다 형을 가중하여 처벌한다.

## 3 집단따돌림

집단따돌림이란 그 개념이 명확하지는 않지만, 다음과 같은 특징을 갖는다. 첫째, 집단따돌림은 공격적인 행동이거나 고의적으로 해를 입히는 것이며, 둘째, 반복적이고 지속적으로 이루어지고, 셋째, 힘의 불균형을 특징으로 하는 대인관계에서 일어난다. 보통 집단따돌림은 학급에서 복수의 학생들이 한 명 또는 소수의 학생들을 대상으로 의도와 적극성을 가지고 지속적으로 그리고 반복적으로 관계에서 소외시키거나 괴롭히는 일체의 행위라고 정의할 수 있다. 구체적으로 일어나는 집단따돌림의 유형을 보면 전혀 말을 걸지 않거나 사사건건 놀린다거나 이유 없이 툭툭 치거나 욕설을 하거나 심부름을 시키는 것 등이 있다.

## 4 상해

상해란 사람의 건강을 훼손하는 것으로 육체적 · 정신적인 병적 상태가 발생하거나 증가되는 경우를 모두 포함한다. 팔이나 다리가 부러지는 등 외상이 있는 경우에는 그 정도와 치료일수를 묻지 않고, 외상없이 신체에 대한 폭행으로 보행불능, 수면장애, 식욕감퇴 등 기능의 장애를 일으킨 때에도 상해에 해당한다.

## 5 감금

감금이란 사람을 일정한 장소 밖으로 나가지 못하게 하여 신체적 활동의 자유를 장소적으로 제한하는 것을 말한다. 어떤 방법으로 감금하였는지는 관계가 없다. 사람을 일정 장소 밖으로 나가지 못하게 만들면, 그 사람이 감금된 장소 안에서 여기저기 움직일 수 있다 하더라도 이는 감금에 해당한다.

## 6 약취 · 유인

약취와 유인이란 누군가의 보호를 받는 상태에 있거나 자유로운 사람을 자기나 제3자의 실력적 지배 아래로 옮기는 것을 말한다. 약취는 폭행이나 협박을 수단으로 하는 데 대하여, 유인은 거짓말로 상대방이 착각하게 만들거나 상대방을 현혹시켜 적정한 판단을 하지 못하게 하는 것을 수단으로 한다는 점에서 다르다. 또한 피해자가 미성년자인 경우에는 미성년자 본인의 동의가 있었더라도 그 부모 등 보호자의 동의가 없는 경우라면 약취 · 유인에 해당한다.

## 7 성폭력

일반적으로아동 및 청소년 대상 성폭력이란 성인 및 청소년이 자신의 성적 욕구를 충족시키기 위해 힘의 차이물리적인 힘과 역할관계, 연령, 지적수준, 사회적 지위 등의 무형의 힘까지 포함함를 이용하여 청소년에게 가해지는 모든 성적 행위를 의미한다. 성폭력은 형법, 성폭력범죄의 처벌 및 피해자 보호 등에 관한 법률이하 '성폭력특별법', 청소년성보호법, 아동보호법, 국가인권위원회법, 남녀고용평등법 등에서 다루고 있다.

성폭력의 개념에 포함되는 행위들을 정리하면, 강간, 강간치상 및 강간치사, 간음, 추행, 학대, 음란물 촬영 등으로 유형화할 수 있다. 또한 아동과 청소년에 대한 성폭력을 행위별로 유형화하는 것이 아니라 가해학생 및 피해형태를 종합적으로 고려하여 유형화하면 또래 성폭력, 사이버 성폭력, 낯선 사람에 의한 성폭력, 지인에 의한 성폭력, 친족에 의한 성폭력 등으로 구분해 볼 수 있다.

## 8 명예훼손 · 모욕

### 가) 명예훼손

공연히 진실한 사실 또는 허위의 사실을 알려 사람의 명예를 훼손하는 경우를 말한다. '공연히' 알린다는 것은 불특정 또는 다수인이 인식할 수 있는 상태에서 알린다는 의미인데, 특정인이 아닌 경우에는 그 수가 많고 적음이 관계없고, 다수인의 경우에는 그 다수인이 특정되어 있다고 하더라도 관계없다. 그런데 판례는 개별적으로 한 사람에 대하여 사실을 유포하였다고 하여도 그로부터 불특정 또는 다수인에게 전파될 가능성이 있으면 공연성의 요건을 충족한다고 판시하고 있다. 명예훼손에 있어서 주의할 점은 허위사실을 알린 경우뿐만 아니라 진실한 사실을 알린 경우에도 그 사람의 사회적 가치 내지 평가를 저하시킨 경우에는 명예훼손에 해당하게 된다는 점이다. 모욕죄와의 구별을 위해 사실의 적시는 특정인의 가치가 침해될 수 있을 정도로 구체적일 것을 요한다. 다만, 진실한 사실로써 오로지 공공의 이익에 관한 명예훼손의 경우에는 명예훼손죄로서 처벌하지 않는다형법 제310조.

### 나) 모욕

공연히 사람을 모욕하는 것으로서 명예훼손과는 달리 사실을 적시하지 않고 사람에 대한 경멸의 의사를 표시하는 것을 말한다. 사실을 적시한 경우에도 그것이 구체적 사실이 아닌 때에는 명예훼손이 아니라 모욕에 해당한다. 서면에 의하든 거동에 의하든 그 방법은 제한이 없지만, 사람을 경멸하는 내용을 담고 있어야 한다. 경멸하는 내용은 피해자의 주관을 기준으로 판단하는 것이 아니라 그 객관적인 의미내용에 따라 해석하여야 한다. 모욕죄에 있어서는 명예훼손죄에서의 형법 제310조 같은 규정이 없기 때문에 공공의 이익을 위해 모욕을 했다고 하더라도 모욕죄로 처벌된다.

## 9 공갈

공갈이란 사람을 폭행 또는 협박하여 공포심을 일으키게 하고 이로써 재물을 받거나 재산상의 이익을 취하는 것을 말한다. 공갈에 있어서의 폭행 또는 협박은 사람의 의사 내지 자유를 제한하는 정도로 족하고, 반드시 상대방의 반항을 억압할 정도에 이를 것을 요하지 않는다. 공갈에서의 폭행은 사람에 대한 힘의 행사이고, 협박은 사람의 의사결정의 자유를 제한하거나 의사실행의 자유를 방해할 정도로 겁을 먹게 할 만한 해악을 고지하는 것을 말한다. 통고하는 해악의 내용에는 제한이 없어서 사람에게 공포심을 일으키게 하는 것이면 비밀을 폭로하겠다는 것도 여기에 해당하고, 절교를 통고하는 것도 그것이 공포심을 일으키는 것이면 공갈에서의 해악의 고지에 해당한다.

## 10 강요

강요란, 폭행 또는 협박으로 상대방에게 공포심을 주어 권리를 행사하지 못하게 하거나 의무 없는 자에게 일정한 행위를 하도록 하는 것을 말한다. 피해자가 아닌 다른 사람에 대한 폭행, 협박의 경우에도 강요가 성립될 수 있다. 피해자에게 일정 행위를 강요하기 위해 피해자의 동생을 폭행하는 경우가 그 예이다. 단, 친구의 자살을 저지하기 위해 폭행, 협박한 경우에는 여기에서 말하는 강요에 해당하지 않는다.

## 11 정보통신망을 이용한 음란 · 폭력 등

'정보통신망' 이란, 정보통신기본법 제2조 제2호에 따른 전기통신설비를 이용하거나 전기통신설비와 컴퓨터 및 컴퓨터의 이용기술을 활용하여 정보를 수집 · 가공 · 저장 · 검색 · 송신 또는 수신하는 정보통신체제를 말한다정보통신망 이용촉진 및 정보보호 등에 관한 법률 제2조. 음란 · 폭력 정보 등의 청소년 유해정보라 함은 청소년 보호법에 따른 청소년 유해매체물로서 동법규정에 의한 전기통신정보를 말한다정보통신윤리심의규정 제2조. 청소년 보호법은 제10조에서 청소년 유해매체물에 대해, 1.청소년에게 성적인 욕구를 자극하는 선정적인 것이거나 음란한 것, 2. 청소년에게 포악성이나 범죄의 충동을 일으킬 수 있는 것, 3. 성폭력을 포함한 각종 형태의 폭력행사와 약물의 남용을 자극하거나 미화하는 것, 4. 청소년의 건전한 인격과 시민의식의 형성을 저해하는 반사회적, 비윤리적인 것이라고 규정하고 있다. 이런 정보통신망을 이용한 신체, 정신 또는 재산상 피해를 수반하는 행위, 사이버따돌림 모두 학교 폭력의 한 유형이다.

## 12 강제적인 심부름의 신조어 '셔틀'

셔틀은 중 · 고등학교에서 힘센 학생들의 강요에 의해 빵이나 담배 등을 대신 사다주거나 와이파이 등을 제공하는 행위나 대리로 시험을 쳐 주는 행위, 그 행위를 하는 사람을 뜻하는 대한민국의 신조어로, 학교 폭력을 배경으로 탄생한 용어이다. 빵셔틀은 자신보다 힘이 센 학생들에게 강요당해 빵을 사오는 등의 잔심부름을 하는 학생이나 혹은 그 행위 자체를 일컫는 말이다.

- 강제적인 심부름이 학교 폭력에 해당하는 이유

이는 '빵셔틀' 이 그 명령을 거부하면 당연히 폭력적인 보복이 뒤따르므로 단순히 빵을 사오는 개념이 아닌 일종의 학교 폭력이며, 심각한 사회 문제이기도 하다. 왕따를 당하는 학생에게 돈을 주지 않거나 주더라도 아주 소액만을 주고는 빵 등 간식이나 담배 등을 사오라고 강제적으로 심부름을 시키는 행위를 일컫는다. 빵셔틀에서 "셔틀Shuttle"은 전략 시뮬레이션 게임 스타크래프트의 가상의 종족인 프로토스의 병력 수송선인 '셔틀'에서 유래했다. 다른 일진에게 빵을 뺏기면 "셔틀추락", 심부름 속도가 빠르면 "속업셔틀"이라고 부른다. 심부름의 종류에 따라 "돈셔틀", "담배셔틀", "시험셔틀", "버스셔틀", "가방셔틀", "와이파이셔틀"이라고도 부르지만, 대개 "빵셔틀"이라고 부른다. "와이파이 셔틀"은 불량학생들이 힘없는 학생들에게 3G 통신 데이터를 무제한으로 쓸 수 있는 5만 5000원 이상 휴대전화 요금제에 가입하게 한 뒤, 스마트폰의 테더링 또는 핫스팟 기능을 통해 자신들은 공짜로 인터넷을 사용하는 것을 말한다.

## 13 집단따돌림

집단따돌림이란 학급에서 복수의 학생들이 한 명 또는 소수의 학생들을 대상으로 의도와 적극성을 가지고 지속적으로 그리고 반복적으로 관계에서 소외시키거나 괴롭히는 일체의 행위를 말한다. 전혀 말을 걸지 않거나 사사건건 놀린다거나 이유 없이 툭툭 치거나 욕설을 하거나 심부름을 시키는 것으로써 그 특징적 요소로는 공격적인 행동이거나 고의적으로 해를 입히는 것, 반복적이고 지속적으로 이루어지고, 힘의 불균형을 특징으로 하는 대인관계에서 일어난다.

- 따돌림과 방관자

가해자는 또래집단 내에서 일반 학생들 이상의 큰 영향력을 가지며 심지어 인기가 있는 경우도 있으며, 피해자는 잘난 척을 하고 타인을 무시하는 학생과, 유약하고 수동적인 태도를 보이는 학생의 두 가지 유형으로 분류되며, 방관자는 집단따돌림에서 방관자는 가해자처럼 적극적이지는 않지만 동시에 그들이 목격한 문제 상황에 대해 어떤 조치도 취하지 않음으로써 문제 상황을 유지시키는 데 일조한다. 따라서 방관자가 피해자 편에 선다면 집단따돌림 행동을 중단시키거나 예방도 할 수 있는 중요한 역할을 할 수 있다.

## 14 사이버 따돌림

"사이버 따돌림"이란 인터넷, 휴대전화 등 정보통신기기를 이용하여 학생들이 특정 학생들을 대상으로 지속적, 반복적으로 심리적 공격을 가하거나, 특정 학생과 관련된 개인정보 또는 허위사실을 유포하여 상대방이 고통을 느끼도록 하는 일체의 행위를 말한다학교폭력예방 및 대책에 관한 법률 제2조 제1의3호.

인터넷상에서 특정인을 집단적으로 괴롭히는 사이버블링Cyber Bullying은 스마트폰과 페이스북, 트위터 등 소셜 네트워크 서비스SNS를 이용하여 이메일, 메신저 등의 방법으로 특정인을 비난하는 근거없는 소문전파, 메신저 집단차단, 인터넷 카페공격, 이메일 해킹, 욕설과 비방, 모함, 강제삭제, 안티카페 개설, 일촌 집단거부 등을 이용하여 교묘하고도 계속적으로 집요한 괴롭힘을 가하여 사이버상 공간과 실제 공간을 구별하지 못하는 등, 피해자에게 심리적 압박을 가하고, 실제 공간상에서의 폭력으로까지 이어지는 등의 심각한 사회문제로 나타나고 있다.

강유미(2011). 학교 폭력에 대한 실태분석 연구, 고려대학교 석사 논문.

교육과학기술부(2012). 학교 폭력 현장 컨설팅 자료집.

김민정(2009). 청소년의 가정폭력 경험이 학교 폭력 가해행동에 미치는 영향. 대구대학교 대학원 석사학위 청구논문.

김승혜(2012). 보호관찰 청소년의 학교 폭력 가해수준에 영향을 미치는 개인·가족변인. 연세대학교 대학원 석사학위 청구논문.

김정옥·박경규(2002). 청소년의 가정폭력경험과 학교 폭력과의 관계 연구. 한국가족관계학회지, 7(1), 93-115.

김정옥·장덕희(1999). 가정폭력이 청소년 학교 폭력에 미치는 영향. 한국가족관계학회지, 4(2), 153-186.

김준호(1997). 한국의 학교 폭력에 대한 연구: 피해와 가해를 중심으로. 청소년 폭력국제학술대회 자료집, 한국청소년개발원. 9-29.

도기봉(2007). 학교 폭력 가해행동에 영향을 미치는 요인에 관한 연구. 대구대학교 대학원 박사학위 청구논문.

문용린 외(2006). 학교 폭력 예방과 상담. 학지사·청소년폭력예방재단.

문용린 외(2008). 학교 폭력 위기개입 이론과 실제. 학지사·청소년폭력예방재단.

법제처. 학교 폭력예방 및 대책에 관한 법률.

신혜섭(2005). 가정폭력 요인과 가족구조 요인이 남녀 학생 청소년의 비행에 미치는 영향. 가족과 문화, 17(2), 63-88.

오주·아영아(2006). 중학교 학교 폭력 가해-피해 중복경험에 영향을 미치는 요인, 사회복지개발연구, 12(1), 79-100.

임영식(1997). 학교 폭력에 영향을 미치는 요인에 관한 연구. 청소년학연구, 5(3), 1-26.

정현희·양계민(1999). 학교 폭력이 청소년의 정신건강에 미치는 영향: 가해자, 피해자, 일반학생의 비교. 한국사회문제심리학회지, 5(2), 91-105.

조아미(2007). 학교부적응 청소년의 문제행동과 자아존중감의 관계. 미래청소년학회지, 4(1), 123-136

조정실·차명호(2010). 폭력없는 평화로운 학교만들기. 서울: 학지사.

청소년폭력예방재단(2009). 학교 폭력예방 및 대책에 관한 법률 해설집. 청소년폭력예방재단.

청소년폭력예방재단(2012). 2011년 전국학교 폭력실태조사 보고서. 청소년폭력예방재단.

청소년폭력예방재단(2013). 2012년 전국학교 폭력실태조사 보고서. 청소년폭력예방재단.

Astor, R. A., & Meyer, H. A. (2001). The conceptualization of violence - prone school subcontexts: Is the sum of the parts greater than whole? *Urban Education, 36*, 374-399.

Elliott, D. S., Hamburg, B., & Williams, K. R. (1998). Violence in American schools: An overview. In D. S. Elliott, B. Hamburg, & K. R. Williams(Eds.), *Violence American schools*(pp.3-28). New York: Cambridge University Press.

Ellickson, P., Saner, H., & McGuigan, K. A. (1997). Profiles of violent youth : Substance use and other concurrent problems. *American Journal of Public Health, 87*(6), 985-991.

Haddow, J. L. (2006). Residual effects of repeated bully victimization before the age of 12 on adolescent functioning. *Journal of School Violence, 5*(2), 37-52.

Morrison, B. (2002). Bulluimg and victimization in schools: A restorative justice approach. Trends and Issues No. 219, Australian Institute of Criminology.

Olweus, D. (1993). *Bullying at school: What we know and what we can do. Cambridge*, MA: Blackwell. 384-437.

Olweus, D. (1994). Bullying at school: Basic facts and effects of a school based intervention program. *Journal of Child Psychology and Psychiatry, 35*, 1171-1190.

Olweus, D. (1997). Bully/victim problems in school: Knowledge base and an effective intervention programme. *Irish Journal of Psychology, 18*(2), 170-190.

Rigby, K., Cox, I., & Black, G. (1997). Cooperativeness and Bully/Victim problems among Australian schoolchildren. *The Journal of Social Psychology, 137*(3), 357–368.

White, H. R., Loeber, R., Stouthamer-Loeber, M., & Farrington, D. P. (1999). Developmental associations between substance use and violence, *Developmental and Psychopathology, 11*, 785–803.

# 학교 문화의 주체

# part III

SECTION

**1** / 학교 폭력과 학교환경문화

SECTION

**2** / 학교에서의 폭력

SECTION 1

# 학교 폭력과 학교환경문화

## 1 생태 체계적 관점에서의 학교문화

학교에서 발생하는 문제를 다루고자 한다면, 학생과 그들을 둘러싼 다양한 환경체계 사이의 상호작용과 상호교류가 이루어지는 공유영역interface에서 학생들에게 적절한 사회적 능력을 개발하도록 도와주어야 한다. 동시에 교사는 재학 중인 청소년들의 욕구에 보다 적절히 반응할 수 있도록 학교에 영향을 주는 사회적 목적을 인식하고 행동해야 한다Allen-Meares, Washington, & Welsh, 1986; 한인영 외, 1997. 이와 관련해 생태 체계적 관점은 개인이 경험하는 문제를 바라볼 때, 상호 관련되어 있으면서 여러 문제들이 겹쳐있는 현상을 이해하는데 유용한 체계적 사고를 가능하게 한다. 즉 이 관점은 복수원인의 가능성, 다중체계적 요인들 간의 복합적인 상호작용, 현상의 설명에 대한 불확실성이라는 전제를 가지고 있다. 단선적 원인론이 가지는 확실성과 예측가능성이 결여되어 있기 때문에 역설적으로 보다 다양한 개입방법을 선택할 수 있다. 뿐만 아니라 개인을 둘러싼 환경체계는 여러 방법으로 개인에게 영향을 미친다는 점에서 생태 체계적 관점에 기반한 체계적 사고는 개인의 현실에 더 가깝게 접근할 수 있는 것이다이상균, 2005.

따라서 학교에서 발생하는 폭력과 같은 문제를 이해하기 위해서는 학교와 학생들을 둘러싼 다양한 환경체계들 간의 상호교류형태와 공유영역에 대한 분석이 중요한 의미를 갖는 것이다. 이와 관련하여 Monkman1978은 생태 체계적 관점에서 개인에게 영향을 주는 환경을 개인이 직접적으로 접촉하는 상황의 질과 특성을 통해 정의하고 있다. 즉 환경의 특성을 자원, 기대, 법과 정책 등 세 가지로 분류하고 있는데, 먼저 자원의 경우 물질적, 정서적 지지의 공급을 의미하고, 기대는 역할에 대한 기대와 그에 따른 과업을 포함하며, 마지막으로 법과 정책에는 법적 결정, 다수의 압력 등 통제권위에 의해 생겨나는 행동규칙으로 정의내리고 있다한인영 외, 1997. 결국 이 관점은 한 개인이 처한 상황을 둘러싸고 있는 사회적, 문화적 맥락에 따라 각각 다르게 결정된다는 점을 강조하고 있으며, 동일한 물리적 공간에서도 개인이 처한 환경의 특성은 다를 수 있음을 시사하고 있다고 평가할 수 있다.

일반적으로 생태 체계적 관점에서 환경체계를 설명할 때, Bronfenbrenner1977의 이론을 토대로 한 네 가지 체계, 즉 미시체계, 중간체계, 외부체계, 거시체계 등으로 설명한다. Astor, Pitner, & Duncan1996은 이러한 네 가지 체계구조를 학교 폭력의 문제와 관련지어 설명하였는데 그 내용을 살펴보면 다음과 같다.

첫째, 미시체계는 특정한 물리적, 물질적 특성을 가진 장에서 개인이 경험하는 활동유형, 역할, 대인관계로서 학생과 환경 간에 직접적인 상호작용이 이루어지는 영역이다. 즉 학생들이 속해있는 기본적인 행동의 장으로, 또래, 학급, 학교전체, 가족 등이 될 수 있다. 따라서 이러한 환경체계를 들여다보기 위해서는 다양한 학교하위집단 내 또는 집단 간의 역동성을 분석하고, 하위집단 간 또는 내부에 형성되어 있는 지지체계의 효과성을 탐색해야 한다. 또한 학교의 목표, 방향, 절차, 권력위계 등에 대한 구성원들의 이해정도를 평가해야 한다.

둘째, 중간체계는 학생들이 참여하는 두 개 이상의 미시체계 간의 상호작용 및 관계의 유형을 의미한다. 이에 두 개의 미시체계 모두와 관련된 타자, 사회적 연결망에서의 중간적 고리, 미시체계 간의 공식적, 비공식적 의사소통, 다른 미시체계에 대한 태도와 지식의 성격 등 다양한 형태의 중간체계가 존재할 수 있다Bronfenbrenner, 1979.

학교와 관련한 중간체계의 활성화는 미시체계들의 범위에 따라 제한을 받는다. 예를 들어, 사회복지기관, 청소년프로그램, 자원봉사자 등과 같은 다른 미시체계들과 학교 간의 관계로 구체화될 수 있는 중간체계는 결국 학교체계가 얼마나 이들 체계들에 대해 중요한 의미를 부여하면서 관계를 맺느냐에 따라 달라질 수 있다. 이러한 작업이 미비할 경우, 학교 폭력의 문제가 발생하게 되면 학교는 이러한 문제를 다른 미시체계, 즉 가정 또는 경찰, 검찰과 같은 사법기관의 잘못으로 돌리게 될 가능성이 높다.

셋째, 외부체계는 '적극적인 참여자로서 개인을 포함하고 있지는 않지만, 그곳에서 발생하는 사건이 개인이 속한 장에서 발생한 사건에 의해 영향을 받거나 영향을 주는 체계' 를 의미한다Bronfenbrenner, 1979. 학교운영위원회 등의 결정, 부모의 실직, 또래 친구관계의 변화 등이 그 예이다. 이에 부모의 실직, 불안정한 직업상태, 교사들의 높은 스트레스, 갈등적인 학교운영방침, 학교에서 제공되는 여러 서비스의 부재, 결핍 등은 학생들의 발달에 부정적인 영향을 미칠 수 있다. 따라서 이러한 외부체계에 대해 파악해야 할 요소로는 빈곤, 실직가족의 부모욕구를 충족시키기 위한 방법, 학생폭력조직의 조직화정도, 중도탈락, 가정방문, 무단결석에 대한 지역수준의 정책영향 등이 있다.

넷째, 거시체계는 학생들이 생활하고 성장하는 문화의 전반적인 구조적 유형을 의미하며, 학교에 영향을 미치는 경제, 교육, 법적, 사회적 체계들의 지배적인 유형이 여기에 해당된다. 이를 평가하기 위해서는 주로 지역사회 내에서의 학교역할과 기능에 대해 논의해야 한다. 특히, 학교 폭력과 관련하여 부정적 영향을 미치는 대중매체와의 접촉을 통제한다거나, 학교와 지역사회에서 성취한 성공적인 측면을 부각시킬 수 있도록 홍보하는 일, 민주적 체계로서 학급 및 학교의 재정의, 학교에서의 폭력적 행동에 대한 해당 학군에서의 대응방법과 관련한 자료수집 등의 활동이 필요하다.

그렇다면 이러한 환경체계들이 개별학생들과 어떠한 상호작용을 통해 폭력행위로 연결되는 것인가? 이러한 관계를 설명하는 모형으로는 Moos1991가 제시한 통합적 체계 모형이 가장 잘 알려져 있다. Moos1991는 학생들에게 영향을 미치는 주요한 환경영역 간의 관계에 관심을 두고 있는데, 그는 학교자체의 영향을 포함해 가족과 같은 환경에서 발생하는 사건이 학교에까지 영향을 미칠 수 있다고 보았다. 즉, 학교에서 학생들이 산출하는 모든 결과들은 보다 넓은 사회적 맥락에서 바라보아야 한다는 입장을 취하고 있다.

그의 모형을 보다 구체적으로 살펴보면, 우선 학교 및 학급, 가족과 또래집단 등 다양한 삶의 영역에서 발생하는 스트레스와 사회적 자원들로 구성된 환경체계와 개인의 심리적 특성, 인지적 능력, 일반적인 문제해결기술, 욕구와 가치 등으로 구성된 개인체계가 있다. 이 두가지 체계는 상호 간에 영향을 주고받는 상호교류관계에 있다. 그리고 개인의 심리 · 행동적 결과에 대해 환경적 요인과 개인특성 요인은 모두 직접적인 영향을 미칠 수 있다. 하지만 환경체계와 개인특성이 상호작용을 통해 어떠한 사건이나 상황과 관련되어 질 때, 개인이 이러한 사건이나 상황에 대해 어떠한 인지적 평가를 내리느냐에 따라 행동 · 태도와 같은 직접적인 산물의 결과는 달라질 수 있다. 이후 개인의 결과물들은 개인특성과 환경에 대해 다시 영향을 미치는 환류작용을 수행하게 된다.

이러한 Moos1991의 개인과 환경 간의 상호작용에 대한 개념모형은 포함된 모든 요인 간의 상호인과관계를 상정하고 있지만, 학교 폭력행동과 태도를 산물로 놓고 그에 영향을 미치는 요인들의 관계를 중심으로 보면 다음과 같이 해석할 수 있다. 학교 안에서 갈등적인 상황이 발생하였을 경우, 개별 학생들은 자신들이 가진 개인적 특성에 의해 문제해결기술을 발휘할 수도 있고, 그 문제를 회피하려 하거나 폭력적인 방법으로 해결하려 할 수 있다. 그리고 그러한 개인적 특성은 개별학생이 성장해 온 가족체계로부터 많은 영향을 받을 것이다.

한편, 학교체계 또한 학교 내에서 발생하는 갈등적 관계에 대해 상이한 대응을 요구할 수 있다. 문제해결기술의 활용을 격려, 보상하는 학교도 존재할 것이고, 회피나 폭력적 대응에 대해 암묵적인 승인 내지 보상을 하는 학교도 있기 때문이다. 이러한 과정을 통해 개별학생들은 학교 안에서 발생하는 갈등적 상황에 대해 상이한 인지평가와 대응방법을 형성할 것이다. 결국 학생들은 자신들의 인지평가와 대응기제에 대해 보다 반응적인 방향으로 학교체계를 받아들이게 되고, 이는 궁극적으로 폭력에 대한 태도나 행위에 영향을 미치게 된다.

## 2 학교의 사회심리적 환경문화

아동과 청소년들이 일정한 기간 동안 생활하면서 서로 대인관계를 형성하고, 도덕적 발달을 경험하는 곳인 학교는 단순히 학업을 위한 장소 그 이상의 의미를 가진다. 따라서 이 시기에 아동과 청소년들이 가장 많은 경험을 가질 수밖에 없는 곳이다. 때문에 이들이 적응하고 성장해나가는데 영향을 미치는 학교환경을 보다 구체적으로 확인한다는 것은 학생들의 다양한 행동양태를 파악하고 평가할 수 있다는 점에서 큰 의의가 있다.

이에 Germain1988은 학교환경을 보다 구체적으로 사회적 학교환경과 물리적 학교환경으로 구분하여 분석한 바 있다. 이 때, 학교의 물리적 환경은 교실, 운동장, 교직원실 등 크기 및 공간적 배치를 의미하고 있으며, 학교건물의 안전, 기능성을 포함한다. 사회적 환경은 학생의 규모나 숫자, 학교조직의 권위 및 통제구조형태, 교직원 태도, 신념, 인식, 기대 등을 들고 있다. 또한 Allen-Meares, Washington, & Welsh1996는 학교의 역동성을 적절히 파악함으로써 교사가 자신의 업무를 효율적으로 이해하고 학생에 대해서 적절한 도움을 줄 수 있다고 지적하였다. 이러한 학교역동성으로는 학교의 지도자특성, 교사의 가치관, 학교전체의 분위기, 학교 내 인간관계에 영향을 미치는 외부압력, 학교가 제공하는 서비스, 학교행사에 대한 교사참여도, 학교운영의 중심결정자, 갈등 또는 협동을 유발하는 다양한 사회심리적 문화요인이 포함되고 있다.

그렇다면 이상과 같은 학교환경문화의 다양한 특성들을 어떻게 측정하고 개념화할 수 있을까? 학교환경문화의 측정과 관련한 기존 연구들은 대부분 심리학 및 사회학에서 접근하는 조직환경에 근거하고 있다강상진, 1997. 우선 조직환경에 대한 심리적 접근방법은 Lewin1936의 장이론에 근거한 접근방법과 Murray1938의 욕구-압력need-press 이론에 근거한 접근방법이 있다.

Lewin1936은 개인을 규정하는 환경을 생활환경, 심리적 생활환경이라고 하였으며, 특히 심리적 행동특성은 심리적 환경과의 함수관계로써 개인의 행동에 직접 관계되거나 의미를 주는 것이라고 지적하였다. 그는 집단의 심리적 구조를 설명하기 위해서 사회적 풍토social climate라는 용어를 처음으로 사용하였다. 또한 Murray1938는 Lewin의 생각을 받아들여 인간의 행동은 욕구라는 내적인 힘과 환경이라는 외적인 힘이 상호작용하는 과정에서 생겨난다고 보았다. 그는 외부의 관찰자에 의해 생겨나는 환경을 $\alpha$압력이라고 하고, 환경 안에 있는 사람이 지각하는 환경을 $\beta$압력으로 구분지었다. 결국 환경요인에 대한 설명은 조직의 환경 또는 문화에 대해 개인이 지각한 총체적 평가나 요약에 기반하게 되는 것이다.

Stern은 Murray의 이론을 기초로 하여 환경을 물리적, 사회적, 제도적 환경을 의미하는 $\alpha$환경, 집단 구성원들이 공통으로 지각하고 해석하고 있는 환경을 $\beta$환경, 집단 구성원 각자가 해석하고 있는 독특한 환경을 $\gamma$환경으로 구분하고, $\beta$환경이 학교의 문화심리적 환경를 조성한다고 보았다. 그는 개인이 갖는 욕구와 환경적 압력이 상호작용하는 가운데서 개인의 행동이 결정된다고 지적하였다Fraser, 2004.

한편, 사회학적 입장에서 조직 환경은 다른 조직과의 차별성을 가지며, 시간적으로 안정성과 지속성을 갖고 있고, 조직 내 구성원의 행동에 영향을 미치는 특성을 갖는 것으로 개념화되고 있다Forehand & Gilmer, 1964. 조직의 환경을 조직의 주요효과를 나타내는 것으로 보고, 개인이 지각하는 일련의 변수로 규정하는 입장이다. 즉, 조직이 구성원 및 환경과 상호작용한 결과로서 나타내는 특성들을 개인이 지각한 것이 환경이며 문화이다Campbell, Dunnette, Lawerm, & Weick, 1970. 이러한 양자의 접근법은 심리적 접근이 보다 개인의 평가적 반응에 초점을 둔다는 점에서 차이를 보일 뿐 중첩적인 개념이라 할 수 있다.

국내에서 학교환경문화에 대해 개념화한 관련 연구들을 살펴보면, 학교환경을 학교라는 조직 속에서 구성원들에게 의식적, 무의식적으로 영향을 미치는 물리적, 사회적, 심리적 제반조건 및 자극의 총화라고 규정한다. 이들은 이러한 환경은 학교의 구조 및 특성, 지역사회의 특성, 교장의 지도력 등에 의해 결정된다고 보았으며, 궁극적으로는 학교교육의 성과에 지대한 영향을 미친다고 지적한다. 또한 바람직한 학교의 사회적 환경을 개발하는데 관련된 촉진/저해 요인을 학교의 물리적 환경요인과 인적요인으로부터 찾으려 하였다강상진 외 1997. 이와 관련된 연구에서는 학교의 사회적 환경요인으로 교장의 지도성, 교사의 자율성, 교사협동을 상정하고, 이러한 요인들에 대한 교사들의 지각을 측정한 주관적 환경이 학교의 사회적 환경이라는 입장을 제시하고 있다. 하지만 이러한 연구에서 측정한 학교환경은 학교의 교육효과 또는 교사들의 업무성과들과 관련짓고 있기 때문에, 교사중심의 학교환경문화에 대한 지각이라고 할 수 있다.

따라서 학생들의 행동과 태도에 영향을 미치는 학교환경은 학생들이 지각한 학교환경에서 찾아보아야 할 것이다. 특히 학교 폭력이나 학생들의 생활과 관련하여 교사들과 학생 간에는 상이한 시각차가 존재하기 때문이다. 그러므로 학생의 학교적응과 관련하여 학교환경을 환경압력에 대한 개인의 지각정도로 규정하고, 학급환경은 교사의 행동과 교사−학생, 학생−학생 간의 상호작용을 포함하는 역동적인 사회체계로 개념화할 수 있다Trickett & Moos, 1973. 즉 학교환경을 결정하는 기초는 학급환경이며, 이러한 개념에 따르면 학급환경은 '구성원들이 공유하고 있는 학급환경문화에 대한 지각'으로 정의내릴 수 있다. 그러므로 본 장에서 언급되는 학교환경문화에는 학교건물의 기능성, 교실, 운동장 등 시설물의 공간적 배치나 크기와 같은 물리적 환경은 제외시킨, 사회심리적 학교환경문화만을 의미하는 것이다.

학교환경문화와 학생개인 간의 관계분석을 통해 학생들의 심리적 특성과 행동에 영향을 미치는 것으로 밝혀진 학교환경의 차원들을 정리해보면 다음과 같다.

첫째, 학업에 대해 학교가 얼마만큼 강조하고 있는지와 관련된 환경이다. 이는 학업과 관련한 시간의 투여, 과제물의 강도와 이에 대한 교사의 관심, 과업지향적이고 경쟁지향적인 분위기 등과 관련이 있다Kasen *et al.*, 1990; Perry, 1982; Rutter, Maughan, Mortimore, Ouston, & Smith, 1979. 학업을 중시하고 과업의 수행을 보상하고 격려하는 학교환경은 학생들의 문제행동을 감소시키는 데 중요한 기여를 할 수 있다. 하지만, 지나치게 학업을 중시하는 환경은 부정적인 결과를 야기할 가능성도 있다.

둘째, 학생과 교사 간의 갈등적 관계이다. 이들 모두 학교체계의 주요구성원으로서 이들 간의 대인관계 양상은 학교환경을 지각하는 데 중요한 영향을 미칠 수밖에 없다. 갈등적 관계가 높게 나타나는 학교환경에서 과잉행동과 반사회적 문제가 증가된다고 보고되고 있다Ouston, Maughan, & Mortomore, 1985; Rutter, 1985; Rutter *et al.*, 1979; Takahashi, 1998; 형사정책연구원, 1997. 교사와의 관계는 학교환경을 풀어나가는 주요한 출발점 중 하나이다. 학생, 교사가 학교체계의 주요한 구성인자라는 점을 감안할 때, 양자 간의 신뢰할 수 있고 의존할 수 있는 관계의 수립은 매우 중요하다.

셋째, 학생들의 자기결정성과 독립성과 관련한 환경이다. 이는 학생들에 대한 통제라는 측면의 반대적 속성을 갖고 있다. 한편, 학교는 체계의 속성상 학생들에게 자율성과 책임감을 습득하게 해야 한다는 교육목표와 학교라는 환경 속에서 학생들의 행동과 생각을 일정정도 통제해야 한다는 이중적 기능을 수행한다. 이에 자율성과 통제 간의 적절한 조화가 필요하며, 이러한 차원과 관련하여 중요하게 인식되는 것이 학교의 의사결정 또는 학교행사와 관련해 학생들이 관여할 수 있는 정도이다McPartland & McDill, 1977; Moos, 1991.

넷째, 학생들에 대한 지지, 소속감, 수용acceptance등과 관련한 학생 간의 응집성 및 친목이다Cornacchia, Bentel, & Smith, 1978; Felner, Ginterm & Primavera, 1982; Trikett & Moos, 1979. 학교에 대한 만족과 학교행사에 대한 관심과 참여, 학생들 간의 친목활동이 강조되는 학교환경에서, 학생들은 다른 학생들에 대한 관심과 지지를 증대시킬 것이다. 이러한 환경은 결국 또래폭력이나 비행행위에 대한 또래들의 자체적인 방어막을 형성시키는데 기여할 수 있다.

다섯째, 학교 폭력에 대해 허용적인 환경인데, 이러한 환경이 학교 폭력에 미치는 영향은 사회통제이론을 통해서 설명될 수 있다. 주요한 통제요소 중 하나인 동조에 대한 헌신은 사회적으로 수용될 수 있는 가치에 대한 동조뿐만 아니라 부정적인 가치에 대한 동조로도 해석될 수 있다. 따라서 폭력이나 비행과 관련한 가치에 대해 동조를 요구하는 학교환경에서 학생들의 선택사항은 제약을 받게 될 수 있다. 이를테면, 전반적으로 폭력에 대해 허용적인 가치를 갖고 있는 학교환경에서는 자신의 태도가 폭력에 대해 부정적이라 할지라도 이러한 동조의 압력에 의해 폭력을 행사할 수 있는 것이다.

이와 관련하여 Ramblodt1998는 학교측이 학교 폭력에 대해 취하는 일련의 반응들을 일종의 방어기제로 설명하면서, 이러한 반응들은 또래폭력을 묵인하고 심지어 가해자를 보호하는 자세로 인식하게 만든다고 주장한다. 즉, '우리학교에는 폭력의 문제가 없으며, 그것은 다른 학교의 문제다' 로 보는 부인denial의 태도, '또래들 간의 놀림이나 밀치는 행동들은 아이들 때 경험할 수 있는 정상적인 행동이다' 라는 최소화minimization, '아이들은 스스로를 보호하기 위해 싸우는 법을 배울 필요가 있다' 라는 합리화, '학생들이 조금만 적었어도, 어떤 대책을 세워볼 수 있다' 라는 정당화, '학생들의 행동에 대해 부모들이 책임지려 하지 않는다' 라는 비난 등이 그것이다.

이러한 학교환경들이 폭력적 행동에 영향을 미친다는 것은 반대로 보호적이고 수용적인 학교문화, 친사회적 행동을 촉진시킬 수 있는 프로그램 등에 의해 학생들의 폭력행동이 감소될 수 있음을 역설적으로 말해주는 것이다. 즉, 가정에서의 부적절한 양육에 대한 적극적인 접근, 학생과의 관계를 신뢰롭고 지지적이게 만드는 작업, 학생들이 학교에 대한 소속감을 증진시키도록 하는 노력 등을 통해 궁극적으로는 폭력에 대한 절대허용금지라는 학교규범과 환경을 창출해낼 수 있는 것이다.

학교의 사회심리적 환경문화는 개인의 공유된 지각으로써 학교자체의 특성을 반영하면서도, 개인의 지각에 의해 측정되었기 때문에 개인의 특성요인에 의한 영향을 받을 수밖에 없다. 특히, 학교환경문화를 부정적으로 인식하는 학생들의 경우 그렇지 않은 학생들과 상이한 특성을 가질 수 있다.

학생들의 상이한 특성이 학교환경의 인식에 어떠한 영향을 미치는가는 사회유대social bonding의 개념으로 살펴볼 수 있다. 사회적 유대란 자신이 속한 환경에 대해 갖는 애착, 관여, 참여, 신념의 상태를 의미한다Hirschi, 1969. 이때 애착은 학교교사, 친구, 부모 등 사회의 중요한 타자와의 애정적 결속관계를, 관여는 자신이 속한 환경문화의 주요활동에 대한 관여도를, 참여는 그러한 활동에 시각적으로 얼마나 참여하고 있는가를, 신념은 환경의 인습적인 가치, 규범을 얼마나 받아들이고 있는가를 의미한다이성식, 1995. 결국 사회적 유대가 강하다는 의미는 환경문화가 요구하는 기본적인 질서와 규율, 가치에 대해 동조하고 있음을 의미하는 것이다.

Moos1991는 학교환경문화의 주요영역으로 관계의 영역, 개인의 성장영역, 체계의 유지와 변화영역 등 세 가지 영역으로 구분한 바 있다. 이때, 관계의 영역은 구성원들의 학교활동에 대한 관여, 구성원 간의 친목, 교사와 또래로부터의 지지와 같은 특성으로 구성된다. 개인의 성장과 관련된 영역은 과업지향과 경쟁이라는 특성으로, 체계유지와 변화의 영역은 조직화, 목적의 명료성, 통제, 혁신 등과 같은 특성들로 구성되고 있다. 이러한 학교환경문화의 영역을 살펴보면, 앞서 Hirschi1969가 설명하고 있는 사회유대의 개념에서 제시된 특성들이 상당 부분 포괄되고 있음을 알 수 있다. 따라서 이러한 사회유대의 개념을 학교환경문화의 지각과 연결시킨다면, 학생들이 학교환경문화를 부정적으로 지각한다는 것은 학교가 기본적으로 학생들에게 요구하는 다양한 측면에서의 요건과 질서, 신념을 학생들이 쉽게 받아들이지 못한다는 것을 의미한다.

이와 관련해 Winfield1991는 위기상황에 처한 학생들의 경우 '학교환경문화와 연결되어 있다' 라는 느낌을 갖고 있지 못하고, 이는 그러한 학생들이 학업실패, 중도탈락 등의 위험을 경험할 가능성이 높다고 보았다. 또한 교사와 또래 간의 지지적인 관계를 갖는 학교환경문화와 학생들의 참여를 강조하는 학교환경문화는 학생들의 사기, 학과목에 대한 관심, 자기효능감 등과 높은 관련성을 보이고 있다. 아울러 지지적 환경이 부재하고, 경쟁과 통제가 높은 학교환경의 경우 불안과 무단결석을 경험하는 학생들이 많다는 결과를 보이고 있다Moos, 1991. 이러한 경향은 위험상황에 처하거나 그러한 특성이 강한 학생들의 경우 학교에 대한 애착이나 관여, 참여 등이 낮을 수밖에 없고, 이는 그들이 학교환경을 부정적으로 지각하게 될 것임을 의미하는 것이라 볼 수 있다.

한편, 개인과 환경 간의 일치person-environment congruence라는 관점에서도 개인의 특성과 환경의 지각 간의 관계를 살펴볼 수 있다. 이러한 관점은 환경문화가 자신의 지배적인 특성과 일치하도록 개인의 특성을 유지하거나 강조한다고 본다. 즉 보다 성숙한 개인의 경우 자신의 환경문화를 조직화할 수 있는 능력을 가지고 있으며, 반면 덜 성숙한 개인의 경우 지금의 환경문화에서 부족한 점들을 보충해 줄 수 있는 잘 구조화된 환경문화의 안정적인 영향을 필요로 한다고 보았다. 따라서 개인의 특성이 학교환경문화의 요구와 불일치할 경우, 즉 위험적인 요소들을 많이 가진 학생의 경우 자신들이 지각하는 학교환경에 대해 불만과 부족을 나타낼 것이고, 이는 부정적인 인식의 결과로 나타날 것이다.

# 3 학교 폭력 가해집단과 문화

학교 폭력이 빈번하게 발생하는 지역이 있을까? 만약 그렇다면 미리 이러한 특성을 아는 것은 학교 폭력을 체계적으로 개입하고 예방하는 데 시사점을 얻을 수 있을 것이다. 일반적이고 경험적인 관점에서 보면, 학교 폭력이 유난히 많이 발생하는 지역이 있다. 지형학적으로 볼 때, 중소도시의 아파트 단지에 위치한 학교일수록 학교 폭력 발생건수가 적다. 이는 부모의 관심도가 높고, 직접적인 관찰시간이 많기 때문인 것으로 파악된다. 상대적으로 공장이 밀집해 있고 맞벌이 부모가 많은 지역에서는 발생 건수가 높은 것으로 나타난다. 이는 부모의 경제활동으로 인해 자녀에 대한 직접 관찰시간이 제한되어, 적절한 개입시기를 놓치기 때문인 것으로 보인다.

더불어 학교와 학급의 분위기에 따라 학교 폭력 발생빈도가 달라진다. 교사가 폭력을 묵인하거나 소극적으로 대처할 때 교실 안에서 가해학생이 주도권을 가지게 되어 폭력이 난무하게 된다. 반면에 교사가 폭력에 적극적으로 대처할 의지를 가지고 학급을 민주적으로 운영할 때에는 모든 학생이 평화롭게 생활할 수 있는 분위기가 형성된다. 또한 부모의 양육방식이나 교육관심도에 따라 자녀가 학교 폭력의 피해학생 혹은 가해학생이 되기도 한다. 참는 것이 미덕이라고 가르침을 받는 아이와 공격이 최상의 방어라는 가르침을 받는 아이는 분명 다르게 행동할 것이다. 이 절에서는 학교 폭력이 발생하기 쉬운 가정, 학교, 지역사회의 문화를 알아보고자 한다.

## 1 가정문화의 특성

폭력이 발생하고 문제를 해결하는 과정에서 가해학생과 그 부모를 만나보면 가해학생의 행동에 '이유가 있다' 는 것을 알 수 있다. 많은 가해학생 부모는 자녀에 대해 무관심하거나, 폭력으로 문제를 해결하려 하거나, 또는 자녀의 말을 무조건 믿어 자녀의 행위를 부인하기도 한다. 심지어 피해학생이 입원한 병원에 찾아와 언성을 높이고

'할테면 해보라' 고 협박하는 부모도 있다. 부모의 태도를 보고 자란 가해학생도 자신의 폭력에 대해 반성하기보다는 부인하거나 남의 탓을 하며 보복하기도 한다.

또한 학교 폭력이 발행한 후 문제가 해결되지 않고 장기화되거나, 보복으로 인해 더 큰 문제가 발생하는 경우가 있다. 이런 경우도 가해학생 부모가 자녀의 가해행동에 무관심하거나 자녀의 말을 무조건 믿고 대처할 때다. '내놓은 자식이니 알아서 하라' 며 오히려 큰소리를 치거나, 자기 자식은 '절대 그럴 리가 없다' 며 무조건적으로 자녀의 말만 믿고 대처하는 부모도 문제를 장기화시키고 보복폭력을 불러온다.

피해학생 부모의 경우 자녀에게 '참는 것이 이기는 것' 임을 강조하고, 친구 사이에서 갈등이 생기면 '이해하고 또 이해하라' 고 말한다. 때로는 학부모가 무기력하고 자녀의 학교생활에 대한 관심이 없는 경우에도 폭력 피해를 당할 가능성이 높다. 이러한 가정의 문화를 몇 가지로 나눠 살펴보면 다음과 같다.

- 공격을 유도하는 부모유형　자녀가 갈등 상황에 놓였을 때 '맞는 것보다 때리는 것이 낫고, 공격이 최상의 방어' 라고 생각하는 부모가 있다. 때문에 또래와 갈등 상황이 벌어지면 병원비 등 모든 뒷감당을 해 줄 테니 맞지 말고 때리라고 가르친다. 또 학교 폭력이 발생하여 대처할 때에도 피해학생 탓을 하며 피해학생 부모에게 큰 소리를 쳐 일을 확대시키기도 한다.
- 공격을 받아도 무기력하게 대처하라는 부모유형　폭력은 절대 나쁘고, 피하지 못하면 차라리 맞는 것이 낫다고 가르쳐 최소한의 자기방어도 못하게 만든다. '때린 사람은 발 오그리고 잠을 자도 맞은 사람은 발 뻗고 잔다' 라고 생각하여, 폭력 피해를 당한 자녀의 고통을 헤아리지 못한다. 또 자녀가 맞았다고 알려도 친구 사이에서 '그럴 수 있는 일' 로 여겨 신속하게 대응하지 못하는 부모가 있다. 더불어 문제가 생겨 대처할 때에도 '사과를 받고 다시 친하게 지내라' 는 소극적인 태도를 보여 피해가 계속된다.
- 방치하는 부모유형　자녀의 생활이나 행동 변화에 관심이 없고 문제가 발생해도 '알아서 해결하라' 는 부모유형이다. 심지어 '네가 한 일은 네가 책임지고 해결하며 부모가 나서는 일이 생기지 않도록 하라' 며 자율을 빙자하여 사실상 방임하는 부모도 있다. 이렇듯 아이 스스로 문제를 해결하다 보니 '법보다 가까운 것이 주먹' 이듯 문제 해결을 위해 또다시 폭력을 휘두르

게 되는 경우가 많다. 자녀의 문제행동으로 인해 부모가 방치하는 경우도 있지만, 부모의 무관심으로 인해 문제행동을 유지하는 경우도 있다. 학교에서 문제가 발생하였을 때 교사의 요청에도 바쁘다며 학교에 가지 않거나 피해학생 부모를 피하는 행동은 자녀의 문제행동을 지속하게 만든다.

- 과잉부모유형 자녀는 문제를 만들고 그 부모는 문제를 해결해 주는 해결사다. 이러한 부모는 자녀를 과잉보호하여 문제가 생겼을 때 적극적으로 자녀의 입장을 대변해 주고, 대신 사과하며 사건을 처리해 준다. 부모가 모든 문제를 해결해 주다 보니 자신의 잘못을 부모가 모두 책임질 것이라고 생각하여 아무런 두려움 없이 문제를 일으키는 청소년이 늘어나고 있다.



학교 폭력의 가해학생은 학교에서는 대부분 가해자이지만 가정에서는 피해자라고 알려져 있다. 이들의 부모들은 자녀의 훈육수단으로 물리적 방법을 선호하고, 자녀들에게 거부적이며, 비일관적인 양육과 지도감독을 소홀히 하는 경우가 많다. 아울러 자신에게 해를 입히는 대상에 대해 보복하라고 가르치는 부모들이 있는 가정환경과 높은 상관관계가 있다고 알려져 있다Frazer, 1996. 특히 어머니의 무관심, 냉대, 거부, 자녀양육에 대한 아버지의 비참여, 공격적 행위에 대한 어머니의 허용적 태도, 자녀에 대해 신체적 처벌, 협박, 폭력적인 분노폭발과 같은 부모의 권력주장적 훈육방법 등은 청소년기의 자녀가 공격적인 행위를 촉발하게끔 하는 주된 원인으로 지적되고 있다Olweus, 1996.

결국 강압-묵인coercion-acquiescence의 자녀양육방법을 택하는 부모들의 경우 의도하지는 않았지만 자녀들에게 공격적 행위를 선택하게끔 보상한 것이라 할 수 있다Dodge, Bates & Pettit, 1990. 이후 이를 통해 강화된 자녀의 공격적 행위는 학교로 전이되고, 또래와 교사와의 관계에서 선택할 수 있는 행동목록으로 자리잡게 된다. 즉, 부모의 올바르지 못한 자녀양육방법과 태도는 사회적 목표를 성취하기 위해서 공격적인 방법을 사용하라고 자녀를 훈련시키는 것과 같은 것이다Frazer, 1996.

한편, Nashiyama1996는 일본의 왕따문제로 인해 자살한 학생들에 대한 보고에서 왕따의 가해학생과 피해학생들이 문제가정의 자녀라는 점을 강조하고 있다. 이들은 결손가정에서 자라나 성인역할의 아동특성adult children을 갖고 있다는 것이다. 가족의 유지를 위해 결사적인 이들은 가족을 위협하는 긴장을 감소시키기 위해 어떤 일이라도 감수하며, 다른 가족성원을 기쁘게 하는 일에 대해서도 헌신적이다. 하지만 이들 내면에는 증오심이 숨겨져 있기 때문에 가해학생들은 이러한 증오심을 왕따를 통해 표출하고자 하며, 피해학생들은 이러한 일들이 가족을 위협하는 긴장이라 받아들여 자신이 감수하는 쪽을 선택한다는 것이다.

따라서 현실에서는 탈출할 수 없는 왕따의 피해로부터 벗어나기 위해 자살이라는 극단적인 회피수단을 선택한다는 것이다. 물론 Nashiyama1996의 이러한 분석은 극단적인 피해경험만을 다루었다는 점에서 또래폭력 전반에 걸쳐 일반화되기 힘들며, 가족의 영향력을 지나치게 강조하고 있다는 한계가 있다. 이에 부모의 '물리적' 존재와 관련된 가족구조의 결손보다는 부모의 '심리적' 기능과 관련된 자녀와의 관계, 양육태도 등이 또래폭력과 밀접한 관련성을 가진다고 보아야 한다. 이는 위험상황에 처한 청소년들이 보다 적응을 수월하게 해나가는데 가족구조의 결손이 뚜렷한 영향을 미치지 못하고 있다는 연구결과에서도 확인할 수 있다박현선, 1997. 또한 우리나라의 경우, 학생들의 사회경제적 배경과 폭력피해 간에는 체계적인 상관성이 없는 것으로 보고되고 있다. 부모의 결손과 같은 구조적 배경 또한 피해와 가해 모두에 뚜렷한 관련성을 가지지 못하는 것으로 나타나고 있다한국형사정책연구원, 1996.

## 2 학교 문화의 특성

학교의 교실은 학생과 교사가 어우러져 독특한 문화를 만들어 낸다. 어떤 교실은 폭력이 만연하여 가해자가 영웅시되는가 하면, 어떤 교실은 교사가 모든 주도권을 가지고 학급을 운영하기도 한다. 과거 교사의 권위는 당연한 것이지만, 최근에는 학생 그리고 학부모의 직간접적인 참여로 인해 교사의 입지가 다양하게 변화하고 있다. 학교폭력과 관련해서는 교사가 학급을 어떻게 운영하느냐에 따라 교실의 분위기가 달라진다. 교사가 폭력을 용인하고 문제가 발생했을 때 행동을 통제하고 지도할 수 없다고 생각하여 무기력하게 대처하면, 폭력이 난무하는 교실이 된다. 반면, 사소한 언어폭력도 간과하지 않고 폭력에 대해 엄정하게 대처하는 교실은 평화로운 교실이 된다. 또 교사는 학교 폭력을 가장 먼저 인식할 수 있고, 학생들을 통해 사실을 확인하여 객관적인 정보를 가질 수 있는 중요한 위치에 있다. 그리고 관련 학부모를 만나 사실을 전달하고 중재와 조정에 개입하여 학급 풍토를 만드는 데 주도적인 역할을 해야 한다. 그렇다면 학교 문화를 결정짓는 학교풍토의 문화를 몇 가지로 나누어 살펴보면 다음과 같다.

- 가해학생 중심의 학교풍토 이 교실에서는 때린 아이들이 영웅시된다. 교사를 대신해서 학급의 짱이나 반장 등이 아이들을 통제하고 이를 따르지 않을 경우, 폭력이나 따돌림과 같은 집단 괴롭힘을 당하게 된다. 그렇기에 어떤 사건이 발생했을 때, 교사나 부모에게 마음 놓고 이야기할 수 없다. 특히 피해학생에 대해서 '맞을 만하다' 거나 '왕따' 라고 하며 문제 원인이 피해학생에게 있다고 본다. 또 욕설이나 험담 등과 같은 언어폭력은 폭력으로 인식하지 않는다.

  이러한 학급의 교사는 학생들이 특별한 물의를 일으키지 않는 한 폭력을 허용하고, 학생들의 행동을 통제할 수 없어 반장이나 리더십이 있다고 생각되는 학생에게 의지하여 학급을 운영한다. 학교 폭력이 발생하면, 교사 자신은 이런 문제나 학생에 대한 처벌권이 없다고 생각하여 시간이 흘러 망각되기를 바라고 소극적으로 대처한다. 때로는 사건에 대해 학부모나 학교에 공개하지 않아 문제를 확대시키기도 한다.

- 피해학생 중심의 학교풍토 피해학생 중심의 학급에서는 피해학생이 피해를 당했기 때문에 특별한 취급이나 보호와 관심을 받는다. 교사는 무조건적인 동정과 지원이 피해자를 치유하는 데 절대적으로 필요하다고 본다. 이 경우 피해를 당했다는 사실만 강조되고, 이것이 다른 모든 행동의 면책특권이 되기 때문에 학생들은 자율과 책임을 배울 기회를 상실하게 된다. 학생 스스로 자신에게 피해학생이라는 꼬리표를 붙여 피해자다운 행동을 유지하게 만든다. 또한 피해학생의 무력감을 강화하고 요보호 학생이나 피해학생이라는 것을 노출시킴으로써 또다시 마음의 상처를 준다.

- 교사중심의 학교풍토 이런 학교에서는 학생들이 교사에게 인정받기 위해 경쟁한다. 교사에게 낙인이 찍히게 되면 학생들은 주변으로 겉돌며 교사에 대한 반항심을 키운다. 또 학생 간에 파벌

이 형성되고 과열 경쟁이 일어난다. 학교 폭력으로 문제를 일으키게 되면 피해학생과 가해학생 모두 따돌림을 당한다.

이런 학교의 교사는 학생끼리 따돌리는 분위기를 조성하고, 문제아를 전학시키기 위해 다른 학부모까지 선동하기도 한다. 피해학생은 도움이 안 된다고 생각하여 학급활동의 기회를 아예 주지 않거나 문제가 생기는 일 자체를 두려워하며 교사의 편의대로 일을 처리한다. 책임져야 할 부담스러운 일은 사라졌으면 하는 마음을 가지고, 자신의 학급평가가 내려갈까 하는 두려움에 교사평가의 걸림돌이 되는 아이들을 다른 학교로 전학 보내려는 경향을 지닌다.

- 함께 성장하는 학교풍토　함께 성장하는 학교에서는 피해학생과 가해학생 모두의 심리상태에 공감하며, 폭력 상황을 건강한 관계의식을 발달시키는 기회로 삼는다. 이러한 풍토에서는 모든 관련 당사자가 새로운 문제 해결 방식을 학습하게 된다. 이러한 학교를 만드는 교사는 피해학생과 가해학생의 비밀을 보장한다. 또한 차별을 느끼지 않도록 노력하면서, 피해학생에게 책임 있는 일을 맡겨 자신감을 회복하도록 돕는다. 가해학생에게는 자신의 행동을 반성할 수 있는 기회를 주고 피해학생과 더불어 잘 지낼 수 있는 학교를 만들어 나간다. 피해학생 부모를 위로하고 아이를 칭찬하면서 변화를 이끈다. 이런 학교에서는 피해를 극복하고, 성장의 길로 나아가는 탄력성이 매우 높다. 가해학생과 피해학생 모두가 건강한 학급의 일원으로 회복할 수 있도록 도우며, 학급 관리에 한층 높은 자신감을 갖는다.

청소년기에 들어서면서 공격적 행동의 획득은 가족의 영향보다는 가족외부의 환경적, 체계적 요인에 의해서 보다 직접적으로 많은 영향을 받는다Patterson & Yoerger, 1993. 이는 학교관련 요소의 중요성을 강조한 것으로 사회적 발달을 촉진시키는 학급활동은 다양한 능력과 배경을 가진 학생들에게 인정과 성공의 기회를 제공할 수 있지만, 이러한 기회를 제약하는 학급활동은 보상을 받지 못한 학생들이 일상적인 학교활동에 참여할 동기를 저하시키고, 사회적 발달을 손상시키는 결과를 가져온다는 것이다.

학교에서의 부정적인 경험이 또래폭력에 미치는 영향은 사회통제이론social control theory과 차별접촉이론differential association theory과 연결시켜 볼 수 있다. 학교에서의 사회통제를 구성하는 중요한 요소는 교사, 교장 등 학교의 지도자라는 관습적 타자와 관습적 제도에 대한 헌신적 참여commitment이다Hirschi, 1969; 김준호, 1997. 학교는 청소년들이 학교에서 관습적인 사회에 대한 투자를 발전시키도록 하여, 관습적 제도에 대해 헌신적 참여를 하도록 제약한다. 이때 헌신적 참여란 성원들이 교육, 직업 등 기존의 관습적 행위에 투자한 정도를 의미하는데, 학생들의 경우 헌신적 참여의 구체적인 양태는 학업성취와 성적이다. 따라서 성적이 낮은 학생들의 경우 성적이 높은 학생들에 비해 잃을 것이 적기 때문에, 비행이나 부적응적인 행동을 저지르게 될 가능성이 높아지게 된다. 또한 동조에 대한 헌신적 참여commitment to conformity 역시 통제이론에서 중요한 요소로 등장하고 있는데Brian & Piliavin, 1965, 이는 어떤 청소년이 문제학생으로 밝혀졌을 때 따라오는 물질적 박탈이나 처벌에 대한 두려움뿐만 아니라, 지속적인 자아성의 유지, 가치있는 인간관계의 지속, 현재 그리고 미래의 지위나 활동을 고수하지 못하게 되는 해로운 결과에 대한 두려움까지 포괄하는 개념이다. 즉, 일탈하고자 하는 욕구가 같다고 했을 때, 동조에 대해 강한 헌신적 참여를 보이는 청소년들은 이러한 참여가 낮은 청소년들보다 문제행동에 참여할 가능성이 적다고 할 수 있다.

이에 학생들이 교육과 학업에 대해 높은 가치를 부여하지 않을 때, 문제행동에 빠질 가능성이 높다. 학교에서의 학업경험과 학생들의 행동 간의 관계를 보여주는 선행연구들에서 낮은 학업성적이나 부정적인 학업태도는 폭력과 약물에 빠질 위험을 증대시킨다고 보고하고 있다. 특히 중도탈락한 학생들의 경우, 폭력행위의 행사와도 높은 관련성을 맺고 있으며, 더불어 폭력의 피해수준 또한 높았다고 보고되고 있다. 결국 학교에서의 학업활동에 대해 부정적인 태도를 가진 학생들의 경우, 폭력의 행사, 약물의 남용 및 피해를 입을 가능성이 높다고 볼 수 있다Kingery, Biafora, & Zimmerman, 1996.

학교와 청소년의 행동적 문제를 설명하는 또다른 이론인 차별접촉이론Sutherland & Cressey, 1974은 기본적으로 사회학습이론과 그 맥을 같이 하고 있다. 폭력행동을 긍정적으로 정의하는 타인들과 접촉함으로써 폭력을 수용할 만한 행위로 스스로 규정하게 된다는 것이다. 이 이론에 근거할 때 비행이 많은 지역의 학교에 다님으로써 비행을 경험한 또래들과의 접촉가능성이 높아질 수 있다. 따라서 전체 학교의 분위기가 비행이나 폭력에 대해 허용적인 분위기를 가질 경우, 학생들은 이것을 학습하게 되고 수용하게 된다는 것이다. 이 경우 지역별, 학교별로 학생들의 비행이나 폭력발생은 차이를 나타내게 될 것이다. 또 비행을 경험하는 또래들과의 접촉가능성은 흡연, 음주, 시험부정, 무단결석, 징계경험 등 학교교칙을 위반하는 행동을 증가시키며, 이는 궁극적으로 해당 학생들이 폭력을 사용할 의도를 증가시키는 영향을 미친다Durant *et al.*, 1996.

한편, 학교에서의 부정적인 경험 혹은 부적응은 피해학생과 관련해서는 두 가지 측면에서 파악할 수 있다. 우선, 학교 폭력의 피해결과로서 학교에 대한 부적응적인 인식을 가질 수 있다. 학업에 대한 관심의 저하, 학교에 대한 호감도의 상실 등 학교에 대한 부정적인 태도는 피해로 인한 결과일 수 있다Kochenderfer & Ladd, 1996. 하지만 학업의 실패, 학교에 대한 호감도의 저하 등은 학교 폭력의 피해와 결부되어 외로움의 증가, 또래들 사이에서의 인기상실을 가져온다. 그런데 또래들 사이에서의 고립과 인기상실은 학교 폭력의 표적이 될 가능성을 높여주는 것이며Olweus, 1993, 이는 결국 또래폭력이 만성화되고 반복화될 수 있는 조건을 갖게 되는 것이라 볼 수 있다.

## 3 지역사회 문화의 특성

지역사회 문화를 결정짓는 지역풍토의 문화를 몇 가지로 나누어 살펴보면 다음과 같다.

- 폭력을 용인하는 지역문화　폭력을 묵인하는 지역의 부모, 교사, 학생들은 폭력이 효과적이라고 본다. 규칙을 어기는 학생은 체벌해야 다시는 규칙을 어기지 않는다고 생각한다. 더욱이 가정폭력은 집안일이라고 여기며, 학생 간의 폭력은 있을 수 있는 일로 보기 때문에 별다른 대처를 하지 않는다. 실제 모 지역의 고등학교에서는 학생관리가 점점 힘들어지자, 학생회에 권한을 주고 학생회에서 학생들의 생활을 관리하게 하였다. 학생회는 민주적 방식보다 폭력과 위협을 통해 학생회를 이끌어 오다가 조회에 참석하지 않았다는 이유로 후배를 구타하여 사망에 이르게 한 사건이 발생하였다.

  또한 학부모는 문제가 발생했을 때, 학교를 찾아가 대화보다는 폭력으로 문제를 해결하려 한다.

최근 A지역 학교에서는 거의 매일 부모들이 학교에 항의방문을 하였고, 한 교사는 수업 도중에 찾아온 학부모에게 폭행을 당하고 쓰러진 후, 발에 밟혀서 팔다리가 골절되는 사건이 발생했다. 당시 학생들은 주변에 몰려들어 구경을 하면서도 옆 교실 선생님에게 위기 상황을 알리지 않았다. 그 충격으로 교사는 무력감과 상실감을 겪다가 결국 교단을 떠나고 말았다. 학부모가 교사를 구타한 이유는 자신의 자녀를 교사가 혼냈다는 단순한 이유 때문이었다. 결국 학부모의 폭행에 대한 두려움때문에 교사가 학생에게 처벌은 물론, 잘못을 지적할 수조차 없는 학교분위기가 되어 학생들의 잘못된 행동에 속수무책인 상태에 놓이게 되었다.

- **폭력에 무기력한 지역문화** 폭력에 무기력한 지역의 부모들은 경제위기나 가정해체로 인해 심리적으로 위축되어 학교 폭력의 징후를 발견해도 학교를 찾아가 상담할 여유를 가지지 못한다. 피해학생과 가해학생 부모는 아이들 간에 흔히 벌어지는 다툼으로 치부하고 외면하는 태도를 보이기에 무관심한 행동으로 비칠 수도 있다. 사건 징후에 대해 예방하기 위한 어떠한 의지나 대처하려는 노력도 없이 폭력을 방치하다 보면, 결국 폭력이 일상화되고 큰 사건이 터지게 된다.

  또한 이러한 지역사회에서는 맞벌이로 인해 방과 후 아이들끼리만 지내는 경우가 많아 성폭력 사건이 자주 발생한다. 방과 후 빈 집에 모여 유선방송의 성인물, 인터넷의 음란물을 보고 이를 흉내낸다. 그러다 막상 큰 성폭행 사건이 발생하여도 별다른 대처를 하지 못해 피해학생이나 가해학생이 그대로 방치되는 경우가 많다.

  피해-가해학생 부모 모두가 폭력에 무기력하게 대응하거나 무관심으로 방치하다가 큰 사건이 발생하면, 대처방법을 몰라 법정 싸움으로 확대되기도 한다. 이때 교사에게도 관리 소홀을 이유로 책임을 묻기도 하는데, 가끔은 의지를 가진 교사가 활동을 하려고 해도 관심이 없는 학부모를 상대하다 보면 한계를 느껴, 결국에는 포기하고 무성의하게 대처하게 된다.

- **지역이기주의가 팽배한 지역문화** 중산층이 많이 살고, 예산이 타 지역에 비해 넉넉하며, 학부모의 교육열이 높은 지역일 경우, 학생 성적만 올려주면 만족해하는 학부모가 중심이 되어 학교 분위기를 통제하기도 한다. 이런 경우 폭력이 발생하면 오히려 학부모가 앞장서서, 자신의 학교를 보호하고자 피해학생을 문제아로 몰아가는 경향이 있다. 결국 피해학생이 그 지역의 학교를 떠나는 일이 발생하기도 한다. 일부 사례에서는 자기 자녀는 피해자가 되지 않기를 바라며, '맞지 말고 때리라' 고 시켜 경쟁을 더욱 부추기는 사례도 있다.

- **개인주의가 팽배한 지역문화** 대도시 아파트 지역에서 흔히 볼 수 있는 현상은 학부모가 자식을 경쟁적으로 관리하면서 끌어안고 보호하는 경향이 강하다는 것이다. 이런 경향은 아이들을 가족이기주의와 개인주의가 팽배한 분위기로 이끌어, 타인에 대한 관심과 배려가 부족한 아이로 자라게 만든다. 이것은 교실 내에서 왕따나 괴롭힘이 생기면, 이를 모른 척하거나 자신과 상관없는 일로 여기게 하는 태도를 강화시킬 수 있다. 이들은 피해학생이 피해를 당하는 이유가 잘난 척하거나, 약하거나 장애가 있기 때문이라고 생각한다. 그렇기에 자신이 피해학생이 되지 않기 위해서는 가해집단에 속해야 한다고 생각하고 적극적으로 가해집단에 들어가려 한다.
- **불안정한 사회구조를 가진 지역문화** 2000년대로 접어들면서 부모의 이혼 등으로 인해 가정이 해체되고, 자녀양육을 조부모에게 맡기는 사례가 늘고 있다. 불안정한 가족체계 및 사회구조와 더불어 청소년을 위한 놀이와 문화공간의 부재는 지역 내 선후배 관계를 강화시킨다. 결과적으로 일찍 음주나 흡연을 하는 행동이 시작되고, 다른 지역과의 힘겨루기가 집단 패싸움 형태로 나타나기도 한다. 피해학생은 있으나 감춰지고, 가해학생은 계속 사고를 쳐도 처벌을 제대로 받지 않음으로써 책임 있는 행동을 배울 기회를 잃게 된다.

  서울이나 수도권 지역의 부모에 비해 중 · 소도시와 농 · 어촌지역의 학부모는 폭력의 심각성과 실태를 막연하게 알고 있다. 또 학부모 대처교육이 전무해 대처 능력이 떨어지는 경향도 있다. 아이들은 인터넷의 발달로 인해 전국적으로 동일한 수준의 학교 폭력위험 상황에 놓여 있는데, 부모는 지방으로 갈수록 충분한 정보를 제대로 얻지 못하고 있는 실정이다.

한편, 우리 사회는 폭력에 대해 지나친 온정주의적 풍토를 가지고 있다. '그럴 수 있는 일'로 간주하고 가벼운 처벌로 문제를 '사라지게' 만들고 싶어한다. 중 · 상류층의 전문직 종사자가 밀집해 있는 서울의 일부 지역에서는 자녀가 폭력을 가해한 이유로 경찰서에 불려가도 부모의 지위와 경제력을 통해 훈방 조치되는 일도 비일비재하다. 그 결과 폭력 관련 청소년이 자신의 행동에 대한 반성과 책임감을 배울 기회를 상실하게 된다.

# SECTION 2 학교에서의 폭력

## 1 학교 폭력의 가해자와 피해자들의 특성

### 1 가해학생과 학교 폭력

Olweus1991는 가해학생의 심리사회적 특성으로 충동성, 타인에 대한 강한 지배욕, 피해자에 대한 낮은 공감 등을 들고 있다. 아울러 가해학생들이 불안하거나 불안정하고 낮은 자존감을 갖고 있다고 스스로 인식하지 못하는 것으로 나타나고 있다. 즉, 가해학생들은 그들이 가해자라는 점에 대해 죄책감을 느끼지 않고 있으며 자신의 행동을 정당하다고 받아들인다는 것이다. 결국 이들은 목적의 성취라는 긍정적 강화와 위협의 제거라는 부정적 강화를 통해 자신의 폭력적 행동을 더욱더 강화시켜 나간다고 볼 수 있다.

학교 폭력은 또한 통제의 문제와 관련되어 있다. 가해학생들은 자신이 다른 또래에 대해 통제력을 갖고 있을 때 좀 더 안정적으로 생각하고, 덜 불안해한다. 하지만 그러한 안정감은 다른 학생들의 피해를 대가로 하기에 문제가 되는 것이다. 즉, 공격적인 아이는 자신의 공격성을 통해 성공을 성취한다고 확신하며, 다른 아동에게 가해질 고통과 피해의 가능성에 대해서는 거의 의식하지 않는 것이다.

학교 폭력 가해학생의 경우, 초등학교 시기에서는 또래들 사이의 인기가 평균수준이거나 그보다 높다고 보고되고 있다Olweus, 1993; Pulkkinen & Tremblay, 1992. 그렇기에 이들을 추종하는 무리들이 존재하는 것이다. 하지만 학년과 연령이 증가할수록 가해학생의 인기는 점차 떨어지고, 중학교 3학년에 가서는 평균수준보다 상당히 낮은 인기를 갖게 된다고 보고된다Olweus, 1993.

한편, 학교 폭력 가해자와 피해자 간의 관계를 설명하는 심리적 기제로는 투사와 투사적 동일시projective identification가 대표적이다Forsa, 1995. 즉, 가해자는 자신의 증오와 분노를 피해자에게로 투사하고, 결국 피해자가 무엇을 느끼던간에 가해자는 피해자의 감정을 분노와 증오로 돌리게 되어 피해자에 대해 공격을 가한다는 것이다. 반면, 피해자는 가해자의 투사와 동일시하고, 실제로 가해자에 대해 분노와 증오를 느끼게 됨으로써 투사적 동일시를 경험하게 된다. 이는 다시 가해자의 행동에 영향을 주게 됨으로 가해자는 더 이상 책임감을 느낄 필요가 없게 되는 것이다.

이러한 심리적 기제와 함께 Lockwood1997는 아동 및 청소년기에서 발생하는 폭력행위의 경우 가해학생들이 크게 네 가지 목적을 갖고 있다고 설명한다. 첫째, 적대적 관계에 있는 학생에 대한 징벌이다. 둘째, 상대학생으로부터의 굴복을 얻어내기 위함이다. 셋째, 자신 또는 다른 학생을 위한 방어이다. 넷째, 자신의 체면, 자존감의 수호, 명성의 유지이다.

또한 폭력행위에 대해 가해학생들이 사후에 제시하는 설명을 살펴보면 자신들의 행위가 수용될 수 있다는 신념을 갖고 있음을 알 수 있다Lockwood, 1997. 즉, 자신의 폭력적 행동에 대한 책임은 인정하지만 그 행위의 잘못에 대해서는 인정하지 않는다는 것이다. 피해학생이 폭력을 사용하게 만든 이유를 제공하였다는 식으로 자신을 정당화한다는 것이다. 반면, 자신의 행동이 잘못된 것은 인정하나 책임은 부인하는 변명excuse의 반응을 보이기도 하는데, 이러한 경우에 해당되는 학생들은 순간적으로 화가 치밀어 그 사건에 휩싸이게 되었을 뿐 그럴 의도는 없었다는 설명을 한다는 것이다. 결국 가해학생들의 경우 폭력을 합리적이고 사회적으로 수용될 수 있는 반응으로 간주할 가능성이 크다고 볼 수 있다.

가) 가해학생의 특성과 이해

❶ 가해청소년의 자기통제력

자기통제력은 즉각적인 만족을 주는 문제행동을 회피하고 인내할 수 있는 능력으로 비행과 범죄행동, 폭력을 설명하는 주요한 개념이다Chapple, 2005. 자기통제력이 낮은 사람은 자신이 처한 때와 장소에서 즉각적이고 손쉬운 욕구충족을 추구하는 경향이 있어서 자신의 행동이 가져올 장기적인 손실을 무시하거나 실제보다 낮게 평가하며, 충동적이고, 정서적으로 냉담하지만 급한 성격과 자기중심적인 경향을 가진다Chapple, 2005.

학교 폭력 가해청소년들은 낮은 자기통제력을 가지는데Haynie *et al.*, 2001 이들은 충동적, 공격적이고 다른 사람들을 쉽게 이용하며 피해자들에게 준 상처를 무시하고 그들의 행동으로 인한 처벌 가능성에 의해 행동이 통제되지 않는 특성을 가지고 있다Unnever & Cornell, 2003. 가해청소년들은 그들의 행동으로 인해 자신이 받게 될 처벌, 타인의 고통을 인식하지 못하고 충동적으로 행동하는 경향이 있는 것으로 보여진다.

Gottfredson과 Hirschi1990는 자기통제력이 10세 전까지 부모와의 사회화과정에서 습득되는데 부모가 책임감 있게 자녀의 행동을 관찰해 잘못된 행동에 대해 적절한 제재와 처벌을 내리고 아이가 자기통제를 할 수 있도록 가르쳐 주는 과정을 통해 형성될 수 있는데, 낮은 자기통제력을 가진 사람은 이 과정이 잘못되어 있다고 지적하였다. 즉 아동이 부모의 올바른 훈육과 교육을 경험하지 못하거나 부부 간의 갈등과 폭력, 그리고 적대적이고 거부적인 양육행동은 아동기를 거쳐 청소년의 자기조절능력에 부정적인 영향을 미치게 된다Beaver, Delisi, Mears, & Stewart, 2009.

사회학습이론의 관점에서 Kendall과 Wilcox1979는 자기통제란 크게 인지적인합리적인요소와 행동적인실행적인 두 요소가 결합되어 있다고 지적하였다. 행동적인 인지요소로는 심사숙고 능력, 문제해결능력, 계획성, 평가하는 태도 등이 포함된다고 하였다.

자기통제능력이 있는 아동은 사려가 깊고 불필요한 것을 배제하며 충동적이지 않지만, 자기통제능력이 낮은 아동은 충동적 반응양식으로 인한 자기점검, 자기평가, 자기강화과정을 성공적으로 사용하지 못하기 때문에 인지적 문제해결수준의 수행수준이 낮을 뿐 아니라 대인관계 문제에서도 충동적이거나 공격적이며 흥분과 과다활동을 보이게 된다Kendall & Finch, 1976.

자기통제훈련은 Rotter1960, Bandura1960와 Kanfer1979 등에 의해 인지, 환경, 행동 간의 상호작용모형이 강조되면서 80년대 이후, 인지행동적 요인이 중요한 영향을 끼치게 되었다. 이후 자기통제훈련은 주로 아동의 충동조절, 공격성 감소를 목적으로 자기점검self-monitoring, 자기평가self-evaluation와 자기강화self-reinforce의 자기통제과정 self-control process에서의 전략이 부족한 아동에게 새로운 문제해결기술을 가르치는 데 초점을 둔다.

인지행동적 접근에 기초한 문제해결훈련은 비행청소년들의 문제행동을 감소시키는데도 효과가 있는 것으로 나타났으며, 국내에서도 가해청소년과 비행청소년을 대상으로 적용하여 공격성의 감소와 문제해결방식의 개선을 보여주었다. 인지적 문제해결방식은 공격적인 아동, 청소년들의 행동에는 인지적 문제해결방식과 적응적인 인지전략, 인지적 발달수준에서 결함이 있다고 보고Dodge & Crick, 1990; Dodge & Tomlin, 1987 이 과정에 초점을 맞춤으로써 이들의 문제행동을 낮추고 적응적인 변화를 가져올 수 있다고 본다. D' Zurilla와 Goldfried1971는 문제해결을 다양한 대안들의 제시와 대안들 가운데 가장 효과적인 방법을 선택할 수 있는 가능성을 증가시키는 행동적 과정으로 정의하면서 문제해결훈련은 스스로 조절할 수 있는 방법을 습득시킴으로써 자기통제에 매우 효과적이라고 하였다.

따라서 폭력행동을 보이는 청소년들은 자기조절능력이 부족해 공격적 충동을 그대로 표출시키는 경향이 있는데이시형, 1997, 인지적 개입을 통해 효과적인 문제해결전략들을 생각해내고 이를 적용시켜 보는 과정은 자기통제력을 높여 가해행동의 통제에 긍정적인 영향을 가져올 수 있다.

### ❷ 가해청소년의 문제행동

Achenbach와 Edelbrock1983는 청소년기에 가장 많이 보일 수 있는 행동들을 중심으로 한 행동문제증후군을 크게 내면적 문제와 외현화 문제로 나누었다. 내면적 문제는 소극적이고 사회적으로 내재화되어 과잉통제된 행동으로 우울, 불안증상 등이 포함되며 외현화 문제는 감정이나 행동의 적절한 억제가 결여되어 과소 통제된 행동을 의미하는 것으로서 비행과 공격성을 포함한다장미숙, 2000. 청소년기 문제행동을 연구하는 과정에서 그들은 여자 청소년들이 모든 연령 집단에서 불안 및 우울증상과 대인관계에서의 위축양상이 함께 섞여 있는 것과 달리 우울요인이 12~16세 남자 청소년 집단들에서는 나타나지 않아 남자 청소년들은 우울증상이 다른 형태의 증상으로 위장되어 나타나거나 혹은 공격적 행동으로 나타날 수 있으며 성과 발달단계에 따라 문제행동의 표현양식이 달라질 수 있음을 시사하였다. 이와 관련하여 행동화 모델의 관점에 의하면 내면적인 우울한 기분이 외현화된 문제행동을 통해 표출됨으로써 청소년기의 우울은 외현화 행동의 범주에 속하는 파괴적 행동과 기타 증상들에 의해 가려지는 것이라고 가정될 수 있다최정아, 2010. 즉 우울은 청소년 비행과 매우 높은 관련을 가지지만, 청소년기의 공격적 행위, 약물남용, 반항적 행위, 비행, 학습문제, 학교생활 부적응, 과잉행동 등의 외현화 행동문제에는 가면성 우울masked depression이 내재되어 있는 경우가 많다Chiles, Miller, Cox, 1980.

내재화 문제와 외현화 문제의 공존은 여러 연구에서 밝혀졌는데Capaldi, 1991; Nottelmann & Jensen, 1995, 국내 연구에서는 중학생의 심리적 특징과 우울 및 비행 간의 관계를 분석한 연구에서 남학생, 여학생 모두 우울과 비행 간에는 정적인 상관이 있는 것으로 나타났으며 우울은 비행을 설명하는 가장 영향력 있는 변인으로 나타났다곽금주 외, 1993.

초등학생을 대상으로 내재화, 외현화 문제행동의 상호작용적 인과관계에 대한 부모양육행동의 매개효과를 검증한 연구에서 내재화, 외현화 문제행동은 양방향의 영향을 통해 공동발달하고 있는 것으로 나타났다이은주, 2011. 또한 소년원에 있는 남녀 청소년 258명을 대상으로 우울/불안과 공격성 변인 간의 합병효과를 검증하였는데 남학생

집단에서만 우울/불안과 충동적, 과잉행동 간에 유의한 관계가 나타나 우울/불안의 합병효과가 성별에 따라 차이가 있는 것으로 밝혀졌다. 이러한 연구결과들은 우울/불안의 내재화 문제는 외현화 문제를 다루는 데 있어 함께 접근해야 할 부분이라는 것을 말해준다. 때문에 학교 폭력 가해청소년의 내재화 문제로 우울/불안을, 그리고 학교 폭력을 설명하는 강력한 변인으로 공격성Olweus, 1980을 구체적으로 살펴보고자 한다.



● 우울과 불안

청소년기의 비행은 성인과 달리 우울증과 같은 정서적인 문제와 관련을 가지며 우울증과 품행장애 간의 높은 공존병리가 여러 연구들에서 보고되고 있다박은민, 2008; Biederman, Faraone, Mick, & Lcion, 1995. 정서장애 진단 및 통계편람 제4판DSM-Ⅳ에 의하면 우울은 흥미나 즐거움의 저하, 피로나 활력의 상실, 체중의 증가나 감소, 불면증과 수면과다, 집중력의 감소, 자살사고 등이 특징적이다. 청소년기의 우울은 성인의 우울과 달리 불안, 공포, 신체적 불편감, 행동장애 등으로 더 많이 나타나며 경미한 우울에도 청소년 우울은 가출 및 약물남용 등 외현적 증상을 보일 수 있다고 밝히고 있다. 이러한 우울경향은 가해청소년과 피해청소년 모두에게 발달상의 위험한 요인으로 밝혀져 있고Austin & Joseph, 1996, 우울은 불안과 높은 공존율권석만, 1996을 가짐으로써 충동성, 심리사회적 측면에서 심각한 문제를 보인다.

Agnew1995의 일반긴장이론general strain theory에 따르면 외적 자극에 의해 긴장과 불안의 정도가 증가하면 이를 해소하기 위한 수단으로 공격적 행동이 증가한다고 보았는데 몇몇 연구자들은 괴롭힘의 가해자들이 높은 불안을 보인다는 것을 발견하였다. 또한 Ialonogo1996는 가해학생들이 일반학생들에 비해 높은 불안을 나타내며 높은 불안 상태가 괴롭힘 행동을 증가시킨다고 지적하였다염영미, 2011.

가해청소년들의 폭력행동, 비행과 같은 외현화된 행동에는 우울/불안과 같은 감정들이 영향을 미치고 있다. 또한 청소년기의 우울, 불안, 분노와 같은 정서조절 능력은 인지발달과 인지과정의 성공적 수행에도 영향을 미치며Saarni, 1990, 자신의 정서를 명확히 인식하고 스스로 자신의 정서상태를 조절할 수 있다고 생각하는 능력은 불안을 낮게 지각하게 하며, 자기효능감에 영향을 주는 중요한 심리적 변인으로 밝혀졌다. 따라서 가해청소년들이 우울, 불안과 같은 정서를 인식하도록 하는 것과 정서조절능력을 높이는 것은 가해청소년들의 문제행동을 낮추는 요인이 될 수 있을 것이다염영미, 2011.



● 공격성

공격성은 다른 사람에게 의도적으로 상해를 입히려는 행동으로 신체적, 물리적, 언어적 상해를 포함하며, 외부적으로 나타나는 난폭하고 공격적인 행동과 함께 공격적 행동을 일으키는 정서상태인 분노까지 포함하는 개념으로 볼 수 있다. 이러한 공격성은 생후 1세부터 3세까지 꾸준히 증가하다가 그 이후부터는 감소되는 것으로 나타났지만 지속적으로 높은 공격성과 파괴적인 행동을 보이는 소수의 아동들은 이러한 행동이 청소년기를 거쳐 초기 성인기까지 계속된다. 아동기 동안의 공격적인 행동은 동료들의 거부, 비행, 약물남용, 학교조기탈락, 실업, 우울과 같은 적응의 문제들을 예측할 수 있고, 가족, 교사, 또래들과의 관계에도 부정적인 영향을 끼치게 된다. 즉 기질적으로 짜증을 내거나 좌절하고 화를 잘 참지 못하는 청소년들은 또래에게 적대적으로 행동함으로써 관계에 문제를 유발하기 때문이다. 이러한 공격성은 학교 폭력의 중요한 예측변인이며 가해청소년이 일반청소년에 비해 또래 괴롭힘, 금품갈취, 신체적 폭력, 언어폭력, 위협 등 공격적 행동문제를 더 많이 저지르는박지도 외, 2001 것과 관련된다.

Bernstein & Watson1997은 가해아동들이 기본적으로 충동적이고 타인에 대한 지배욕이 크며, 보호자로부터 공격적 행동을 학습받았기 때문에 또래폭력을 행사한다고 보았다. 또한 가해아동들은 자신의 공격적 행동이 성공할 가능성이 높은 아동을 선택한다는 것이다. Olweus1993도 교사, 부모, 또래에 대하여 강한 공격성을 보이며, 충동성이 강할 경우 학교 폭력의 가해학생이 될 가능성이 높음을 지적하고 있다. 그리고 가해아동의 경우, 가정에서 부모나 형제로부터 공격적인 행동을 학습하기 때문에 학교에서 자신을 드러낼 수 있는 수단으로 자연스럽게 공격적 행위를 사용하게 된다고 지적한다 Bernstein & Watson, 1997.

Dodge & Crick1990는 아동 및 청소년의 또래관계상황에서 행동의 이해를 돕는 정보처리 모형 4단계[1]를 통하여, 공격적인 아동, 청소년들은 상대방의 의도를 제대로 해석하지 못하고 적의적으로 받아들이는 적대적 귀인경향을 보이며, 애매한 상황에서조차 상대방이 자신에게 적대적인 의도를 가지고 있다 지각하는 경향이 있음을 지적하였다. 또 행동의 선택에 있어 외부에서 주어지는 결과를 기대함으로써 공격적인 행동을 긍정적으로 평가하였는데, 이러한 과정은 폭력적이고 공격적인 행동이 유발되는 과정을 설명한다고 볼 수 있다.

청소년들을 대상으로 공격성 발생과정을 측정한 결과에서 반사회적공격성 집단을 비공격적인 청소년집단보다 적대적인 방식으로 문제를 정의하고 적대적인 목표를 선택하는 경향이 있는 것으로 나타났으며 공격성에 대한 긍정적인 믿음과 사용은 공격성을 적절한 것으로 받아들이게 하는 경향이 있는 것으로 보고되었다Slaby & Guerra, 1988. 또한 공격신념, 정서조절능력, 사회정보처리모형과 공격행동 간의 관계를 살펴보면, 공격신념수준이 높은 아동일수록 사회정보처리모형의 해석단계에서 상대방의 의도를 더욱 적대적으로 해석하였으며, 반응생성단계에서 공격반응을 더 많이 생성하였고, 반응선정단계에서 공격반응을 더 적합한 반응으로 평가하고 선정하는 것으로 나타났다. 그리고 해석단계에서 상대 아동의 의도를 적대적으로 해석하는 아동일수록 목표 명료화 단계에서 공격적인 목표를 더 많이 설장하였고 공격반응을 더 많이 생성하였다. 결국, 가해청소년들의 공격성을 낮추기 위해서는 적대적인 귀인을 유발하는 왜곡된 인지과정의 개입과 현실적이고 적응적인 인지과정의 습득을 위한 교육과 훈련이 요구된다고 볼 수 있다.

### ❸ 가해청소년의 폭력에 대한 허용적 태도

폭력에 대한 태도는 폭력을 어떻게 바라보는가를 설명하며 폭력적 행동을 설명하는 중요한 요인이 되는 인지양식으로 사람이 곤란한 상황에 처했을 때 폭력적인 것과

1 1단계는 상황적 단서의 부호화(encoding of situational cues), 2단계는 단서에 대한 해석과 묘사(representation and interpretation of those cues), 3단계는 가능한 반응 탐색(mental search for possible responses to the situation), 4단계는 반응선정(selection of a responses to the situation) 이다.

비폭력적인 것 가운데 어떤 것을 선택할지 영향을 주게 된다. 폭력을 바라보는 태도 중 하나가 폭력에 대한 허용적인 태도로 폭력의 필요성을 인정하고 정당성을 수용하는 태도이다. 이는 폭력 및 비합리적인 행위를 정당화한다는 점에서 법규범에 대한 태도와 불일치한 태도이며, 폭력의 발생상황에서 폭력의 원인을 제공한 것은 가해자인 자신이 아니라 피해자라는 식의 행위에 대한 정당화의 측면에서 볼 수 있다.

Hynel1986은 청소년들은 또래관계에서 이전의 평가를 근거로 또래와의 관계를 결정하며 이것을 유지하려는 경향 속에는 편견이 존재하는데 특히 공격적인 청소년들은 적의적인 태도로 행동함으로써 또래들에게 긍정적인 평가를 얻을 수 있다고 믿는 경향이 있다고 지적하였다. 즉 가해청소년들은 가해행동을 통해 가져올 결과를 긍정적으로 기대하는 경향이 있으며 이로 인해 가해행동에 대해 긍정적인 태도를 가지고 더 폭력적인 행동을 보여주는 것이다.

가해청소년과 일반청소년의 따돌림행동을 지지하는 규범적 신념의 차이를 비교해 보면, '따돌림 행위를 해도 무방하다는 신념', '따돌림 행위는 자존감을 높여준다는 신념', '따돌림을 당하는 아이들은 고통받지 않는다는 신념'에서 가해집단과 일반집단은 서로 차이를 나타내는 것으로 나타났다. 이는 가해청소년이 가해행위에 대해 허용적이고 쉽게 생각하는 경향과 가해행위를 또래들로부터 인정받는 수단으로 사용하고 있음을 나타내는 결과라고 볼 수 있다. 학교 폭력에 대한 인식과 학교 폭력 태도의 관계를 통해서도 학교 폭력 가해경험이 많을수록 학교 폭력 허용도는 높아졌고, 가해를 한 번도 하지 않은 아동들이 그렇지 않은 아동들에 비해 폭력에 대해 더 거부적인 것으로 나타났다.

폭력의 허용적 태도와 관련된 또다른 중요한 측면은 바로 피해자에 대한 공감능력으로 Olweus1993는 공감과 학교 폭력이 서로 관련이 있다고 보고하고 있으며, 학교 폭력에 대한 긍정적인 태도가 이러한 관계를 매개하고 있다고 지적한다. 즉 낮은 공감능력은 가해청소년에게 나타나는 정서적 특성으로 타인의 심리상태에 대한 낮은 이해는 공격적이고 폭력적인 행동을 유발하는 요인이 될 수 있는 것이다. 가해학생들의 낮은 공감능력과 관련하여 학교 폭력의 피해, 가해 중복경험으로 인해 가해청소년들이 '보복' 하고자 하는 경향으로 표출되는 자신의 분노표현에 심리적 에너지를 많이 쏟음으로써 타인에 대한 진정한 관심을 보이기 어려운 측면을 제시하기도 한다. 결국 가해청소년들은 자신의 분노감정에는 강하게 반응하지만 피해자의 정서적 상태는 무시하거나 회피함으로써 자신의 폭력행위를 정당화하는 태도를 유지하는 것으로 보인다. 따라서 가해청소년들의 폭력에 대한 태도의 교정을 위해서는 폭력의 올바른 이해와 피해자에 대한 공감능력을 향상시키기 위한 접근이 요구된다고 볼 수 있다.

## 2 피해학생과 학교 폭력

Olweus1993는 학교 폭력의 피해자를 크게 두가지 유형으로 구분하고 있다. 소극적 피해자와 도발적 피해자가 그것이다. 소극적 피해자는 일반적으로 불안한 심리상태를 갖고 있으며 공격을 도발하는 어떠한 행동도 하지 않으며, 또래로부터의 괴롭힘에 대해 자신을 방어하지 않으려는 모습을 보인다. 소극적 피해자는 학교에서 혼자 지내며 친구가 별로 없고, 동년배보다 신체적으로 허약한 특성을 가지며, 부모와의 밀접한 관계를 유지하기에 종종 교사들로부터 과잉보호를 받는다고 평가된다. 반면 도발적 피해자는 불안한 심리상태를 갖는다는 점에서는 소극적 피해자와 유사하지만, 가해자와 비슷한 수준의 공격성을 갖고 있으며, 공격받았을 때 반격하려는 성향을 보이는 학생들이다.

Perry1988와 그의 동료들은 학교 폭력의 피해아동이 갖는 공격성과 또래 거부 간의 관계를 조사하였는데, 그 결과 공격성과 피해는 비례적 관계에 있음을 발견하였다. 즉, 가장 극단적인 피해학생들은 가장 공격적인 아동들이었다는 것이다. 이에 다음의 세 가지 피해자 유형을 제시하였는데, 이 중 피해/거부, 공격/거부 등의 유형은 Olweus1993의 소극적 피해자와 도발적 피해자의 분류와 유사하다고 할 수 있다. 반면, 이들이 새롭게 제시한 피해/공격/거부의 유형은 강한 학생들에게는 피해를 입지만, 약한 학생들에게는 공격적인 성향을 가진 학생들이라 할 수 있다. 피해자들의 경우 외모상의 특성과는 무관한 것으로 선행연구들에서는 보고하고 있다. 즉, 뚱뚱하거나, 특이

한 머리모양, 안경의 착용, 이상한 어투, 눈에 띄는 옷차림 등으로 인해 더 많은 폭력피해를 받는 것은 아니라는 것이다. 외모상의 특성은 모든 학생들이 한 가지 이상씩은 가지고 있으며, 폭력의 가해자 역시 이러한 외모상의 특성을 가지고 있을 수 있다. 실제로 피해자와 유사한 외모상의 특성을 가지고 있지만 폭력의 피해를 경험하지 않는 학생들도 다수 존재한다는 선행연구도 있다Roland, 1988.

하지만 집단적 괴롭힘이나 금품갈취를 목적으로 한 폭력의 비율이 높은 일본이나 우리나라의 경우, 또래들 사이에서 '튀는 외모나 행동', '부유한 옷차림'이 학교 폭력의 표적이 될 가능성을 높여줄 수 있다. 하지만 이러한 경우에도 외모의 특성이 학교 폭력의 유일한 이유로 과대평가되어서는 안 될 것이다.

학교 폭력의 피해학생들은 가해학생들보다 육체적인 힘에서 열세의 위치에 놓이는 경우가 대부분이다. 하지만 반대로 육체적 힘의 우월함이 가해학생의 필요조건은 되지만 충분조건은 아니다. 선행연구에 따르면 육체적 힘의 강도와 공격성 간에는 연관성이 적을뿐더러 대다수의 힘이 센 학생들은 비공격적인 성향을 띠기 때문이다 Olweus, 1993. 대신 육체적 힘의 우월함은 또래들로부터의 인기와 많은 연관성을 가지고 있다. 인기도가 높다는 것은 학교 폭력의 표적이 될 가능성이 적음을 의미하고, 아울러 육체적 힘이 세다면 또래로부터의 공격에 대해 즉각적인 자기방어가 가능하기 때문이다. 따라서 피해학생의 경우 육체적인 힘이 약하기 때문에, 인기도 역시 낮을 수밖에 없다.

반면 이러한 육체적 힘의 우월함이 여학생에게도 동일하게 작용하지는 않는다고 한다. 오히려 여자 가해학생의 경우 일반적인 학생들보다 신체적으로 약하다는 보고도 있다Roland, 1988. 이는 여학생들이 주로 사용하는 폭력의 형태가 신체적 폭력이기보다는 무형의 언어적, 심리적 폭력이기 때문으로 보이는데, 아직까지 학교 폭력에 대해 여학생들이 주로 사용하는 대응방법이 무엇인지는 분명하게 밝혀지지 않고 있다.

이상의 가해학생, 피해학생, 공격적 피해학생집단의 특성을 정리해보면 다음과 같다.

첫째, 가해학생은 학교 폭력을 주로 가하는 학생들이며, 피해의 경험은 거의 전무한 학생들이다. 물론 이들 또한 학교 폭력의 행사를 통해 육체적 상해를 입을 수는 있지만, 궁극적으로는 패배의 경험이 거의 없는 집단이라 할 수 있다.

둘째, 피해학생집단은 소극적 피해자집단 또는 피해/거부의 집단에 해당한다. 반복적이고 장기적인 학교 폭력의 피해에 노출될 가능성이 높으며, 학교 폭력의 과정에서 주로 패배의 경험만을 가지는 집단이다.

셋째, 공격적 피해집단은 도발적 피해자와 가해/피해자집단의 의미를 갖고 있다. 좁은 의미로서의 공격적 피해집단은 Olweus1978의 도발적 피해자집단에 가까운 개념이 될 수 있다. 가해보다는 주로 피해만을 경험하지만, 그러한 피해를 유발하는 특성을 가진 집단이 그것이다. 반면, 강자로부터는 피해를 입고 약자에게는 가해하는 집단이 있는데, 이것이 가해/ 피해자bully/ victim 집단이다Tattum, 1988. 이들 집단 역시 피해를 유발하는 특성을 가지고 있으나, 이러한 특성이 가해의 경험으로 연결된다는 것이 피해만을 유발하는 도발적 피해집단과는 다른 점이다. 따라서 피해와 가해를 동시에 경험하는 집단을 공격적 피해집단으로 분류하는 것이다.

## 3 방관자와 학교 폭력

학교 폭력은 피해자와 가해자라는 이분적 구도가 아닌 방관자라는 제 3의 관련대상을 가져오기에 더 근절되기 힘든 측면이 있다. 즉, 피해학생들은 가해학생들로부터 따돌림을 받기도 하지만, 자신의 또래 친구들로부터도 고립되는 경향을 보인다. 피해학생의 또래친구들은 피해학생과 어울리게 됨으로써 자신의 지위를 상실하게 될까봐, 또는 자신도 피해를 입게 될까봐 학교 폭력을 방관하거나 암묵적으로 묵인하는 태도를 보인다Batsche & Knoff, 1994.

실제로 많은 연구들에서, 응답학생의 약 40% 정도가 피해학생을 돕겠다고 대답한 반면, 35%는 도와야 하지만 돕지는 않겠다라고, 24%는 관심을 보이지 않겠다고 대답하였다. 그리고 일반학생들이 학교 폭력의 피해학생을 바라보는 태도를 연구한 결과에서도 일반학생들이 피해학생으로부터 기대하는 결과는 다른 일반학생에게서 기대되는 것과 차이가 있었다Charach, Pelper, & Ziegler, 1995. 즉, 학교 폭력의 피해학생들을 공격할 때, 다른 학생을 공격할 때보다 더 많은 물질적 보상을 얻을 수 있으며, 더 많은 고통의 표현을 기대할 수 있고, 궁극적으로는 보복의 가능성이 더 적을 것이라 생각한다는 것이다. 이는 결국 피해학생이 다른 일반학생으로부터도 학교 폭력의 표적대상으로 확인되고 있음을 보여주는 것이다. 따라서 피해학생으로 인식된 학생은 장기간에 걸쳐 반복적인 경험을 갖게 될 수밖에 없다.

학교 폭력의 참여와 협력성 간의 관계를 살펴보면, 방관적 태도가 학교 폭력과 상당한 관련성을 갖고 있음을 보여주고 있다. 즉, 또래들과 낮은 협력적 관계를 가지는 학생들은 자신이 호감을 갖고 있지 않던 아이를 다른 친구들이 괴롭힐 때, 가해학생들과 함께 가해행동에 참여한다. 또한 피해학생에게서도 낮은 협력성을 찾아볼 수 있었는데, 이는 폭력피해의 결과로 인해 사회적 고립을 경험하면서 다른 친구들의 관계에 대해 관심을 갖지 못하게 되고, 관여할 수도 없게 되기 때문으로 보인다. 이러한 낮은 협력성과 친구들 간의 관계에 대해 관여하기를 꺼리는 태도는 다른 아이들로부터의 공격을 불러올 가능성을 높이는 결과를 가져온다Rigby, Cox, & Black, 1997. 학교 폭력의 피해학생에 대한 동정과 지지의 태도 사이에는 연령이 증가할수록 피해학생에 대한 동정심은 감소하고 있으며, 여학생이 남학생보다는 상대적으로 피해학생에 대해 동정적인 입장을 취하는 것으로 보여준다. 연령의 증가에 따라 피해학생에 대한 동정심이 감소하는 이유로는 상급학교로 갈수록 타인에 대한 공감적 반응에 반하는 남성적 가치를 주입하고 있는 것으로 보는 시각도 있다Askew, 1989.

그렇다면 이처럼 학생들 간에 학교 폭력의 피해학생에 대한 태도가 차이가 나는 이유는 무엇일까? 먼저 '올바른 세상의 신념just world belief'을 들어 설명하는 입장이 있다Lerner, 1980; Rigby & Slee, 1993. 이는 '착한 사람에게는 나쁜 일이 일어나지 않는다'라는 것이다. 따라서 이러한 신념을 가지고 있는 학생들의 경우, 학교 폭력의 피해를 경험하는 학생들에 대해서 동정적이고 지지적인 태도를 갖기는 힘들 것이다. 또 자신이 피해를 입을 가능성이 전혀 없거나 극단적으로 높을 경우보다 중간 정도로 존재할 경우, 사람들은 '올바른 세상의 신념'을 가지기 쉽다고 한다Shaver, 1975. 이에 학교 폭력을 당할 위험요인을 일정정도 가지고 있는 학생들의 경우, 오히려 피해자에 대해서 비난하는 입장을 취할 수 있는 것이다.

결국 학교 폭력에 대한 방관적이고 비지지적인 입장은 학교 폭력의 가해학생과 피해학생 모두에게서 찾아볼 수 있다. 더 나아가 학교 폭력을 경험하지 못한 학생들에게까지 이러한 태도가 광범위하게 퍼져있는 학교의 경우 학교 폭력은 보다 빈번하고 아무런 저항 없이 발생할 가능성이 높을 것이다. 따라서 학교 폭력에 대한 개입은 피해자와 가해자에 대한 개입뿐만이 아닌 학급, 학교를 대상으로 한 예방프로그램과 함께 이루어져야 할 것이다.

## 학교 폭력의 인간관계적 요인 2

학교 폭력은 한 가지 원인에 의해 발생하는 경우가 극히 드물고 여러 원인이 복합적으로 작용하여 발생하는 경우가 많다. 비록 청소년 학교 폭력이 학교와 학교주변에서 발생하는 폭력행위이지만, 그 원인은 학교 내의 요인에 국한되는 것은 아니다. 사실 청소년 폭력이나 학교 폭력에 직 · 간접적으로 영향을 미칠 수 있는 요인은 너무나 방대하다. 또한 일반적으로 비행이나 문제를 일으키는 청소년들은 한가지 문제에만 국한하지 않고 여러 문제행동을 동시에 보이는 경향이 있으므로 청소년 비행 유발 요인들이 학교 폭력에도 관련되고 있다. 따라서 본 절에서는 학교 폭력 및 청소년비행 연구에서 중요하게 다루어진 개인관련요인, 부모와의 관계요인, 교사와의 관계요인, 또래 및 문제집단과의 관계요인에 대해 다뤄보기로 하겠다.

### 1 개인관련 요인

폭력행동의 개인적인 위험요인으로 먼저 '생물학적인 원인' 을 들 수 있는데Spreen,

1989, 청소년의 학교 폭력이 부적절한 행동을 통제하고 사회적으로 적합한 행동으로 이끄는 전두엽의 실행기능의 결함과 관련된다고 주장하고 있다Grigsby & Stevens, 2000. 즉 학교 폭력 가해청소년은 전두엽 실행 기능에 문제를 가지고 있어 공격적이고 부적절한 언어적 · 신체적 행동을 통제하는 능력이 부족한 것으로 나타났다.

학교 폭력에 영향을 미칠 수 있는 또 다른 위험요인으로 '개인의 정신적 장애', 특히 품행장애, 반항성 장애, 낮은 지능, 과잉행동장애 등을 들 수 있는데, 학교 폭력 가해청소년의 경우 반사회적 경향성과 신체적인 공격성이 매우 높고 불안감은 낮으며Craig, 1998, 일반적으로 가해청소년은 일탈적이고 공격적인 행동에 더 많이 관련되어 있다고 보고되고 있다Baldry & Farrington, 1999.

가해아동들이 기본적으로 충동적이고 타인에 대한 지배욕이 크며, 보호자로부터 공격적 행동을 학습받았기 때문에 학교 폭력을 행사하는 것으로 나타났다. 또한 가해아동들은 자신의 공격적 행동이 성공할 가능성이 높은 아동을 피해아동으로 선택하며, 대개 그러한 아동은 자신보다 신체적으로 왜소한 아동을 선택한다는 것이다Baldry & Farrington, 1999.

또한 개인의 '학교 폭력에 대한 지각'이 매우 중요한 역할을 하고 있음을 여러 연구에서 밝히고 있는데 높은 자존감은 학교 폭력을 일으키거나 공격적인 행동을 하는 것과 밀접한 관련이 있다고 보고하고 있으며, 자기효능감이 높을수록 폭력 가해청소년들에게서 높게 나타나는 연구결과가 있다Olweus, 1997.

한편 성별과 관련된 요인이 학교 폭력에 영향을 주는 것으로 보고되고 있는데 학교 폭력의 약 65%가 남자에 의해, 15%가 여자에 의해, 19%가 공동으로 가해한 경험이 있으며, 남자가 여자보다 폭력 가해행동을 더 많이 하는 것으로 나타났다오영렬, 2003.

## 2 부모와의 관계요인

가정은 개인의 성격과 행동유형을 형성하는데 매우 중요한 영향을 미치는 사회기관이라 할 수 있으며 많은 연구들을 통해 부적절한 가정환경이 청소년의 학교 폭력을 유발할 수 있는 중요한 위험요인이라는 것은 잘 알려진 사실이다Kail & Wicks-Nelson, 1993. 이런 가정관련 요인은 크게 구조적인 특성과 기능적인 특성으로 나누어 볼 수 있는데, 먼저 구조적인 특성으로 최근 부모의 사망, 이혼 등의 이유로 구조적 결손가정이 증가하고 있으며 부모의 이혼이 자녀의 학교 폭력 등 비행에 영향을 미친다는 것이다Capaldi, 1989. 한편 기능적인 특성을 살펴보면 가정이 경제적으로 빈곤할 경우 그 자녀가 비행을 저지를 가능성이 높다는 것이 밝혀졌으며, 빈곤에 의한 양친의 무기력 또는 생활의 무질서 등이 방임과 폭력을 파생시키는 요인이 되고 있는 것으로 나타났다. 또한 가정의 사회경제적 지위는 자녀의 자아존중감에 영향을 주고 이는 자기비하, 자신감 결여 등을 야기하여 폭력 행동을 초래할 가능성이 높다는 결과가 보고되고 있다차경수, 2000.

이처럼 어떤 사회적 환경문화보다도 가족은 인간행동을 형성하는데 중요한 영향을 미친다. 특히 자녀에 대한 일관성 없는 부모의 통제 및 훈육, 무분별한 체벌, 한계설정의 실패, 사회적 행동에 대한 무시나 보상부족, 부모-자녀 간 상호작용의 강제성, 위압성 등은 가족 내 공격성을 강화하는 요인이 된다. 그러나 대체로 부모의 개입은 일관성 있게 이루어지지 않을 뿐 아니라, 자녀들을 순종으로 이끌기 위해 위협하고 고함지르고, 밀치고 때리는 형태로 압박하곤 한다Patterson *et al.*, 1993. 이러한 식으로 위압적인 자녀양육을 하는 가정의 경우 자녀가 지닌 수많은 장점에도 불구하고 가정 내에서 부모로부터 빈약한 문제해결기술을 배울 수밖에 없는 것이다.

마찬가지로 부모가 자녀의 교육에 대해 무관심하고 뚜렷한 가치관과 일관성 있는 행동모델을 제시하지 못하고 모순되고 일관성 없는 훈육을 함으로써 자녀들은 불안, 갈등을 겪게 되며, 자녀와의 대화가 적은 가정의 학생이 학교에서 폭력을 행사할 가능성이 많다는 연구는 끊임없이 발표되고 있다. 또한 학생 폭력의 원인을 연구한 기존 연구들은 학생의 폭력, 자살 등의 문제가 피학대 경험에서 이루어졌다고 보고함으로써 학생의 피학대 경험은 폭력 행동을 유발하는 직접적인 원인임이 지적되고 있다권이종, 1996.

다시 말하면 부모가 자녀에게 신체적 처벌을 사용하게 되면 자녀들이 이를 경험하면서 폭력에 대한 사회화 과정을 거치게 됨으로써 자녀들에게 다음과 같은 결과들이 나타날 수 있다. 첫째, 사랑과 폭력을 연결시킴으로써 자기를 가장 사랑하는 사람들은 자신을 때릴 권리가 있다는 것을 배운다. 둘째, 폭력의 사용을 정당화할 만한 더 중요한 무엇인가가 있다는 것이며 이는 개인의 성격이나 세계관에 작용하여 결국 신체적 처벌의 경험이 모든 형태의 폭력을 정당화하는 규범을 제공해 주는 것이다. 셋째, 부적절한 훈육방식은 자녀에게 문제행동에 대한 책임과 죄책감을 길러주지 못하며 때에 따라서는 문제행동을 허용하여 오히려 행동을 촉진시킬 수도 있다. 넷째, 단지 외적인 처벌을 피하기 위해 무제행동을 하지 말아야 한다는 생각을 갖게 할 수도 있는데 이러한 것이 습관화되었을 때 처벌만 피할 수 있다면 나쁜짓을 해도 된다는 사고방식이 형성될 수 있을 것이다김춘호, 1997.

가정에서의 폭력 경험은 폭력을 정당화해주는 규범을 내면화하는 데 기여하게 되므로 공격적 행동으로 쉽게 표출되고, 청소년 자녀가 경험한 학교 폭력이 심각할수록 부모 간의 가정폭력 경험도 심각했으며 청소년들의 가해정도도 높은 것으로 나타났다. 또한 폭력적인 부모의 자녀들은 갈등을 해결하는 건설적인 방식을 배울 기회를 갖지 못해 자신들도 폭력의 긍정적인 결과를 기대하며 폭력적인 행동을 하게 된다고 설명한다Foshee, Bauman, & Linder, 1999. 이러한 부모자녀관계에 대한 중요성은 학교 폭력에 대한 교사들의 태도를 조사한 연구에 의해서도 드러나는데, 많은 교사들은 가정에서 자녀에 대한 부모의 무관심이 학교 폭력을 유발하는 중요한 원인이라고 지적하고 있다.

지금까지의 내용을 토대로 청소년의 반사회적 행동과 비행에 영향을 미치는 개인 관련 요인을 크게 네 가지로 정리해보면, 부모의 갈등이나 이별로 인한 결손가정, 가족 구성원 간의 갈등, 부모의 감시나 훈육스타일, 부모의 범죄성향으로 구별해 볼 수 있는데, 이러한 요인들은 서로 상호작용하며 청소년들의 행동에 영향을 미치게 된다. 특히 청소년에게 있어서 부부 간의 싸움이나 갈등은 중요한 요인으로써 부부 간의 폭력을 행사하는 가정의 청소년들은 일반적인 가정의 자녀들보다 폭력을 당하는 경우가 15배나 높게 나타났다. 또한 부모 간의 폭력을 목격한 남자 청소년들은 성장 후 부부 간의 폭력가해자가 될 위험이 높은 것으로 나타났다. 부부 간 폭력의 목격은 자녀의 기능과 발달상에 결정적인 영향을 미치는 것이다박상도, 2001.

또한 결손가중의 증가와 빈곤도 폭력증가의 요인이 된다. 빈곤은 사회적 발달에 필요한 기본자원을 감소시키며 효과적 부모역할과 문제해결을 방해하는 요인들을 증대시킨다. 빈곤가정은 수입과 같은 금전 부족에 의한 절대빈곤 가정과 희망하는 문화생활 등을 하지 못함으로써 생겨나는 심리적 요인에 의한 상대적 빈곤가정이라는 두 가지로 분류되는데, 절대적 빈곤가정보다 상대적 빈곤가정이 자녀들에게 무력감, 열등감, 사회에 대한 반발, 반항심, 공격성, 폭력성 등을 초래하게 할 가능성이 크며, 가정문제를 유발하기 쉽다박상도, 2001.

## 3 교사와의 관계요인

청소년 학교 폭력에 대한 일차적 원인은 청소년 자신과 가정의 문제를 지적할 수 있지만 오늘날의 학교교육이 갖고 있는 여러 가지 역기능적 요소들 또한 학교 폭력의 직접적인 원인이 되고 있다. 즉 교사의 학습지도실제, 학급운영기술, 교수기술 등은 청소년의 공격행동 발달과 학교와의 유대에 중요한 영향을 미치는 학교관련 요인들에 해당된다. 학교문화와 교수실제 또한 학생들의 교육적 기대, 학교에 대한 합의, 학업성취 및 지역사회 내 행동들과 높은 관련성이 있다는 것을 많은 연구들은 보여주고 있다 Hawkins, 1995.

청소년들이 학교에서 하루 일과 중의 상당한 시간을 보내면서 사회화 과정에 필요한 지식과 기술을 습득하고 있기 때문에 오늘날의 학교는 청소년의 중심적인 사회환경이라 말할 수 있다. 또한 청소년들의 사고방식과 행동양식에 커다란 영향을 미치는 사회제도이며 가족과 더불어 청소년들의 가치관을 형성하고 사회생활에 필수불가결한 규범을 내면화하는 사회화 기능을 수행하는 주요기관이다. 따라서 청소년들이 학교에서 보고 겪는 경험의 내용과 함께 학교생활에 얼마나 애착을 가지고 적응해 나가느냐는 청소년의 성장과 발달에 있어서 중요한 과제라고 할 수 있을 것이다.

학교를 구성하고 있는 하위체계들은 많지만 이를 대표하고 청소년들에게 가장 직접적인 영향을 끼치는 체계는 교사일 것이다. 교사는 지식전달의 기능뿐 아니라 가정의 부모와 마찬가지로 의미있는 타인으로서 청소년들에게 중요한 역할 모델의 기능도 한다. 따라서 훈육적인 태도 특히 처벌에 관련된 부분은 청소년의 폭력 학습에 많은 영향을 끼칠 것이다. 특히 학교관련 위험요인으로 교사와의 관계를 들 수 있는데 교사와 갈등적인 관계에 있고 교사에게 불만이 많을수록 폭력성이 증가하는 것으로 나타났으며, 교사의 애정과 긍정적 관심을 받지 못하는 것 이외에 문제행동과 규칙위반에 대해 신체적 처벌을 가하는 것과 같은 특성이 학교 폭력의 위험요인이 된다고 하였다김준호, 1995. 청소년들은 어른들로부터 폭력을 학습하곤 한다. 그중 특히 중요한 것은 항상 가까이 접하는 사람들의 폭력이며 그런 점에서 청소년들의 행동에 영향을 미칠 수 있는 교사들의 폭력은 문제가 될 수 있다. 특히 교사의 감정적 체벌은 학생들에게 심한 반발을 불러일으킨다. 교육병리현상으로 인한 교사와 학생 간의 비인격적인 형성과 폭력에 대한 교사의 묵시적 태도 등이 학교 폭력의 유발요인으로 나타나고 있다. 또한 학교에 대한 애착과 적응도가 높을수록 비행성향이 줄어드는 것으로 나타났는데 이는 낮은 학업적응도나 애착이 교사와의 관계의 유지에 있어서도 부정적으로 작용하게 되어 교사로부터 지지를 얻지 못하게 되며, 교사로부터 비인간적인 차별이나 학습 방해자 취급 등의 부정적인 표현과 부적절한 태도를 당한다면 학생에겐 반항심과 적대감을 형성해 학교 폭력과 같은 비행으로 빠지게 할 우려가 있음을 나타낸다. 그리고 사춘기에 시작되는 후기 공격적 행동은 학교 선생님과 적대적 관계, 학교에서의 실패, 비행친구들과의 교제, 문제집단에 소속되어 이로 인해서 얻게 되는 보상에 의해 밀접한 관련을 맺게 된다Mark, 1996.

특히 교사에 의한 폭력은 부모의 경우보다 더 높게 나타났는데, 이는 학생들이 다른 어떤 사람에게보다도 교사로부터 폭력을 가장 많이 경험한다는 것을 의미한다. 또한 신체적 폭력으로 인한 육체적 상해 정도 역시 교사에 의한 경우가 가장 높게 나타났다. 폭력적 훈육의 폐해는 부모 및 교사 등 의미있는 타자와의 유대 약화를 초래하기 쉽다는 점도 심각한 문제가 되지만, 이들과의 부정적인 관계가 '폭력의 확대 및 재생산 과정' 을 구축할 가능성이 높다는 점 때문에 더욱 문제가 되는 것이다.

나아가 입시위주의 교육체제, 과대 · 과밀학급의 교육환경은 교사와 학생 간, 학생과 학생 간의 인간적인 접촉 및 관계형성에 크게 장애요인이 되고 있다. 학교교육 내용이 지식전달에 치중하여 정서 · 인성교육이 소홀한 것도 학교 내 인간관계의 결핍과 관련된 원인이 되며, 입시체제, 교육과정문제 등은 학교 내에서 교사와 학생 간의 신뢰관계의 형성을 어렵게 한다.

## 4 또래 및 문제집단과의 관계요인

청소년기가 되면 부모나 가족보다 친구 및 또래집단의 중요성과 영향이 증가하는데, 이는 청소년기에는 그 이전의 발달시기에 비해 친구의 수가 더욱 많아지며, 개인시간의 반 이상을 친구들과 보내는 반면, 가족들과 보내는 시간은 상대적으로 줄어들고 청소년의 의사결정에 있어서도 이들의 영향력은 점차 약해지기 때문일 것이다. 실제로 청소년들은 아동기에 비해 친구들과 더욱 친밀한 관계를 맺으며, 더 많은 사고와 감정을 공유하고, 또한 친구들로부터 많은 정서적 지지를 받고, 다양한 사회적 기술을 배우게 된다.

청소년기에는 사회화 과정을 통해서 자아를 발견하고 형성하며 바로 이 사회화의 중요한 모체가 친구집단이라고 할 수 있고, 이러한 친구집단은 그들 또래의 친구로 구성되기 때문에 서로의 생활적인 것에 지대한 영향을 미치게 된다. 따라서 교우 집단 내에 폭력적인 성향을 지닌 문제 학생이 있을 경우에 그와 유사한 비행과 연결될 가능성이 그만큼 커진다. 따라서 교우 집단 내에 폭력적인 성향을 지닌 문제 학생이 있을 경우에 그와 유사한 비행과 연결될 가능성이 그만큼 커진다.

이처럼 청소년들이 친구관계를 통해 항상 긍정적인 영향만을 받는 것은 아니다. 청소년들은 친구들과의 관계 속에서 다양한 행동을 함께 하도록 동조압력을 받는 경우가 많으며, 그 결과 비행 등과 같은 부정적인 행동을 하게 될 가능성도 증가한다. 일반적으로 비행행동은 혼자서가 아닌 소수의 친구집단에 의해 이루어지는 경우가 많으며, 비행친구와 어울리거나 친한 친구의 비행은 본인의 비행을 예측하는 매우 중요한 지수가 된다Hanson, *et al.*, 1984.

청소년기의 친구관계는 단순히 놀이친구를 필요로 하는 아동기와는 달리 서로 내면을 깊이 이해하고자 하는 욕구가 있으므로 아동기보다 훨씬 더 큰 의미를 갖는다고 보는데 즉 청소년들이 고민이 있을 때 누구와 의논하고 상담하는가를 살펴보면 친구가 46.4%로 부모님 12.3%에 비해 월등히 높은 수준임을 알 수 있듯이 또래와의 관계는 청소년들의 행동에 많은 영향을 주고 있음을 알 수 있다.

사회학습이론에서는 공격이란 다른 형태의 사회적 행동처럼 자극, 강화 및 인지적 통제하에 있는 학습된 행위로서 이에 근거하여 볼 때 일반적으로 폭력을 관찰하거나 당해 본 경험이 있는 사람들이 그렇지 않은 사람들보다 더 공격적이며 폭력을 행사할 가능성이 높음을 예측할 수 있으며 결국 폭력적인 행동은 청소년에게 있어서 그들이 성장하고 있는 사회 환경이 중요한 영향을 미친다고 할 수 있을 것이다Bandura, 1973. 뿐만 아니라 가해청소년은 스스로 자신의 충동적인 행동을 통제하지 못한다고 지각하고 있으며, 그 외 많은 연구들은 비행 친구와의 접촉과 친밀한 관계를 형성하는 것이 청소년의 학교 폭력과 밀접한 관련이 있다고 보고하고 있다Lee & Kin, 2003.

이와 같이 친구관계, 특히 비행친구는 폭력형성 유지에 영향을 미친다. 즉 친구관계를 통해 폭력학생은 폭력행동을 모방하고, 이를 근거로 폭력행동을 발전시켜나갈 수 있다고 한다. 가정이나 학교에서 별 다른 문제를 가지고 있지 않은 학생들이 폭력성향을 가진 학생들과 접촉하면서 폭력가치와 폭력행동을 습득하게 되어 폭력을 하게 될 수 있는 것이다. 그러므로 학생주변에 비행친구와의 접촉이 많을 경우 가해 및 피해가능성이 높다박종석, 2002. 피해와 가해가 대체로 비행환경이라는 동일한 토대 속에서 배양되고 성장한다는 사실 때문이다. 다만 동일한 상황 속에서 '폭력에 대한 우호적 태도' 를 잘 발달시키는 경우에는 가해적인 성향이 강화되는 반면에, 이러한 태도형성이 미발달되거나 비행적 형태로까지 발전되지 않은 경우에는 오히려 폭력의 피해대상자가 될 가능성이 높다. 많은 연구들에서 피해경험이 많은 아이들이 가해성향이 역시 높은 것으로 나타났다. 학교 폭력은 실제로 가해와 피해과정이 한 개인에게 중첩적으로 나타나는 것이 일반적이다. 타인으로부터 폭력피해를 많이 받은 아이들이 다른 사람에게 공격적 행동을 하는 경향이 높고, 가해를 많이 하는 아이가 피해를 당하는 경향도 높다. 이 경우 피해와 가해 간의 인과성은 분명하지는 않지만, 이들 간의 상호폭력의 상승작용이 있다는 것은 분명한 사실이다.

또 다른 연구에서는 청소년의 비행을 설명하는 매개변수로서 비행성, 또래와의 친밀도가 가장 강한 설명력을 지닌다고 제시하면서 가정이나 학교 혹은 공식적인 기관으로부터 낙인을 받은 청소년들 중에서도 나쁜 또래들과 사귀는 청소년이 그렇지 않은 경우보다 학교 폭력과 같은 비행으로 나아가는 확률이 훨씬 더 높으며, 역으로 낙인을 받은 청소년들일지라도 좋은 친구와 사귀게 되면 비행을 저지를 확률은 작아질 수 있다고 지적한다전병재, 1991. 또한 비행을 저지른 청소년들이 유사한 또래와의 집단을 형성할 경우 조직 내의 선배들이나 후배들을 사회적 지지, 원천으로 인식하고 그들과 사고, 행동, 감정 등을 교환하면서 긍정적 환류체계를 통하여 자유와 개방성, 상호적 지지를 얻게 된다고 이야기하고 있다. 한편 Fraser1996는 청소년의 문제 집단 관계연구에서 폭력 조직 가입여부와 폭력행동에 대해 긍정적인 태도를 가지고 있는 친구와 교제하고 있는지가 학교 폭력 유발 위험요인이 된다고 보았다.

강상진, 이종성(1997). 중등학교 사회적 환경개발의 조건요인 탐색. 성곡학술문화재단 연구과제 보고서.

곽금주, 문은영(1993). 청소년의 심리적 특징 및 우울과 비행간의 관계. 한국심리학회지, 6(2), 29-43.

권석만, 서수균(2002). 자존감 및 자기애 성향과 공격성의 관계. 한국심리학회지: 임상, 21(4), 809-826.

권이종(1996). 가정환경과 청소년 폭력. 충북복지정책연구. 제4집.

김준호(1995). 가정환경과 청소년비행. 한국형사정책연구원.

김준호(1997). 학교주변 폭력의 실태와 대책. 한국형사정책연구원.

김진호(2009). 학교 폭력 가해청소년의 인간관계적 특성에 관한연구. 전북대학교 석사학위논문.

박상도(2001). 청소년 학교 폭력의 원인과 대처방안에 대한 연구. 대전대학교 대학원 박사학위논문.

박은민(2008). 가정학대 피해가출 청소년을 위한 정서조절 집단상담 프로그램 개발. 숙명여자대학교. 박사학위논문.

박종석(2002). 학교 폭력의 특성과 영향요인에 관한 연구. 인제대학교 대학원 석사학위논문.

박지도, 최현경, 장우성, 조동환, 김정기(2001). 불량행위 청소년을 중심으로 한 학교 폭력 가해자의 사회인구학적 특성 및 정신병. 신경정신의학, 40(4).

박현선(1998). 빈곤청소년의 학교적응유연성. 서울대학교 사회복지학과 박사학위논문.

염영미(2011). 학교 폭력 가해청소년을 위한 명상활용 집단상담프로그램개발. 숙명여자대학교 박사학위논문.

오영령(2003). 청소년의 폭력 행동에 영향을 미치는 환경요인에 관한 연구. 한일 장신대학교 기독교사회복지대학원 석사학위논문.

이성식(1995). 청소년비행에 있어서 허쉬의 사회통제론에 대한 수정된 논의. 형사정책연구, 6(4), 183-204.

이시형(1997). 학교 폭력 실태와 그 예방. 대한의사협회지, 40(10). 1268-1273.

이상균(2005). 청소년의 또래폭력 가해경험에 대한 생태체계적 영향요인. 한국아동복지학, 19호.

141-170.

이은주(2011). 아동의 내재화 및 외현화행동문제와 부모양육행동의 상호적 인과관계. 인간발달연구, 18(1). 21-41.

전병재(1991). 청소년 친구집단과 비행간의 상관성연구. 한국형사정책연구원.

차경수(2000). 한국의 청소년정책. 양서원.

최정아(2010). 초기 청소년기의 비행과 우울의 상호인과관계: 자기회귀교차지연모형을 통한 검증, 한국청소년연구, 21(4). 143-169.

한국형사정책연구원(1996). 학교주변폭력의 실태와 대책. 서울: 한국형사정책연구원.

한인영, 김혜란, 홍순혜, 김기환(1997). 학교와 사회복지. 서울: 학문사.

Allen-Mears, P., Washington, R. O., & Welsh, B. L.(1996). *Social Work Services in Schools*. Englewood Cliffs, NJ: Prentice-Hall.

Askew, S.(1989). Aggressive Behavior in boys: to what extent is it institutionalized? in D. Tattum & D. Lane(eds.), Bullying in schools. London: Trentham Books.

Astor, R, A., Pitner, R. O., & Duncan, B. B.(1996). Ecological Approaches to Mental Health Consultation with Teachers on Issues Related to Youth and School Violence. *Journal of Negro Education*, V.65(3), 336-355.

Austin. S., & Joseph, S.(1996). Assessment of bully/vic-tim problems in 8 to 11 year olds. *British Journal of Educational Psychology*, 66. 447-456.

Bandura, A.,(1973). *Aggression- A social learning and personality development*, NY. Prentice-Hall, 44.

Baldry, A. C., & Farrington, D.P(1999). Types of building among italian school children. *Journal of Adolescence*, 22, 423-426.

Batsche, G. M. & Knoff, H. M.(1994). Bullies and their victims: Understanding a pervasive problem in the school. School Psychology Review, 23(2), 165-174.

Beaver, K. M., Matt D., Daniel P. M., & Eric S. (2009). Low Self-control and Contact with the Criminal Justice System in a Nationally Representative Sample of Males. *Justice Quarterly* 26(4), 695–715.

Berstein, J. Y. & Waston, M. W. (1997). Children who are targets of bullying: a victim pattern. *Journal of Interpersonal Violence*, 12(4), 483–498.

Brian, S. & Piliavin, I. (1965). Delinquency, situational inducements, and commitment to conformity. *Social Problem*, 13, 35–45.

Bronfenbrenner, U. (1979). *The ecology of human development.* Cambridge, MA: Harvard University press.

Campbell, J., Dunnette, M., Lawerm E., & Weick, K. (1970). Managerial Behavior, performance and effectivness. New York: McGraw-Hill.

Chapple, C. L. (2005). Self control, peer relations, and delinquency. *Justice Quarterly*, 22(1), 89–106.

Charach, A., Pelper, D., & Ziegler, S. (1995). *Bullying at school-a Canadian perspective: A survey of problems and suggestions for intervention.* Education Canada, 35(1), 12–18.

Cornacchia, H. J., Bentel, D. J., & Smith, D. E. (1978). *Drugs in the classroom: A conceptual model for school program.* St Louis, MO: C.B.Mosby.

Craig, W. M. (1998). The relationship among bullying victimization, depression, anxiety, and aggression in elementary school children. *Personality and Individual Difference*, 24, 123–130.

Crick, N. R., Dodge, K. (1994). A review and reformulation of social information-procession mechanisms in children' s social adjustment. *Psychological Bulletin*, 115, 74–101.

Dodge, K. A., Bates, J. E., & Pettit, G. S. (1990). Mechanism in the cycle of violence. *Science*, 250, 1678–1683.

Dodge, K. A., & Tomlin, A. (1987). Utilization of Self-Schema as a Mechanism of Interpretational Bias in Aggressive Children, *Social Cognition*, 5, 280–300.

Durant, R. H., Triber, F., Goodman, E., & Woods, E. R. (1996). Intention to use violence among young adolescents. *Pediatrics*, 98(6), 1104–1108.

D' zurillar, R, J, & Goldfnied, M. R. (1971). Problem solving and Behavior Modification. *Journal of Ab-*

*normal Psychology*. 78, 107–126.

Felner, R. D., Ginter, M, & Primavera, J. (1982). Primary prevention during school transitions: Social Support and environment structure. *American Journal of community Psychology*, 10, 277–290.

Forehand, G. & Gilmer, B. (1964). Environment variation in the studies of organizational behavior. Psychological Bulletin, 62, 361–382.

Foshee, V. A., Bauman, K. E., & Linder, G. F. (1999). Family violence and the perpetration of adolescent dating violence: Examining social learning and social control processes. *Journal of Marriage and the Family*, 61, 331–342.

Fraser, M. E. (1996). Cognitive problem-solvung and aggressive behavior among children. *Families in Society*, 77(1), 19–31.

Fraser, M., Kirvym L. D., & Smokowski, P. R. (2004). "Risk and Resilience on Children." In M. Fraser(Ed.) *Risk and Resilience in Childhood. An Ecological Perspective*(2nd ed.). pp.13–26. Washington, DC:NASW press.

Frazer, M. (1996). Aggressive behavior in childhood and early adolescence: an ecological-developmental perspective on youth violence. *Social Work*, 41(4), 347–361.

Garbarino, J., Dubrow, N., & Pardo, C. (1992). Children in danger: *Coping with the consequence of community violence*. San Francisco: Jossey-Bass.

Germain, C. B. (1988). School as a living environment withinthe community *Social Work in Education*, Summer, 260–276.

Grigsby, J., & Stevens, D. (2000). *The neurodynamics of personality*. New York: Guilford.

Hawkins, J. D. (1995). "Controlling crime before it happens: Risk-focused prevention". National *Institute of Justice Journal*, 229.

Hirschi, T. (1969). *Causes of Delinquency*. Berkeley: University of California Press.

Hynel, S. (1986). Interpretations of peer behavior: Affective bias in childhood and adolescence. *Child Development*. 57, 431–445.

Kasen, S., Johnson, J., Cohen, P.(1990). The impact of school emotional climate on student psychology. *Journal of Abnormal Child Psychology*, 18(2), 165–177.

Kendall, P. C., & Finch, A. J.,(1976). A Cognitive-behavioral treatment for impulsivity; A case study. *Journal of Consulting and Clinical Psychology*, 44, 852–857.

Kendall, P. C., & Wilcox. L. E.(1979). Self-Control in Children: Development of a Rating Scale. *Journal of Consulting and Clinical Psychology*, 47(6), 1020–1029.

Kingery, P., Biafira, F. A., & Zimmerman, R. S.(1996). Risk factors for violent behaviors among ethnically diverse urban adolescents: Beyond race/ethnicity. *School Psychology International*, 17, 171–188.

Kochenderfer, B. J. & Ladd, G. W.(1996). Peer victimization: Cause or consequence of school maladjustment? Child Development, 67, 1305–1317.

Lee, E. H., & Kim, M. J(2003). Media violence, anger, contract with delinquent friends, and bullying at school in korea, *The 4th Asia-South pacific Association of Sport Psychology International Congress Programme & Preceeding*, Seoul:Kookmin University. 55–57.

Lerner, M. J.(1980). Belief in a just world: *A fundamental delusion*. New York: Plenum Press.

Lewin, K.(1936). *Principles of Topological Psychology*. New York: McGraw-Hill Book.

Lockwood, D.(1997). *Violence among middle school and high school students: analysis and implications for prevention*. National Institute of Justice Research in Brief.

Mark, W. Fraser(1996). Aggressive Behavior in Childhood and Early Adolescence: An Ecological-Developmental Perspective on Youth Violence: *Social Work*, Vol. 41, NASW.

Mattaini, M. A., Lowery, C. T., & Meyer, C. H.(Eds.) (1999). The Foundations of Social Work Practice(2nd ed.). Washington, DC: NASW Press.

McCreary Centre Society(1993). *Adolescent Health Survey: Province of British Columbia Richmond Columbia*: New Leaf Computer Publishing and printing Corporation.

McPartland, J. M. & McDill, E. L.(1977). *Violence in schools*. Lexington, MA: Lexington Books.

Monkman, M. M.(1978). A broader, more comprehensive view of school social work practice. *School*

*Social Work Journal*, Vol.2(2).

Moos, R. H.(1991). Connections betweens school, work, and family settings. In B. J. Fraser & H. I. Walberg(Eds.), Educational Environments: Evaluation, Antecedents, and Consequences(pp.29–53). Oxford, England:permon.

Murray, H.(1938). *Exploration in personality*. New York: Oxford University Press.

Nashiyama, A.(1996). Among friends: the seductive power of bullying. *Japan Quarterly*, 43, 51–57.

Olweus, D.(1978). Aggression in the schools: Bullys and whipping boys. Washington, DC: Hemisphere Press.

______.(1980). Familial and temperamental determinants of Aggressive behavior in adolescent Boys: A causal analysis. *Developmental Psychology*, V. 16(6), 644–660.

______.(1991). Bullying/victim problems among schoolchildren: Basic facts and effects of school based intervention Program. In D. Pelper & K. Rubin(Eds.), *The development and treatment of childhood aggression*. Hillsdale, N.J.:Erlbaum.

______.(1993). *Bullying at school*. Cambridge, Ma: Blacwell.

Ouston, J., Maughan, B., & Mortimore, P.(1985). School influence. In M. Rutter(ed.), *Scientific foundations. Developmental psychiatry*(pp.67–76). Baltimore:University Park Press.

Paterson, G. R. & Yoerger, K.(1993). Developmental model for delinquent behavior. In S. Hodgins(Ed.), *Mental disorder and crime*(pp.140–172). Newbury Park, CA:Sage Publications.

Patterson, G. R., Dishion, T. J., & Chamberlain, P.(1993). "outcomes and methodological issues relating to treatment of antisocial cnildren", In Giles, T. R.(Ed.), Handbook of effective Psychotherapy, New York: Plenum Press.

Perry, D. G., Kusel, S. J., & Perry, L. C.(1988). Victims of Peer *Aggression. Developmental Psychology*, 24(6), 807–814.

Ramboldt, C.(1998). Making violence unacceptable. *Educational Leadership*, V.56(1), 32–38.

Rigby, K. & Slee, P. T.(1993). Bullying among Australian school children: reported behavior and attitudes toward victims. *The Journal of Social Psychology*, 13(5), 615–627.

Rigby, K., Cox, I., & Black, G.(1997). Cooperativeness and Bully/Victim problems among Australian schoolchildren. *The Journal of Social Psychology*, 137(3), 357–368.

Roland, E. (1988). Bullying: The Scandinavian Research Tradition. In D. P. Tattume & D. A. Lane(Eds.), *Bullying in schools*(pp.21–32). Stoke-on Trent, England: Trentham Books.

Shaver, K. J.(1975). *An introduction to attribution process.* Cambridge, MA: Winthrop.

Sutherland, E. H. & Cressey, D. R. (1974). *Crimonology.* Philadelphia: Lippincott.

Tattum, D.(1988). Violence and aggression in schools In D. P. Tattum & D. A. Lane(Eds.), *Bullying in Schools*(pp.7–20). Stoke-on Trent, England: Trentham Books.

Unnever J. D., & Cornell, D. G.(2003). Bullying, Self-Control, and ADHD. *Journal of Interpersonal Violence*, 18(2), 129–147.

Winfield, L. F.(1991). Resilience, Schooling, and Development in African-American Youth. *Education and Urban Social*, 24(1), 5–14.

# **학교 폭력** 바로잡기

# part IV

SECTION

**1** / 학교 폭력상담의 특징과 상담 개입 전략

SECTION

**2** / 학교 폭력 위기진단과 학교 폭력상담 개입절차

SECTION

**3** / 학교 폭력상담의 실제

SECTION 1

# 학교 폭력상담의 특징과 상담 개입 전략

## 1 학교 폭력상담의 특징 및 목표

### 1 학교 폭력상담의 특징

'상담' 이란, '도움을 필요로 하는 사람이 전문적 훈련을 받은 사람과의 대면관계에서 생활과제의 해결과 사고, 행동 및 감정 측면의 인간적 성장을 위해 노력하는 학습과정이장호, 1986' 이라 정의할 수 있다. 이 과정에서 상담자는 내담자를 격려하고 힘을 북돋아 내담자 스스로 통찰할 수 있도록 지원한다. 그러나, 학교 폭력의 상황은 청소년이 신속하게 학교 폭력 상황에서 벗어날 수 있도록 지원해야 하는 상황이므로 보다 더 적극적으로 내담자의 상황에 개입할 필요가 있다. 따라서 학교 폭력상담은 상담 중에서도 위기개입상담이 이뤄져야 할 분야이다. '위기개입상담' 이란 위험에 노출된 청소년에게 즉시 개입하는 긴급구조 활동을 통하여 일차적 위기상황을 해결하고, 지속적 상담 및 사후관리 등의 서비스를 원스톱으로 제공함으로써 2차 위험에 노출되는 것을 예방하는 일련의 활동이다노성덕, 류은수, 채중민, 이승희, 2010. 이상을 통해 학교 폭력

상담의 주요 특징을 정리하면, 학교 폭력상담은 일반적 상담 영역에 비해 즉시성, 신속성을 갖고 긴급하게 상담이 이뤄져야 하는 위기개입상담 영역에서 상담이 이뤄진다는 점이다.

### 2 학교 폭력상담의 목표

학교 폭력 상담의 목표는 단순히 학교 폭력 사건이 해결되는 수준에 머무르는 것이 아니라 학교 폭력 피해, 가해청소년이 모두 신체적, 정신적 문제를 해결하고 위기상황을 극복하여 학교 등 사회에 잘 적응하는 것이다. 목표가 달성되기 위해서는 학교 폭력이 발생하였을 때 가해자, 피해자, 그들의 부모, 관련된 청소년, 학교 등 각 관련자들의 입장별로 효과적으로 대처할 수 있는 방침을 마련하고, 이 방침이 잘 준수될 수 있는 사회적 노력이 함께 수반되어야 한다.

## 학교 폭력상담에 효과적인 상담적 접근 2

### 1 해결중심적 접근

해결중심단기상담은 문제 그 자체를 분석하는 대신 내담자의 자원과 힘을 신뢰하고 그 힘을 북돋아 내담자 스스로 문제를 해결해 나갈 수 있도록 하는 상담이다. 이러한 측면에서 문제의 진단과 제거에 초점을 맞추는 전통적인 치료모델과는 다른 가정과 철학을 갖고 있다.

해결중심단기상담이 갖는 가정과 전제는 다음과 같다정문자, 정혜정, 이선혜, 전영주, 2012.

첫째, 긍정적인 측면에 초점을 둔다.

둘째, 문제가 적었거나 문제가 없었던 상황인 예외 상황은 해결의 실마리를 보여준다.

셋째, 변화는 항상 일어나고 있으므로 이 변화를 긍정적인 방향으로 설정한다.

넷째, 작은 변화는 큰 변화를 이끌어 낸다.

다섯째, 협동 작업은 있게 마련이며, 내담자는 항상 협조하고 있다.

여섯째, 사람들은 자신의 문제를 해결하기 위하여 필요한 자원을 가지고 있다.

일곱째, 의미와 체험은 상호작용 속에서 일어난다. 우리의 세계는 상호작용 속에서 의미를 갖고 있다.

여덟째, 행동과 묘사는 순환적이다.

아홉째, 의미는 반응 속에 있다.

열번째, 내담자가 전문가이다. 내담자가 자기 문제에 대해 가장 많이 알고 있으며, 많은 해결책을 시도했을 것으로 본다.

열한번째, 내담자가 어떻게 목표를 설정하고 무엇을 하는가에 따라서 내담자의 작은 변화는 다른 사람과의 상호 작용에 영향을 미친다.

열두번째, 치료팀은 치료의 목표 설정과 목표 달성을 위해 노력할 의사를 가진 사람으로 구성된다.

이상의 가정과 전제를 바탕으로 해결중심적 접근은 학교 폭력 상황에 처해 있는 청소년들이 지금은 문제에 압도되어 문제를 해결할 힘을 잃었으나 상담자가 그들의 자원과 강점을 찾아 줌으로써 학교 폭력이라는 문제상황을 해결해 나갈 수 있다고 본다.

해결중심단기상담은 목표를 구체적으로 설정하며, 주요 기법으로는 칭찬, 상담 전 변화에 관한 질문, 예외질문, 기적질문, 척도질문, 대처질문, 관계성질문 등이 있다.

## 2 인지주의적 접근

인지주의적 접근은 인지, 즉 생각과 신념이 인간의 행동과 정서에 영향을 준다는 관점을 갖고 있다. 이 접근에는 엘리스Ellis의 합리적 정서치료Rational Emotive Therapy: RET

와 벡Beck의 인지치료Cognitive Therapy가 있다.

엘리스의 합리적 정서치료의 상담 목표는 역기능적인 감정이나 행동을 불러일으키는 비합리적인 자동적 사고를 보다 합리적, 현실적인 융통성있는 사고로 대치하는 것으로, 다음의 절차로 상담이 진행된다.

「A(Accident): 선행사건 살펴보기 → B(Belief): 사건에 대한 내담자의 신념 파악 → C(Consequence): 내담자의 해석에서 나오는 정서적, 행동적 결과 살펴보기 → D(Dispute): 내담자의 비합리적 신념에 대한 상담자의 논박 → E(Effect): 논박의 효과 살펴보기」

한편 벡의 인지치료의 주요 절차는 자신의 생각이 무엇인지 자각하도록 하고, 생각 중에서 부정확하거나 왜곡된 관념이 무엇인지 살펴보고, 왜곡된 관념을 대체할 객관적인 인지내용을 발견하고 이를 학습한다. 그리고 내담자의 변화에 강화를 주고 적절한 피드백을 줌으로써 효과적인 사고방식을 지속할 수 있도록 한다.

## 3 게슈탈트 상담

게슈탈트 상담은 내담자가 감정을 인식해서 표현하고, 이 감정들을 자기 자신의 인식 속으로 통합하도록 한다. 게슈탈트 상담에서는 과거의 다른 곳에서의 체험이 아닌 '지금 여기서Here and Now' 의 체험을 중요하게 여긴다. 주요 기법으로는 구체적인 언어 사용하기, 빈의자기법, 머물러있기, 자기 부분 간의 대화 등이 있다.

구체적인 언어 사용하기 기법은 내담자가 지금-여기에 초점을 두는 데 사용된다. '나' 진술을 하도록 격려하고, 내담자가 '할 수 없다' 라고 표현하는 것에 대해 '하지 않을거야' 로 바꾸도록 격려하기 등을 활용한다.

## 4 집단상담

집단상담은 소집단을 구성하여 신뢰롭고 수용적인 분위기 속에서 집단원 간의 상호작용을 통해 개인이 성장해가는 역동적인 대인관계라고 정의할 수 있다전연진, 권경인, 김종범, 2011.

청소년의 문제해결을 위해 구조화된 집단상담프로그램을 활용하는 경우가 많은데, 학교 폭력을 해결하는 상담에도 집단상담프로그램을 활용하는 경우가 많으며, 특히 가해자 특별교육에서 많이 활용된다. 다양한 상황에서 활용되는 집단상담을 보다 효과적으로 사용하기 위하여 집단상담이 갖는 장점을 「청소년집단상담전연진, 권경인, 김종범, 2011」을 참고하여 살펴보면 다음과 같다.

### 가) 집단상담의 장점

• 경제적 효율성

집단상담은 공통의 목적을 가진 내담자들이 함께 상담에 참여하기 때문에 개인상담에 비해 적은 시간 안에 더 많은 대상자에게 서비스를 제공한다는 측면에서 효율적이다. 이러한 측면 때문에 한정된 예산과 시간적 제약이 있거나, 서비스 대상에 비하여 상담자 수가 적은 기관에서는 집단상담이 효과적일 수 있다.

• 문제에 대한 공통적 경험 공유

문제에 압도되어 있는 내담자일수록 문제가 본인에게만 해당되는 것이라고 생각하는 경향이 있으며, 청소년들 역시 자신이 겪고 있는 경험이 자신만의 독특한 경험이라고 생각한다. 이에 개입하기 위해서는 그 경험이 일반적이라는 것을 알려주는 '정상화normalization'[1] 기법을 제공하는 것이 필요한데, 집단상담에서는 자연스럽게 자신과 비슷한 생각, 경험을 다른 사람도 경험하고 있음을 알게 된다. 이를 통해 집단성원들은

---

1 '정상화(normalization)' 기법은 내담자가 호소하는 문제가 특별한 것이 아니라 일반적인 것임을 알려주는 것임. 예를 들어 아들이 반항한다고 호소하는 어머니에게 자녀의 반항은 청소년기에는 정상적인 일이라고 알려주는 것임.

서로의 생각, 느낌, 경험을 공유하면서 안정감을 느끼며 자신의 문제를 왜곡 없이 바라볼 수 있는 심리적 준비를 할 수 있게 된다.

• 객관적 자기 탐색과 통찰의 기회 제공

집단상담에서 집단성원은 상호 문제해결책, 개인의 경험, 다양한 정보 등을 공유하며, 이 과정을 통해 다양한 관점과 자원을 습득할 수 있게 된다. 또한 다른 집단성원으로부터 자신에 대한 피드백을 받게 되는데, 집단의 피드백은 한 명의 사적인 피드백보다 훨씬 강력하며 그 정확성을 부정하기 어렵다. 이와 같이 집단상담은 집단성원에게 다양한 관점과 자원을 습득하고, 동시에 자신에 대한 피드백을 받는 기회를 가져 자신을 객관적으로 돌아보고, 통찰에 이르는 기회를 제공한다.

• 사회적 관계 속에서 학습 기회 제공

집단성원은 집단 안에서 작은 사회를 경험하게 된다. 집단성원은 집단 안에서 끊임없이 사회적 상호작용을 하며 다양한 감정을 느끼고 그에 대한 상대방의 반응을 느낀다. 그 과정에서 다른 집단성원이 하는 반응을 관찰하고 모방하면서 문제에 대처하는 적절한 방법을 학습하게 된다. 특히 집단 운영을 위하여 공동으로 규칙을 정하고 이를 준수하는 과정을 통해 집단성원은 사회의 규칙을 습득하게 된다. 따라서 사회적 규율에 익숙하지 않은 성원에게는 안전한 분위기 속에서 규칙을 습득해 나가는 과정을 학습할 수 있는 기회를 제공한다. 즉 집단 내 개인들 간의 끊임없는 상호교류를 통해 각 개별 성원이 개인적인 문제를 해결하게 된다.

### 나) 청소년 대상 집단상담의 강점

• 집단상담은 자기만의 피해의식을 깰 수 있다

청소년들은 종종 자신 이외에는 누구도 이러한 감정을 가져보지 못했을 것이며, 자기가 해본 경험은 누구도 못했을 것이라고 생각한다. 이때 비슷한 감정과 생각을 본인 이외에 다른 또래도 갖고 있음을 알게 되는 순간 청소년들은 힘을 얻게 된다.

• 집단상담은 10대들에게 자신의 힘과 독립성을 발휘하게 하므로, 10대들이 원하는 어른의 상을 제공해 준다

집단은 의존성과 독립성이라는 이슈를 연습해 볼 수 있다. 청소년과 신뢰를 형성한 집단상담 지도자가 제공하는 안전한 구조 속에서 청소년들은 독립적인 행동을 실천해 보며 자유를 발견해 볼 수 있다.

- 집단상담은 개별상담에서 느끼게 되는 어른과 10대 간의 불편한 관계를 완화시켜 준다

내담자와 상담자라는 일대일의 관계는 불편할 수 있으며, 권위적인 어른들과 좋은 관계를 맺지 못한 청소년들에게는 위협적이기까지 하다. 이들의 마음에 성인은 '적'으로 규정되어 있을 수 있다. 집단이 주는 힘의 균형은 개인상담에서 나타날 수 있는 불신과 불안을 완화시켜 준다.

- 집단치료 과정에서 10대들의 자기중심적인 문제를 해결할 수 있다

10대에는 자기중심적이며, 타인에 대한 배려가 적은 때이다. 그러나 집단은 이같은 자기중심적인 태도에 제한을 둔다. 집단에서는 자신의 무대를 타인들과 오래 공유하는 것을 꺼리는 동시에 다른 집단 구성원들은 자기중심적인 청소년들을 무시하게 된다. 이러한 상황이 자기중심적인 청소년의 행동을 변화시키게 된다.

- 집단상담은 10대들이 새롭게 터득한 사회기술을 연습할 수 있는 공간을 마련해 준다

집단 환경은 청소년들이 새로운 사회기술을 배우는 장場이 된다. 집단에서 상담가는 또래들 간의 상호작용을 관찰할 수 있으며, 이러한 상호작용이 일어날 때 필요하다면 즉시 개입할 수 있다. 이 과정을 통해 타인에게 자신을 주장하는 방법, 지루함, 분노 등을 다루는 방법 등과 같은 기술을 집단이라는 맥락에서 연습할 수 있다.

# 학교상담 모형[2] 3



학교 안에서 학교 폭력상담을 진행하기 위해서는 우선 학교 안에서 상담을 활용하게 되는 상황과 틀을 어떻게 형성하는가에 대한 개념화가 선행될 필요가 있다. 이에 학교에서 상담을 활용하는데 도움이 될 수 있는 상담에 대한 개념화 및 학교상담 모형을 제시해 보고자 한다.

## 1 학교에서 이뤄지는 상담의 수준

수준 1 긍정적인 학습 분위기를 제공하고 학생의 자존감을 향상시키기 위해 교실에서 상담기술을 활용하는 것

수준 2 학생들이 일상생활의 문제를 해결하는 것을 돕기 위해 학년 학습도우미가 상담기술을 활용하는 것임. 학교의 인성교육 프로그램의 일부로써 모둠활동을 촉진시키기 위해 상담기술을 활용하는 것

수준 3 개인 혹은 학교 내의 훈련된 전문가가 실시하는 개인 상담 및 소집단 상담을 말한다. 이 전문가는 학교상담사, 수석교사, 혹은 학교에서 학생지도 권한이 있는 경력교사가 될 수 있다.

수준 4 학생이 심리학자와 정신과 의사와 같은 학교 밖 전문가의 상담을 통해 도움을 얻을 수 있도록 돕기 위해 의뢰하는 것이다.

학교에서 이뤄지는 상담 수준별로 교사는 상담의 기술을 습득하고, 이를 바탕으로 청소년들의 학교 폭력을 예방하고, 학교 폭력이 발생했을 시 직접 또는 전문가에게 의뢰하는 역할을 교사는 수행할 수 있도록 한다.

2 출처 : Hornby, G., Hall, C., & Hall, E.(2003). Counselling pupils in schools: Skills and strategies for teachers. (역). 김병석, 하창순, 김현순, 최희철(2007). 교사를 위한 학교상담기법. p.42. 서울 : 시그마프레스.

## 2 학교상담 모형

학교에서 상담을 활용하는 방안에 있어 도움이 되는 모형으로는 인본주의의 원칙에 기반을 두고, 심리교육적 개념 틀[3] 안에서 정립되는 발달적 상담모형인 3단계 상담모형을 제안해 볼 수 있다.

3단계 학교상담 모형은 「탐색-개입-힘 북돋기」로 살펴볼 수 있으며, 각 단계별 세부 내용은 다음과 같다.

표 1 3단계 학교상담 모형

| 탐색 | 개입 | 힘 북돋기 |
|---|---|---|
| 세 가지 측면 | 예 | 세 가지 측면 |
| - 상담관계를 수립하기<br>- 관심사 탐색<br>- 상황 평가 | - 문제해결<br>- 인지상담<br>- 놀이상담<br>- 해결중심 상담<br>- 쓰기상담 | - 실천 프로그램 지원하기<br>- 변화를 확실하게 만들기<br>- 자기실현을 가능하게 만들기 |

먼저 '탐색단계'에서는 내담자와 상담관계를 수립하고, 내담자의 관심사를 탐색하여 전반적 상황을 평가한다.

다음으로 '개입단계'에서는 파악된 내담자의 상황에 맞춰 상담적 개입을 한다. 개입 방법은 내담자의 상황에 맞춰 〈표 1〉에 제시된 상담기법들을 활용한다.

마지막으로 '힘 북돋기 단계'는 내담자가 힘을 얻어 원하는 바를 이뤄 나갈 수 있도록 지원하는 것이다.

이상의 과정을 통해 내담자가 효과적인 문제해결 기술을 습득하는 것이 본 학교상담 모형의 목표라 하겠다.

3 심리교육 모형 : 청소년의 문제를 비정상적인 질병으로 보기보다는 기술의 결핍으로 간주한다. 이 모형은 '질병 → 진단 → 처방 → 치료 → 완치'와 같은 의학 모형과 달리 '문제/야심 → 목표 선정 → 기술을 가르침 → 성취'의 과정으로 본다. 심리교육적 상담모형에서 모든 개입은 내담자에게 효과적 삶의 기술을 훈련시키는 수단으로 간주된다.

SECTION 2

# 학교 폭력 위기진단과 학교 폭력 상담 개입절차

## 학교 폭력 위기진단 1

학교 폭력은 피해자, 가해자, 방관자, 관련자 등 다양한 개입자들이 있는 가운데 학교 폭력 발생 원인과 정도 등이 혼재되어 있다. 따라서 정확한 사정을 통해 현재 상황, 위기 수준, 학교 폭력을 촉발하는 위기요인과 완충작용을 도울 수 있는 보호요인 등을 파악한 후 이를 기초로 적합한 개입을 모색하여 진행하는 것이 좋다. 이에 학교 폭력 발생 징후를 알아보는 체크리스트, 학교 폭력 사안에 있어서의 위기수준별 특징, 그리고 학교 폭력에 있어서 보호요인과 위기요인 체크리스트 등을 살펴보고자 한다.

### 1 학교 폭력의 징후 판별

학교 폭력은 문제가 발생되기 전, 문제가 더 크게 확대되기 전 문제를 발견, 위기개입을 하는 것이 예방차원에서 매우 중요하다. 따라서 조기에 학교 폭력을 발견하기 위해 교사나 학부모가 그 징후를 판별할 수 있는 체크리스트가 유용할 수 있다.

가) 학교 폭력 가해청소년의 징후

| 학교 폭력 가해청소년 조기 징후발견 교사 · 학부모용 체크리스트 | |
|---|---|
| 학교 | • 반에서 특정한 아이들과만 잘 어울린다(예: 일진회, 폭력서클 가입 등) |
| | • 음주나 흡연, 잦은 노래방 출입이 잦다. |
| | • 밤늦게까지 친구들과 어울려 귀가 시간이 늦어지고 불규칙하다. |
| | • 친구들이 자신에 대해 말하는 걸 두려워한다. |
| | • 비행(금품갈취, 절도, 집단폭력, 약물복용 등) 전력이 있다. |
| 가정 | • 사주지 않은 고가의 물건을 가지고 다니며, 빌린 것이라고 한다. |
| | • 부모와 대화가 적고, 반항하거나 화를 잘 낸다. |
| | • 집에서 받는 용돈보다 많이 쓰고, 부모에게 비밀(감추는 것)이 많아졌다. |

* 출처: Wee 프로젝트 매뉴얼 2. 위기유형별 상담, p.10. 서울: 한국교육개발원.

나) 학교 폭력 피해청소년의 징후

학교 폭력 피해청소년은 가해청소년의 위협과 폭력을 당하는 자신에 대한 수치심 등으로 현재 자신이 처해있는 어려움을 외부에 쉽게 이야기하지 않을 수 있다. 그러나 피해를 당하고 있는 상황을 암시하는 말이나 행동을 하거나 심리적 압박으로 인해 폭발적 정서 반응, 두통, 소화불량과 같은 신체화 증상을 보일 수 있으므로 이러한 행동을 놓치지 않고 발견할 수 있는 예민성이 학교 교사, 부모에게 요구된다.

❶ 부모가 발견할 수 있는 징후

| 학교 폭력 피해자 조기 징후발견 학부모용 체크리스트 | | |
|---|---|---|
| 문 항 | 예 | 아니오 |
| • 몸에 다친 상처나 멍자국을 자주 발견하게 되며, 물어보면 그냥 넘어졌다거나 운동하다 다쳤다고 대답하는 경우가 많습니까? | | |
| • 친구, 선배들에게 전화가 자주 걸려오거나 통화 후 불려나가는 경우를 본 적이 있습니까? | | |
| • 갑자기 짜증이 많아지고, 엄마나 동생처럼 만만한 상대에게 폭력을 쓰거나, 공격적으로 변했습니까? | | |
| • 교과서나 공책, 일기장 등에 "죽어라" 또는 "죽고 싶다" 와 같은 폭언이나 자포자기 표현이 쓰여 있는 것을 본 적이 있습니까? | | |
| • 물건이 없어지는 경우나 옷이 찢어져서 들어오는 경우가 있습니까? | | |

| 학교 폭력 피해자 조기 징후발견 학부모용 체크리스트 |
|---|
| [채점]<br>- 해당하는 문항이 0개인 경우: 양호<br>- 해당하는 문항이 1~2개인 경우: 자녀에게 지속적인 관심을 갖고 대화를 통해 확인을 한다.<br>- 해당하는 문항이 3개 이상인 경우<br>• 반드시 자녀의 어려움을 공감해 주고, 우선 마음을 가라앉힌 다음, 문제 해결 방법을 부모가 함께 상의한다.<br>• 학교 측과 해결할 수 있는 방안들에 대해 논의한다.<br>• 학교에서 해결방안을 내놓지 못한 경우에는 반드시 전문상담기관과 상담을 한다. |

* 출처: 오혜영, 전연진, 강석영, 이대형, 한지현, 채중민, 김수희(2009). 학부모개입지침서-학교 폭력. p.25. 서울: 한국청소년상담원.

### ❷ 학교에서 발견할 수 있는 징후

| 학교 폭력 피해청소년 조기 징후발견 교사용 체크리스트 | |
|---|---|
| 수업시간 | • 교복이 젖어 있거나 찢겨 있고, 물어보면 '별일 아니다' 라고 대답한다. |
| | • 낙서나 욕설, 비방이 담긴 쪽지가 주변에 있다. |
| | • 교과서와 필기도구가 없거나 교과서와 노트, 가방에 낙서가 많다. |
| | • 자주 준비물을 챙겨오지 않는다. |
| | • 코피나 얼굴에 상처 등이 자주 나 있다. |
| | • 종종 무슨 생각에 골몰해 있는지 정신이 팔려 있어 보인다. |
| 점심 및 쉬는 시간 | • 자주 점심을 먹지 않거나, 혼자 먹을 때가 많고 빨리 먹는다. |
| | • 친구들과 잘 어울리지 못한다. |
| | • 같이 어울리는 친구가 거의 없거나 소수의 학생과 어울린다. |
| | • 교실 안보다 교실 밖에서 시간을 보내려 한다. |
| 등 · 하교시간 및 기타사항 | • 지각을 자주 한다. |
| | • 무단결석을 자주 한다. |
| | • 다른 학생보다 빨리 혹은 아주 늦게 학교에서 나간다. |
| | • 최근 수업에 흥미가 없어 하고, 학교 성적이 급격히 떨어진다. |
| | • 학교행사에 참여하지 않고, 작은 일에도 예민하고 신경질적으로 반응한다. |

* 출처: Wee 프로젝트 매뉴얼 2. 위기유형별 상담, p.11. 서울: 한국교육개발원.

## 2 위기수준에 따른 학교 폭력행동 분류

학교 폭력의 수준에 따라 개입방법도 달라져야 하므로 위기수준을 파악하는 것이 필요하다.

| 위기수준<br>대상 | | 저 | 중 | 고 |
|---|---|---|---|---|
| 피해자 | 피해<br>상황적 | • 일회적 단순폭행<br>• 3개월 미만의 언어적, 괴롭힘 피해<br>• 경미한 폭력이나 방치 시 지속 가능 | • 일회적 단순폭행이나 재발 가능성 있음<br>• 3개월 미만이나 집단폭행 피해<br>• 치료비를 요하는 피해상황 발생<br>• 3개월 이상 6개월 미만의 피해 | • 사망, 자살 또는 심각한 신체적 손상<br>• 향후 신체적 장애 예측<br>• 6개월 이상의 지속적 피해<br>• 입원 치료를 요하는 피해 |
| | 심리<br>발달적 | • 불안, 두려움<br>• 복수하겠다는 마음 있음<br>• 학교가기 싫어짐 | • 심한 불안, 두려움, 수치심, 수면장애<br>• 경미한 심리적 장애 초기 증세 발생<br>• 아무것도 할 수 없는 무기력<br>• 복수하겠다는 강한 표현<br>• 학교출석을 거부하고 지각, 결석이 잦음<br>• 피해로 인한 2회 이상의 전학 | • 정신병리적 초기증세발생 (외상 후 스트레스 장애, 우울증 등)<br>• 불안으로 인한 대인 공포<br>• 복수를 대비한 흉기 소지<br>• 장기간 등교 거부, 자퇴<br>• 외부 출입을 안함 |
| | 사회<br>환경적 | • 혼자 놀기를 좋아함<br>• 주변 친구관계 멀어짐<br>• 또래관계의 크고 작은 갈등 경험이 유년기부터 있음<br>• 피해경험이 있으나 가정의 지지나 주변 정보 제공 등 지원 있음 | • 주변에 정서적 친구없음<br>• 또래관계의 갈등으로 유사 피해경험 잦음<br>• 도움을 요청했으나 가정과 교사의 지원 부족<br>• 주변의 도움 요청보다는 문제를 혼자 가지고 있음 | • 또래친구 없음<br>• 가정 내 지지자 없음<br>• 교사의 관심과 지원 열악<br>• 주변과의 의사소통 스스로 차단 |

| 대상 | | 저 | 중 | 고 |
|---|---|---|---|---|
| 가해자 | 가해 상황적 | • 일회적 가해이지만 방치 시 또 다른 폭력이나 따돌림 발생 가능<br>• 3개월 미만의 가해 경험 | • 유사 폭력경험이 이미 있음<br>• 3개월 미만의 가해이지만 집단임<br>• 6개월 이상의 폭력 가해 가담 | • 유사 폭력경험의 반복<br>• 비행경험 다수<br>• 가출, 무단결석 경험<br>• 1년 이상 폭력 가해 가담 |
| | 심리 발달적 | • 책임을 회피하긴 하나 잘못에 대한 인정<br>• 사과 의지 부족<br>• 공격성, 내재된 스트레스 | • 폭력 피해로 인한 폭력의 학습<br>• 피해당한 보복으로 가해<br>• 왜곡된 인지, 공격성<br>• 분노조절의 어려움<br>• 잘못에 대한 반성 없음 | • 사회에 대한 분노<br>• 모든 행동의 책임 회피<br>• 행동장애 또는 품행장애 등 심리적 장애 증세 |
| | 사회 환경적 | • 가해경험은 있으나 가정의 관심과 지원 있음<br>• 또래집단과 가족들 간의 유대관계 있음 | • 가정 내 정서적 지지자 없음<br>• 가정 내 폭력경험<br>• 또래집단이 비행에 연루됨<br>• 교우관계 밀접하지만 수직적 관계<br>• 가해집단의 조직형성 | • 또래친구 없음<br>• 폭력서클 조직에 연루됨 |
| 학교 | | • 학교 주변에 유해환경이 많음<br>• 학생들의 빈부격차 심함<br>• 정기적인 예방교육의 부재<br>• 정기적인 교사연수의 부재<br>• 학교 폭력 관련 전문교사의 부재<br>• 학교의 교육풍토가 지나치게 엄격하거나 방임적임 | • 크고 작은 폭력사건이 잦음<br>• 폭력사건 발생 시 원만한 해결을 하지 못한 경험이 있음 | • 교내 폭력서클 조직이 있음<br>• 폭력으로 사망, 자살 사건이 있었음 |

(표 머리: 위기수준 / 대상)

| 대상 \ 위기수준 | 저 | 중 | 고 |
|---|---|---|---|
| 가정 | • 자녀 중 1명 이상 폭력 대상자<br>• 가정 내 정서적 관계 있으나 폭력에 대한 인식부족<br>• 자녀에 대한 지나친 관심과 기대<br>• 맞벌이 가정으로 인한 자녀 방임 | • 자녀에 대한 과잉 보호<br>• 가족 간의 갈등<br>• 가정 내 지속적 폭력(부부 간, 부모-자녀 간, 자녀 간)<br>• 폭력 발생 후 재정적 손실 부담<br>• 소송 등으로 인한 생업에의 피해 초래 | • 부부갈등 고조<br>• 가정 내 폭력 만연<br>• 재정적 손실로 인한 파산 위기<br>• 가정해체 또는 해체위기 직면 |

* 출처: 문용린 외. (2008). 학교 폭력 위기개입의 이론과 실제. p.37. 서울: 학지사.

## 3 보호요인, 위기요인에 따른 학교 폭력 행동 평가[4]

학교 폭력 행동에 상담적 개입을 하는 데 있어서 위험요인과 보호요인을 파악해 보는 것은 상담적 주요 개입 접점을 파악하는 데 도움이 된다. 평가문항은 다음과 같다.

가) 위험요소 평가

| | | 전혀 그렇지 않다 | 별로 그렇지 않다 | 보통이다 | 그런편이다 | 매우 그렇다 |
|---|---|---|---|---|---|---|
| 개인 관련 | 충동성/공격성 | | | | | |
| | 무기력 | | | | | |
| | 부적절한 감정처리 | | | | | |
| | 부정적 자기평가 | | | | | |
| | 조망능력 부족 | | | | | |
| | 흡연, 음주경험 | | | | | |

4 출처: 지승희, 이명우, 신효정, 김태선, 송은미, 김소라(2005). 학교 폭력 "어떻게 도와줄 것인가". 서울: 한국청소년상담원.

| | | 전혀 그렇지 않다 | 별로 그렇지 않다 | 보통 이다 | 그런편 이다 | 매우 그렇다 |
|---|---|---|---|---|---|---|
| 가족 관련 | 가족 간 대화부족 | | | | | |
| | 가정불화/구조적 결손 | | | | | |
| | 부모의 무관심/편애 | | | | | |
| | 엄격/학대적 양육 | | | | | |
| | 건강하지 않은 가족 | | | | | |
| | 경제적 어려움 | | | | | |
| 또래/ 학교 관련 | 신뢰 부족 | | | | | |
| | 방과 후 시간낭비 | | | | | |
| | 일탈적 또래와 어울림 | | | | | |
| | 학교/학업에 흥미부족 | | | | | |
| | 낮은 성적 | | | | | |
| | 교칙위반 | | | | | |
| | 교사의 무관심/부적절한 대우 | | | | | |
| 지역사회 관련 | 유해환경/술, 담배 구입 용이 | | | | | |
| | 관심 주는 어른 부재 | | | | | |

■ 주된 위험요소는? ______________________________

### 나) 보호요소 평가

| | | 전혀 그렇지 않다 | 별로 그렇지 않다 | 보통 이다 | 그런편 이다 | 매우 그렇다 |
|---|---|---|---|---|---|---|
| 개인 관련 | 긍정적 자아개념 | | | | | |
| | 분명한 장래희망 | | | | | |
| | 적극적/긍정적 태도 | | | | | |
| | 공격성 조절 능력 | | | | | |
| 가족 관련 | 긍정적 형제관계 | | | | | |
| | 부모의 지지 | | | | | |
| | 부모와 많은 대화 | | | | | |
| | 자상하고 엄격한 교육 | | | | | |
| | 긍정적 부모관계 | | | | | |

| | | 전혀 그렇지 않다 | 별로 그렇지 않다 | 보통 이다 | 그런편 이다 | 매우 그렇다 |
|---|---|---|---|---|---|---|
| 또래/ 학교 관련 | 친한 친구 있음 | | | | | |
| | 건전한 과외활동 | | | | | |
| | 친구들과 건전행동 | | | | | |
| | 교사의 관심과 지지 | | | | | |
| | 학교생활이 재미있음 | | | | | |
| | 높은 성적/학업욕구 | | | | | |
| | 교칙에 대한 긍정적 태도 | | | | | |
| 지역사회 관련 | 지역주민의 관심 | | | | | |
| | 지역사회 프로그램/관련정책 | | | | | |

■ 주된 보호요소는? ____________________

# 2 학교 폭력상담 개입 절차

학교 폭력 위기개입 상담은 상담접수 → 사례판정 → 상담 및 서비스 제공 → 사례 종결 및 사후관리의 과정을 통해 진행된다.

청소년의 학교 폭력 상황에 대한 위기상담 개입을 담당하는 국가기관으로는 여성가족부 산하 전국 청소년상담복지센터와 교육과학기술부에서 추진하는 Wee센터가 있다. 여성가족부의 청소년상담복지센터는 '13년 현재 전국 지방자치단체에 196개소가 설치되어 있으며, CYS-NetCommunity Youth Safety-Net 사업을 통해 학교 폭력, 자살, 가출, 학업중단 등 청소년의 위기문제에 적극적으로 대응하고 있다. 교육과학기술부의 Wee센터는 교육청 및 교육지청에 설치되어 있으며, 단위학교를 중심으로 한 Wee 클래스와 대안학교 형식의 Wee스쿨과 함께 Wee프로젝트로 추진되고 있다. 학교 폭력상담은 적극적인 위기개입과 함께 이뤄져야 하므로 어떠한 절차로 개입이 이뤄지는가를 알 필요가 있기에 청소년상담복지센터와 Wee센터가 진행하는 학교 폭력상담 개입 절차를 살펴봄으로써 개입 과정을 살펴보고자 한다.

## 1 청소년상담복지센터 CYS-Net 체계의 학교 폭력 위기개입 절차

여성가족부에서 운영하는 CYS-Net의 학교 폭력 위기개입 체계는 도움이 필요한 청소년에게 원스톱서비스가 신속하게 제공된다는 점에서 강력한 위기개입이 이뤄질 수 있는 체계라 할 수 있다. 특히 언제 어디서나 24시간 전화 연결이 되는 청소년전화 1388을 관문으로 하여 대상 청소년에 대한 사후개입까지 원스톱으로 이뤄진다는 점, 그리고 청소년의 다양한 요구를 지원하고자 의료지원, 법률지원 등 필요한 서비스를 통합적으로 제공한다는 점이 CYS-Net의 위기개입 서비스의 강점이다. '13년 현재 전국 196개 센터를 통해 각 지역사회 중심의 청소년사회안전망 구축을 통해 운영되는 CYS-Net의 학교 폭력 위기개입 체계의 세부적인 서비스 절차는 아래와 같다.

| 단계 | 구분 | 내용 |
|---|---|---|
| 1. 상담접수 | ① 대　상 | 청소년전화 1388, 사이버상담 등을 통해서 도움을 요청한 학교 폭력 가・피해 청소년 및 가족, 교사, 관련 기관 등 |
| | ② 목　적 | 학교 폭력 가해청소년, 피해를 입은 청소년의 인적 사항, 욕구 등에 대한 정보 수집 및 피해 상황 파악 |
| | ③ 세부사업 | 청소년전화 1388, 사이버상담 등을 통한 상담 접수 |
| | ④ 절　차 | 서비스 대상자 여부 파악 → 인적 사항 파악 → 현재 상황 및 욕구 파악 → 접수 경로 파악 |
| | ⑤ 양　식 | 초기상담 기록지 |
| 2. 사례판정 | ① 대　상 | 청소년전화 1388, 사이버상담 등을 통해서신고가 된 학교 폭력 가・피해청소년 및 가족, 교사, 경찰, 관련 기관 등 |
| | ② 목　적 | 내담자의 가해, 피해 상황과 욕구를 파악하여 개입 계획 수립 |
| | ③ 세부사업 | 내담자의 가・피해 상황, 욕구, 지지 자원 등을 파악하여 개입방법 결정 |
| | ④ 절　차 | 문제 상황 검토 → 개입 전략 수립 |
| | ⑤ 양　식 | 초기 상담 기록지 |

| 단계 | 구분 | 내용 |
|---|---|---|
| 3. 기관연계 | ① 대　상 | 청소년전화 1388, 사이버상담 등을 통해서 도움을 요청한 학교 폭력 가 · 피해청소년 및 가족, 교사, 관련 기관 중 타 기관의 연계가 필요한 경우 |
| | ② 목　적 | 해당 지역의 학교 폭력 상담소 등 네트워크를 활용하여 학교 폭력 가 · 피해청소년에게 즉각적이고 적절한 서비스 제공 |
| | ③ 세부사업 | 내담자에게 해당 지역 상담지원센터 및 위기청소년 보호시설 등의 네트워크에 대한 정보를 제공하고, 상담자는 해당 상담소에 지원 협조 요청 |
| | ④ 절　차 | 해당 지역 학교 폭력 관련 단체 정보 제공 ➔ 협조 요청 ➔ 공문발송 |
| | ⑤ 양　식 | 초기상담기록지, 입소의뢰공문 |
| 4. 긴급구조 | ① 대　상 | 청소년전화 1388, 사이버상담 등을 통해서 도움을 요청한 학교 폭력 피해청소년 중 긴급구조가 필요한 경우 |
| | ② 목　적 | 내담자에 대한 신속한 구조 활동으로 청소년의 위기 상황을 해결하고 추가 피해 예방 |
| | ③ 세부사업 | • 내방상담이 가능한 경우 연계된 지원단(운수업체)을 이용하여 내방하도록 유도<br>• 내방상담이 불가능한 경우 1388청소년지원단 소속 업소에서 상담자를 기다리도록 유도 |
| | ④ 절　차 | 2명 이상의 상담원 동행 ➔ 문제 상황 및 욕구 파악 ➔ 현장에서 만날 수 있는 방법 ➔ 긴급구조 |
| | ⑤ 양　식 | 해당양식 없음 |
| 5. 상　담 | ① 대　상 | 긴급구조 또는 상담으로 연계된 학교 폭력 가 · 피해청소년 및 가족, 교사 등 |
| | ② 목　적 | 내방 혹은 현장상담을 통하여 내담자의 문제 및 욕구를 파악하고 해결 방안 모색 |
| | ③ 세부사업 | 내담자 문제에 대한 2차 사정을 통해 내담자의 욕구 및 지지 체계를 파악한 뒤, 내담자의 문제 해결을 위한 서비스 계획 수립 |
| | ④ 절　차 | 라포형성 ➔ 청소년의 심리적 안정 지원 ➔ 심리검사실시 여부, 법적처리절차 등 상담 목표설정 ➔ 내담자와 상담목표 공유 |
| | ⑤ 양　식 | 현장상담 기록지 |
| 6. 의료지원 | ① 대　상 | 긴급구조 된 청소년 중 의료지원이 필요한 경우 |
| | ② 목　적 | 기본적인 건강 상태 유지 및 질병치료와 예방 |
| | ③ 세부사업 | 사업건강검진, 질병예방, 질병치료(내과,안과,산부인과 등) |

| 단계 | 구분 | 내용 |
|---|---|---|
| | ④ 절　　차 | 초기 상담 시 내담자의 건강상태 파악 ➔ 내담자에게 필요한 의료지원 서비스 대상기관 선정 ➔ 의료비 지원 ➔ 귀가지원(교통비 지원) |
| | ⑤ 양　　식 | 해당양식 없음 |
| 7. 합의중재 | ① 대　　상 | 긴급구조된 학교 폭력 피해청소년 및 보호자와 학교 폭력 가해자(교사, 청소년) 및 가해자의 보호자 등 |
| | ② 목　　적 | 피해자의 심리적 · 육체적 상처를 치유할 수 있는 기회를 제공하고, 가해자에게 자신의 행동을 반성할 수 있는 기회를 제공함으로써 학교 폭력 재발 예방 |
| | ③ 세부사업 | 학교 폭력 피해청소년과 가해자(교사, 청소년)를 상담하여 갈등 요인을 파악, 해소 |
| | ④ 절　　차 | 피해상담 ➔ 증거자료확보 ➔ 학교에 도움요청 ➔ 가해학생 사과 · 각서 ➔ 피해학생 보호 · 치료 ➔ 피해학생 측 · 가해학생 측 합의유도 |
| | ⑤ 양　　식 | 상담기록지 |
| 8. 법률지원 | ① 대　　상 | 긴급구조된 학교 폭력 피해청소년 및 합의 중재가 불가능한 경우 |
| | ② 목　　적 | 법률지원을 통해 갈등을 해결하고 적절한 법적 보호를 받을 수 있도록 지원 |
| | ③ 세부사업 | 진술서 작성, 사건 접수, 소송 제기, 증거 확보 지원사건 접수 시 법률지원단을 통한 자문 의뢰 |
| | ④ 절　　차 | 고소장 및 진술서 작성/제출 ➔ 조사 동행 ➔ 증거 자료 제출 |
| | ⑤ 양　　식 | 고소장, 진술서 |
| 9. 사례종결 | ① 대　　상 | 연계된 학교 폭력 피해청소년 중 위기상황이 해소되었다고 판단되는 청소년 |
| | ② 목　　적 | 위기개입상담을 통해 피해청소년의 위기상황이 해결되어 전환생활을 위한 준비를 시키기 위함 |
| | ③ 세부사업 | • 사례종결회의를 통해 종결사례 결정<br>• 사후관리 계획 수립 |
| | ④ 절　　차 | 위기상황종결 ➔ 내담자와 합의 ➔ 사례종결회의 ➔ 사례종결보고서 작성 ➔ 사후관리계획 수립 |
| | ⑤ 양　　식 | 사례종결보고서 |
| 10. 사후관리 | ① 대　　상 | 긴급구조 한 학교 폭력 피해 청소년 중 지속적인 상담을 요하는 청소년 |
| | ② 목　　적 | 위기상황 종결 후 새로운 위기상황에 직면하는 것을 예방함 |
| | ③ 세부사업 | • 사례종결회의를 통해 종결사례 결정<br>• 사후관리 계획 수립 |

| 단계 | 구분 | 내용 |
|---|---|---|
| | ④ 절　　차 | 전화/사이버 및 내방/현장상담 ➔ 위기상황 발생 가능성 점검 ➔ 내담자 지지 상담 실시 |
| | ⑤ 양　　식 | 해당양식 없음 |

* 출처: 노성덕 외(2010), 위기개입 4판, p.110~121 재정리.



## 2 Wee센터의 학교 폭력 위기개입 절차[5]

Wee센터의 학교 폭력 위기개입 절차는 아래와 같이 진행되고 있다.

### 가) 가해학생 단계별 상담치료전략

| 단계 | 전략 | 세부전략 |
|---|---|---|
| 초기단계 | 사건의 정황파악 | - 가해학생 인적사항 파악하기<br>- 사건의 객관적인 정보 수집하기 |
| | 사안처리 | - 자치위원회 및 전문기관연계를 통한 사안처리 |
| | 초기면접 | - 심리진단 및 평가 |
| 중기단계 | 개인상담 | - 가해학생에 대한 심리치료<br>- 개인상담 프로그램 |
| | 학부모상담 | - 학부모 상담 |
| | 관련전문 기관연계 | - 특별이수교육 및 예방교육<br>- 의료적 서비스 지원(병원 및 정신과)연계 치료<br>- 중재전문기관 연계<br>- 형사 및 민사소송과 관련한 기관 연계 |
| 후기단계 | 사후관리 | - 사후관리 프로그램<br>- 학교 폭력 위기개입의 평가 |
| | 다면적 통합지원 | - 학교차원/가정차원/지역사회차원의 지원 |

5 출처: 교육과학기술부, 한국교육개발원, 대전광역시교육청(2012), Wee프로젝트 매뉴얼2, 위기유형별 상담. 서울: 한국교육개발원.

### 나) 피해학생의 단계별 치료전략 절차

| 단계 | 전략 | 세부전략 |
|---|---|---|
| 초기단계 | 사건의 정황파악 | - 피해학생 인적사항 파악하기<br>- 사건의 객관적인 정보 수집하기 |
| | 사안처리 | - 자치위원회 및 전문기관연계를 통한 사안처리 |
| | 초기면접 | - 심리진단 및 평가 |
| 중기단계 | 개인상담 | - 피해학생에 대한 심리치료, 피해자의 신변보호<br>- 상담 및 치료프로그램 진행 |
| | 학부모상담 | - 학부모 상담 |
| | 관련전문 기관연계 | - 의료적 서비스 지원(병원 및 정신과)연계 치료<br>- 중재전문기관 연계<br>- 형사 및 민사소송과 관련한 기관 연계 |
| 후기단계 | 사후관리 | - 사후관리 프로그램 연계<br>- 학교 폭력 위기개입의 평가 |
| | 다면적 통합지원 | - 학교차원/가정차원/지역사회차원의 지원 |

# SECTION 3 학교 폭력상담의 실제

## 1 학교 폭력 위기상담 시 기본원칙 및 유의사항

### 1 학교 폭력 위기상담 시 기본원칙[6]

- 신속성 위기상황 시 즉각적인 위기개입을 통해 서비스를 신속하게 제공한다.
- 개별화 모든 상담은 각각의 내담자에 따라 개별화한다.
- 구체화 내담자로부터 학교 폭력 사건과 관련된 정보를 구체적으로 수집하고, 내담자의 욕구가 무엇인지 정확히 파악, 우선순위로 체계화하며, 상담의 목표는 단, 장기적으로 구분하여 구체적이고 현실적으로 설정한다.
- 적극성 내담자가 원하는 욕구에 맞게 서비스를 제공하되, 내담자에게 반드시 필요한 정보 및 위기개입은 적극적으로 제공한다.
- 중립성 상담자는 내담자의 감정을 지지하고 공감하되 사건을 대하는 태도는 중

6 출처: 문용린 외(2008). 학교 폭력 위기개입의 이론과 실제. p. 70~73. 서울: 학지사.

립적이고 객관적인 자세를 유지한다.

- 자료화 학교 폭력 상담 시 상담내용을 되도록 자세하게 파악해서 기록하고 자료로 남긴다.
- 연계성 상담 외의 전문 분야의 서비스를 적극적으로 연계한다.
- 지속성 상담의 지속성을 유지한다.



## 2 학교 폭력 위기상담 시 유의사항[7]

- 일반 상담과 마찬가지로 학교 폭력 상담 시에도 내담자의 감정을 위로하고 지지, 공감하는 것이 기본이 되어야 한다.
- 위기상황에 대한 사건접수 시 학생의 안전을 우선적으로 확보하도록 하며, 이를 위해 사전에 여러 연계기관과의 협력망을 구축하도록 한다. 피해자의 신체적 고통 치료 및 정신적 충격에 대한 안정조치의 여부를 확인하고, 위기 시에는 곧바로 위기개입을 하며 위기상황이 아닌 경우에도 빨리 적절한 개입을 하도록 한다.
- 위기상담은 사실 확인과 사건에 대한 진실규명이 가장 중요하다. 따라서 첫 상담에서 상담자는 학교 폭력 사건에 대한 상황을 객관적으로 파악하고 관련 정보를 최대한 구체적으로 수집하도록 한다.
- 내담자의 욕구를 정확히 파악하고 어떤 상담서비스를 제공할 것인지 결정해야 한다. 내담자에게 사건해결을 위한 정보 제공 위주의 상담을 할 것인지, 사건해결에 적극적으로 위기개입을 할 것인지를 판단해야 한다.
- 내담자 상황에 맞는 상담자의 적절한 해결방안을 적극적으로 제시하되, 결정은 내담자가 자발적으로 선택하도록 한다.
- 내담자의 욕구를 중요하게 여기고 존중하되, 현실적인 한계를 명확히 규정하고

7 참조: 문용린 외(2008). 학교 폭력 위기개입의 이론과 실제. p. 70~73. 서울: 학지사 /노성덕, 류은수, 채중민, 이승희(2010). 위기개입 제 4판. p. 115. 서울: 한국청소년상담원.

제시하도록 한다.

- 내담자에게 학교 폭력법에 의한 처리과정을 안내하여 자치위원회를 통해 공식적으로 진행하도록 하되 현실적 한계에 대해서도 안내한다.
- 사건 해결을 위해서는 객관적 사실의 증명이 가장 중요함을 알린다. 학교 폭력 발생에 관한 증거자료예 : 사진, 일기장, 진술서, 목격자 등를 확보하도록 하고, 증거가 불충분할 경우 상황에 따라 사실에 근거한 증거자료를 만들도록 한다.
- 다른 유사사건의 유무를 확인한다.
- 피해청소년이 심한 신체적 고통이나 정서적 혼란을 경험할 경우 응급조치를 취

TIP

### 학교 폭력 상담 초기 정보수집시 반드시 파악해야 하는 내용과 상담 과정

**➔ 상담 시 필수 기재사항**

- 학교 폭력 상담 시에는 법적인 증거자료로 활용할 수 있으므로, 반드시 가 · 피해자에 대한 인적상황, 학교 폭력 발생의 원인, 유사사건의 유무 등을 되도록 자세한 내용을 파악하여 기록해 둔다.

**➔ 해결방안을 위한 실마리 찾기(내담자의 바람과 대처에 초점)**

- 학교 폭력 발생에 관한 증거자료 확보하기
- 피해청소년의 현 상태에 대한 파악(대처능력, 적응능력 등)
- 피해청소년 측(학부모 포함)의 현재까지의 대처상황 확인
- 가해청소년의 대응방법에 대한 파악
- 학교의 인지여부 및 해결을 위한 시도와 과정 확인

**➔ 해결을 위한 상담자의 방안 공유 및 제시**

- 피해자가 노출을 강하게 꺼리는 경우를 제외하고 학교에 알려 공식적으로 해결할 수 있도록 안내
- 경찰에 신고, 법적 소송 방안 안내

해준다.

- 모든 상담과정은 상세히 기록하고 보관, 관리한다.
- 상담시간은 가급적 50분을 넘지 않도록 진행한다.
- 개별상담과 더불어 전문기관의 프로그램에 참여하도록 권유한다.
- 피해청소년 뿐 아니라, 가해청소년과 학부모의 상담도 함께 이루어져야 한다.

## 학교 폭력상담 개입 실제 2

### 1 피해청소년 및 피해청소년 부모상담 시 주요 개입접점

가) 피해청소년 상담 시 주요 개입접점

- 학교 폭력 상황으로 인한 피해청소년의 심리, 정서적 안정에 총력을 기울인다. 특히 피해청소년은 가해청소년들의 보복에 대한 불안감이 높을 수 있으므로 학교 폭력상담의 처리절차와 피해청소년에 대한 안전보장에 대해 정확히 안내하고, 현재 상황에서 취할 수 있는 처리방법들을 내담자와 함께 모색해 나간다.
- 상담자는 피해청소년의 신체적, 정신적 피해 정도를 정확하게 파악하고, 의료, 법률 등 시급한 서비스 지원이 무엇인지 판단하여 필요한 서비스를 신속하게 제공한다.
- 피해청소년이 자신이 약하거나 문제가 있어서 피해를 당했다는 자괴감을 갖는 경우 우울 등 이차적인 심리적 문제를 갖게 될 수 있다. 이를 막기 위해 상담자는 학교 폭력의 부당성을 내담자에게 알려주고 피해청소년이 피해의식에서 벗어나 적극적으로 문제해결을 해나갈 수 있도록 지원한다.
- 피해청소년의 심리적 피해가 심각한 상황인 것으로 판단될 경우 전문상담을 권유하는 등 외부 전문기관으로 연계하도록 한다.

- 피해청소년이 향후 학교 폭력으로 다시 피해를 입지 않도록 필요한 경우 자기주장성 훈련, 사회적 기술 훈련, 효과적으로 도움 요청하기 등에 대해 상담을 실시하거나, 관련 내용의 집단상담프로그램, 교육 등을 받을 수 있도록 한다.
- 피해청소년이 학교 폭력 피해로 인해 가진 분노감, 좌절감 등이 잘 다뤄지지 않고, 효과적인 대처방법을 습득하지 못한 경우 가해자가 되는 경우가 발생한다. 이러한 악순환이 발생하지 않도록 상담자는 피해청소년이 느낀 부정적 정서를 잘 표출하고 해결할 수 있도록 한다.

나) 피해청소년 부모상담 시 주요 개입접점[8]

- 자녀가 학교 폭력 피해를 입은 경우 부모가 겪는 정신적 충격은 매우 크며, 자녀의 어려움을 부모가 막지 못했다는 자책감 역시 매우 크다. 상담자는 부모의 이러한 마음을 공감하고 지원하는 한편, 부모가 먼저 힘을 얻어야 자녀의 문제해결을 도울 수 있다는 말로 부모의 힘을 북돋고 격려하도록 한다.
- 부모가 빨리 자신을 추슬러 자녀를 따뜻하게 정서적으로 지지하도록 하고, 어느 정도 자녀의 심리적 상태가 안정되면 폭력상황에 대해 충분히 이야기를 듣고 부모가 신속하게 대처하도록 안내한다.
- 피해청소년의 경우 자신에게 문제가 있으며, 부모에게 말하는 것이 고자질하는 것이라는 왜곡된 사고를 갖기 쉽고, 가해자들의 협박으로 불안해하는 특징 등을 보일 수 있는데, 이러한 특징을 부모에게 알려 줌으로써 자녀가 보일 수 있는 행동특성을 알고 대응할 수 있도록 교육한다.
- 부모 중 향후 자녀에게 이런 일이 다시는 발생하지 않기를 바라는 마음에서 자녀에게 고쳐야 할 부분을 지적하는 태도를 보이는 경우가 있다. 그러나 부모의 이러한 태도는 학교 폭력으로 큰 상처를 입은 자녀에게 또 다른 상처를 줄 수 있으

8 참조: 조성연, 전연진(2011). 부모교육 백문백답: 청소년기-자녀의 마음을 헤아리는 부모되기. p.160-161. 서울: 굿네이버스.

므로 경계해야 할 태도임을 명확히 알려주고, 이러한 행동을 절대 보이지 않도록 지도한다.

- 전체적인 상담 진행 계획을 부모와 공유하여 부모도 전체적인 상담계획하에서 상담자와 함께 협력할 수 있도록 한다.
- 학교 폭력 발생 시 피해를 입증할 수 있는 내용들, 누가, 언제, 왜 어떻게 폭행을 했는지에 대한 기록, 주변 친구의 증언, 녹음 등을 확보해 놓도록 안내하고, 폭행을 당한 즉시 병원의 진단서를 받아 두고, 피해사실을 학교에 알리도록 한다.
- 부모의 심리적 외상이 심각할 경우 전문가의 도움을 받을 것을 안내하고 적절한 기관을 연계하도록 한다.

## 2 가해청소년 및 가해청소년 부모상담 시 주요 개입접점

가) 가해청소년 상담 시 주요 개입접점

- 가해자로 지목된 경우라도 전체적인 정황과 사실을 객관적으로 파악하고 가해자라고 단정적으로 표현하는 것은 삼간다.
- 학교 폭력 발생 상황에 있어 가해청소년이 폭력을 행사하게 된 상황과 이 상황에 가해청소년이 느낀 분노 등에 대해 공감하고 이해해 줌으로써 격앙된 정서상태를 가라앉혀 가해청소년이 객관적으로 자신의 행동을 바라볼 수 있는 심리적 여건을 만들어준다.
- 가해청소년을 상담할 때 효과적으로 개입하여 선도하기 위해서는 내담자와의 관계형성이 매우 중요하다. 상담자가 가해청소년을 위해 최선을 다할 것임을 인식시키는 것이 필요하되, 자칫 잘못에 대해 감싸주고 처벌을 감소시켜 줄 것 등 잘못된 기대를 하지 않도록 상담 절차 및 학교 폭력처리절차에 대해서는 단호하게 안내할 필요가 있다.
- 가해청소년의 학교 폭력으로 피해청소년이 처한 어려움에 대해 알 수 있도록 상담한다. 특히 어떠한 경우라도 폭력이 용인될 수는 없음을 청소년이 인지할 수

있도록 한다.

- 가해청소년의 폭력을 유발하는 환경요인, 예를 들어 일진가입, 가정폭력 노출 등의 환경에 내담자가 처해 있다면 이러한 외부환경요인으로부터 우선 내담자가 벗어날 수 있도록 지원한다. 이러한 지원을 위해 필요한 연계기관과 협력하도록 한다.

나) 가해청소년 부모상담 시 주요 개입접점

- 자신의 자녀가 가해자라는 사실에 부모가 느끼는 당혹감, 수치심 등을 공감하고 이해해 주며, 자녀의 잘못을 부모에게 질책하고 책임을 따지는 상황이 되지 않도록 주의한다.
- 가해청소년 부모가 자녀 입장에서만 판단하여 사안의 심각성을 파악하지 못할 경우 발생된 학교 폭력 사안에서 자녀가 취한 행동에 대한 법적인 해석과 그에 따른 법적 절차에 대해 안내하여 부모로서 올바른 행동을 취할 수 있도록 한다.
- 학교 폭력 가해청소년이 일진회 등 폭력적 환경에 처해 있다면 부모와 협력하여 청소년이 폭력적 환경에서 벗어날 수 있도록 한다. 가정환경이 가정폭력 또는 부모의 역기능적 양육방식 등으로 인해 청소년의 폭력적 태도를 유발하는 경우라면 상담자는 적극적으로 청소년 가족에게 개입하여 이러한 가족환경을 변화시키는 데 주력한다. 필요한 경우 가족상담 등 외부전문가의 협력을 얻도록 한다.
- 가해청소년의 부모가 피해청소년 및 그 부모의 입장을 바꿔 생각해 보도록 하고, 사과를 해야 할 상황인 경우 사과하고 용서받는 것이 절대 비굴한 것이 아님을 부모가 먼저 알고 행동으로 실천할 수 있도록 한다.

## 3 학교 폭력 상담 시 "몰라요"로 일관하는 내담자 다루기

- 상황에 대해 공감하기　내담자의 "몰라요" 란 반응이 상담 장면에서 이야기하는 것에 대한 어색함때문임을 인정하고 공감해 준다.

- 내담자를 인정하고 권한 부여하기  말하고 싶어하지 않는 내담자를 인정하고, 말하고 싶지 않음에 대해 존중하며 내담자가 마음을 여는데 시간이 필요함을 알아준다. 그리고 어느 정도의 시간이 필요한지에 대해 살펴보고, 내담자가 필요한 시간을 선택할 수 있도록 권한을 부여한다. 그러나 이때 상담자체를 거부하겠다고 내담자가 하지 않도록 상담에서 진행할 계획 등을 안내하는 등 상담을 잘 구조화한 후 권한을 부여하도록 한다.
- 언어 대신 표현할 대안 마련하기  말하기가 싫은 경우 그림이나 고갯짓 등 제스처를 통해 표현하는 방법 등 흥미를 유발하면서 내담자가 상담에 참여할 수 있는 방법을 제안한다.

## 4 상담 시 다가가기 전략[9]

- 간식 제공하기  과자, 사탕, 초콜릿 등을 담은 그릇을 준비해 둔다.
- 테이블 없애기  테이블이 거리 두기나 통제하기를 상징할 수 있으므로 테이블 없이 마주 앉는다.
- 몸동작을 자유롭게 풀어 주기  편하게 앉아도 좋고 마음대로 몸을 움직여도 좋다고 이야기해 준다.
- 실내에서 나오기  실내에서 나와 좀 더 자유로운 장소에서 편하게 자기 개방을 하며 이야기한다.
- 웃으며 자기 결점 드러내기  자신의 결점이나 잘못을 웃으며 드러낸다. 이렇게 하면 권위를 내세우는 허풍쟁이가 아니라 살아 있는 사람으로 청소년이 받아들일 가능성이 높아진다.
- 내면을 표현하는 다양한 매체 사용하기  상담을 회피하는 학생들의 경우 그림 그

9 출처: 박성희, 김경수, 김기종, 남윤미, 이동갑, 이재용, 장희화(2012). 학교 폭력상담 03-고등학교편-. 서울: 학지사.

리기, 색칠하기, 만화 그리기, 조각하기, 콜라주 등의 표현예술 기법에 잘 반응할 수 있다.

- 상처에 대한 저항을 이해하고 있음을 전달하기 　비협조적인 청소년에게는 "네 가정에 대해 이야기하는 것이 많이 불편하면 하지 않아도 괜찮아. 억지로 이야기하는 것은 나도 듣고 싶지 않거든" 또는 "말하지 않는 것이 너에게 더 좋다면 그저 가만히 있어 봐. 그러면 너한테 어떤 느낌이 떠오르는지 알 수 있을거야" 라는 식으로 저항을 받아들인다.

# 3 학교 폭력상담 시 유용한 상담기법

## 1 경청

상대방의 이야기를 주의깊게 경청하는 상담자의 태도만으로 내담자는 자신이 갖고 있는 심리적 문제에 있어서 도움이 됨을 느끼게 된다. 특히 효과적인 경청은 상담자의 준거틀을 버리고, 누가, 무엇이 내담자에게 중요한가에 집중하는 것이다. 이를 위해 경청하는데 필요한 태도[10]는 다음과 같다.

- ▶ 상대방이 말하는 것을 정말 듣고싶어 해야 한다.
- ▶ 상대방의 문제를 진심으로 돕고싶어 해야 한다.
- ▶ 상대방의 의견, 감정이나 가치가 자신의 것과 다르더라도 존중할 수 있어야 한다.
- ▶ 감정은 일시적인 것임을 인식해야 하고, 아동이나 성인이 분노나 슬픔과 같은 강한 감정을 표현할 때 두려워하지 말아야 한다.

---

10 출처: Hornby, G., Hall, C., & Hall, E.(2003). Counselling pupils in schools: Skills and strategies for teachers. (역). 김병석, 하창순, 김현순, 최희철(2007). 교사를 위한 학교상담기법. p.42. 서울: 시그마프레스.

- ▶ 사람들이 자신의 문제를 해결할 수 있다는 것을 믿어야 한다.
- ▶ 조력과정을 촉진시키는 경청의 강한 효과를 믿어야 한다.

상담자로서 경청을 할 때 의사소통에 방해되는 다음의 장애들[11]은 버려야 한다. 다음의 장애요소들은 충분한 경청을 통해 효과적인 의사소통을 하는 데에는 방해가 된다.

- ▶ **안심시키기** 걱정하지마. 틀림없이 잘 될 거야.
- ▶ **감정 부인** 힘내. 일의 밝은 면을 봐.
- ▶ **감정의 거짓 인정** 나는 네가 어떻게 느끼는지를 정확하게 알아.
- ▶ **관심 돌리기** 이런 문제를 너무 오래 생각하지 말자. 다른 것에 대한 이야기를 해 봐.
- ▶ **충고하기** 나는 네가 무엇을 해야 하는지 알고 있어.
- ▶ **논쟁** 응. 하지만….
- ▶ **부적절한 질문** 그런데 왜 그렇게 했어?
- ▶ **비판** 너는 그렇게 하지 말았어야 했어.
- ▶ **비아냥거리기** 꿈 깨!
- ▶ **이름붙이기** 너는 걱정쟁이야.
- ▶ **진단하기** 나는 네 문제가 무엇인지 알아.
- ▶ **군자인 척하기** 네가 해야 할 올바른 일은….
- ▶ **명령하기** 네가 반드시 해야 하는 것은….
- ▶ **위협하기** 만약 네가 … 하지 않으면, 그때는…
- ▶ **부적절한 자기개방** 나는 그런 문제를 가진 어떤 사람을 알고 있는데, 그들이 하는 일은…

11 출처: Hornby, G., Hall, C., & Hall, E.(2003). Counselling pupils in schools: Skills and strategies for teachers. (역). 김병석, 하창순, 김현순, 최희철(2007). 교사를 위한 학교상담기법. p.42. 서울: 시그마프레스.

## 2 목표설정에 유용한 상담기법

### 가) 기적질문

해결중심단기가족상담이론에서 사용하는 질문기법으로 내담자가 문제에 압도되어 해결책을 생각하는데 어려움을 겪는 경우 상담목표점을 현실적이고 구체적인 것으로 설정하는데 효과적인 기법이다. 내담자가 학교 폭력이라는 문제에 압도되어 상황이 좋아지는 것을 생각하지 못할 때 문제상황에서 벗어나 해결책을 생각해 보는 데 도움이 된다.

**질문의 예**

:: 「"이제 좀 이상한(또는 다른) 질문을 하고자 합니다. 오늘 치료 후에 여러 가지 일을 보시고 밤에 집에 가서 잠을 주무시겠죠. 주무시는 동안 기적이 일어나 당신을 여기 오게 한 그 문제가 극적으로 해결되었습니다. 그러나 당신은 잠을 자고 있어서 이런 기적이 일어났는지를 모르지요. 그런데 아침에 일어나서 보니 지난 밤 기적이 일어나 모든 문제가 해결되었다는 것을 어떻게 알 수 있을까요? 당신이 처음 무엇을 보면 기적이 일어났다는 것을 알 수 있을까요?"」

➔ **확장**

:: 당신이 달라진 것을 다른 가족들(선생님, 친구들)은 무엇을 보고 알 수 있을까요?

:: 다른 가족들(선생님, 친구들)은 당신의 변화를 어떻게 알 수 있을까요?

:: 그러한 행동들이 최근에 언제 있었나요?

### 나) 척도질문

해결중심단기가족치료에서 사용하는 질문으로, 내담자가 자신의 문제, 문제의 우선순위, 성공에 대한 태도, 관계 평가, 치료에 대한 확신 등의 수준을 수치로 표현하도록 하는 방법으로 내담자 스스로의 변화나 의지를 구체적으로 지각할 수 있도록 한다.

질문의 예

➔ 문제해결의 전망과 관련된 척도질문

:: 1점부터 10점까지 있는 척도에서 10점은 문제가 해결되었다고 확신하는 것을 말하고 1점은 문제가 가장 심각할 때를 말합니다. 오늘은 몇 점에 해당합니까?

:: 문제가 해결될 가능성은 몇 점이라고 생각하십니까?

:: 오늘의 상태가 4점이라면 가능성은 몇 점이라고 생각하십니까?

:: 어머니가 여기 있다면 이 문제가 해결된 가능성을 몇 점이라고 하겠습니까?

:: 목표가 7점이라고 했는데 7점의 상태는 어떤 것입니까?

➔ 동기에 관련된 척도질문

:: 최선을 다해 노력하는 것을 10점, 노력하지 않는 것을 1점이라고 할 때에 문제해결을 위해 몇 점쯤 노력할 수 있겠습니까?

:: 선생님은 네가 몇 점정도 노력할 것이라고 말씀하실까?

:: 1점을 높이기 위해 무엇을 다르게 행동하겠습니까?

:: 어머니는 당신이 1점 높이기 위해 무엇이 필요하다고 말씀하실까요?

:: 선생님은 무엇을 보면 네가 1점 향상되었다고 생각하실까?

➔ 자기존중 감정에 관련된 척도질문

:: 10점을 당신이 이상적으로 생각하는 상태라고 하고 1점을 최악의 상태라고 한다면 지금 당신의 상태는 어느 정도입니까?

:: 1점이 향상되었을 때, 어머니는 당신에게서 무엇이 달라졌다고 하실까요?

:: 네가 1점 향상된 것을 어머니가 아신다면 어떻게 다르게 반응하실까?

➔ 진전 상태를 평가하는 척도질문

:: 10점을 상담목표가 성취된 상태라고 하고 1점을 상담받으러 왔을 당시의 상태라고 한다면 오늘의 상태는 몇 점이겠습니까?

:: 1점을 높이기 위해 무엇을 다르게 행동해야 하겠습니까?

:: 1점이 올라간다면 누가 변화를 가장 먼저 알 수 있겠습니까?

:: 선생님이 ○○의 변화를 아신다면 선생님은 너에게 어떻게 다르게 행동하실까?

➔ 관계를 평가하는 척도질문

:: 친구관계를 유지하기 위해 노력한 것은 몇 점 정도입니까?

:: 현재의 친구관계를 4점 정도라고 한다면 무엇이 달라지면 1점이 올라가겠습니까?

## 3 타인의 입장을 살펴보는데 도움이 되는 상담기법

### 가) 빈의자기법

게슈탈트 상담이론에서 활용하는 기법으로, 현재 상담 장면에 참석하지 않은 인물을 빈의자에 앉혀 놓고 직접 화법으로 그와 대화를 나누도록 하는 방법이다.

- 두 개의 의자를 놓고 내담자가 한 쪽에 앉아서 다른 의자를 바라보면서 자신의 이야기를 한다.
- 충분히 이야기한 후 이번에는 반대 의자에 내담자가 가서 자신의 말한 내용에 대해 상대편이 되어서 그 입장에서 내담자 자신에게 이야기를 하도록 한다.
- 이 과정을 통해 내담자는 자신의 입장과 감정을 충분히 표현함과 동시에 상대방의 입장을 경험함으로써 타인의 입장을 이해하고 수용하는데 도움이 된다. 학교폭력 가해청소년이 피해청소년의 입장이 되어 생각해 보도록 할 때 유용한 기법이다.

### 나) 관계성질문

해결중심단기가족치료에서 사용하는 질문으로, 내담자에게 중요한 존재들이 인식하는 바를 질문함으로써 내담자가 타인의 시각으로 자신의 문제를 바라볼 수 있는 기회를 제공한다.

**질문의 예**

:: 선생님이 여기 계시다고 가정하고 선생님께 너의 문제가 해결되면 무엇이 달라지겠느냐고 여쭤보면 선생님은 뭐라고 말씀하실까?

:: 어머니가 아들에게 잔소리하는 대신에 조금이라도 노력하고 변화한 것을 관찰하여 지적하고 칭찬한다면 어떻게 반응하시겠습니까?

## 4 내담자의 힘과 자원을 발견하는데 도움이 되는 상담기법

가) 칭찬

내담자의 강점, 힘을 찾아내어 내담자가 해결을 위해 한걸음 나아갈 수 있도록 한다. 직접적인 칭찬과 함께 간접적인 칭찬, "어떻게 그렇게 할 수 있었습니까?" 가 있다.

나) 예외질문

예외란 내담자가 문제로 생각하고 있는 행동이 일어나지 않는 상황이나 행동을 의미한다. 중요한 예외를 찾아내어 그것을 계속 강조하면서 내담자의 성공을 확대하고 강화시켜 준다. 예외적인 상황을 찾고 이를 지속시키는 과정에서 내담자는 자신의 자원을 통해 문제를 다루는 해결책을 갖고 있었다는 발견을 하게 되면서 자아존중감이 향상될 수 있다.

**TIP**

예외질문은 첫 면접에서 대체로 목표설정 후에 사용되고 2회 면담부터는 '무엇이 더 좋아졌습니까?' 로 활용할 수 있다.

**질문의 예**

:: 언제 문제가 발생하지 않았나요?

:: 그때는 지금과 무엇이 달랐나요?

:: 지금과 그때는 어떠한 점에서 차이가 있나요?

:: 문제가 일어나지 않았을 때는 무엇을 하나요?

### 다) 대처질문

이 질문은 자신의 미래를 매우 절망적으로 보아 아무런 희망이 없다고 하는 내담자에게 주로 사용한다. 낙담한 내담자에게 그렇게 어려운 상황에서 견뎌내고 더 나빠지지 않았는지를 질문함으로써 내담자가 자신의 자원과 강점을 발견하도록 한다.

이 질문기법은 학교 폭력 피해상황에 오래 노출되어 자신에 대한 신뢰감을 잃고 무기력해진 내담자에게 힘을 북돋는 한편 문제를 해결해 나갈 수 있는 개입 접점을 찾는데 도움이 된다.

**질문의 예**

:: 당신은 그 어려운 상황 속에서 어떻게 지금까지 견딜 수가 있었습니까?

:: 어머니 말씀대로 아주 힘든 상황 속에서 그렇게 고생을 하면서도 자녀들이 건강하게 성장할 수 있도록 잘 돌보았는데 어떻게 그렇게 하실 수 있으셨습니까?

:: 그와 같이 대처하면 도움이 될 것이라는 사실을 어떻게 아셨습니까?

:: ○○는 대단한 의지력과 강한 책임감이 있고 극한상황에 대처할 수 있는 지혜가 많습니다. 이러한 것을 누구에게서 배우셨습니까?

:: 역경을 극복한 경험이 자신과 자녀들에게 어떻게 도움이 될 것 같으십니까?

:: 어떻게 모든 것을 포기하지 않고 오늘까지 지탱해 오셨습니까?

:: 오늘까지 지탱하도록 한 힘은 무엇입니까?

### 라) 분노 조절 전략[12]

- 분노를 함부로 표현하는 행동이 가져오는 결과에 대해 토의하기
- 분노 표현에 관한 실제 사례를 찾아 토의하기

12 출처: 박성희, 김경수, 김기종, 남윤미, 이동갑, 이재용, 장희화(2012). 학교 폭력상담 03-고등학교편-. 서울: 학지사.

- 흥분이 시작되는 경고를 인식하고 느낌 알아차리기
- 폭력에서 벗어나는 행동 취하기
  - 자리를 뜬다.
  - 숫자를 센다.
  - 마음 속으로 차분해질 수 있는 말을 반복한다(예: "이게 지금 화를 내야 하는 문제인가?").
  - 눈을 감고 긍정적 심상을 활용한다.
  - 심호흡에 집중하여 흥분했던 마음을 가라앉힌다.
  - 근육이완을 실시한다.
  - 친구들과 교사가 하는 말의 의미에 대해 생각한다.

TIP

**비행청소년들이 변화에 저항하기 위해 사용하는 전략**

- 침묵하기
- 쉽게 동조하기
- 비행집단에 대한 충성심
- 책임감 있는 사람들 회피하기
- 희생자로서의 입장 고수하기
- 거짓말하기

# 4 학교 폭력상담 사례

## 1 친구의 언어폭력으로 어려움을 호소하는 개인상담 사례[13]

**사례1**

고등학교 1학년 여학생으로, 친구로부터 심한 욕설을 듣는다. 이대로 무시당하고만 있어서는 안될 것 같으나 어떻게 해야 좋을지 모르는 상황이다. 무시당하는 이 상황이 너무 싫어 친구를 고소라도 하고 싶다. 너무나 화가 나는데, 친구가 드센 아이여서 잘못 화를 냈다가는 더 문제가 될 것 같기도 한 상황이다.

가) 내담자에 대한 상담적 개입

- 공감하기　친구의 심한 욕설로 힘들어하는 내담자의 상황에 대해 깊이 공감해 준다.
- 문제상황의 정도를 객관화하여 파악해 본다　친구의 언어폭력의 수준이 어느 정도인지, 친구의 언어적 나쁜 습관인지, 내담자가 타인에 비해 그런 상황을 더 못 참는 상황인 것인지, 실제적으로 언어폭력에 해당하는 상황인지 등을 파악해 본다. 이때 내담자가 자신의 상황을 상담자가 공감하지 못하고 있다는 생각이 들지 않도록 주의하여 살펴본다.
- 내담자의 주호소문제 및 해결방향 탐색하기　현재 내담자가 힘들어하는 핵심 문제가 무엇인지를 탐색한다. 친구로부터 욕설을 듣는 것 때문에 오는 당혹감인지, 친구의 무시가 싫은 것인지, 화가 나는데 친구에게 화를 내지 못하는 것이 문제

13　출처: 오혜영, 전연진, 강석영, 이대형, 한지현, 채중민, 김수희(2009). 학부모개입지침서-학교 폭력. 서울: 한국청소년상담원.

인지 등을 살펴본다. 그리고 상담을 통해 원하는 바가 무엇인지 이야기를 나눈다. 학교 폭력으로 친구를 신고하고 싶은 것인지, 친구도 내가 느낀 분노와 당혹감을 느끼게 하고 싶은 것인지, 제대로 화를 내는 방법을 알고 싶은 것인지, 무시받지 않을 방법이 무엇인지 알고 싶은 것인지 등 내담자가 원하는 바를 함께 찾아본다.

• 해결하는 방법을 함께 찾아본다　친구의 언어폭력으로 상처받은 자신의 마음을

TIP

### 자기주장에 도움이 되는 "나-메시지(I-message) 전달법"

➔ 1단계 : 문제 상황에 대해서 객관적으로 이야기하는 단계

- 누가, 언제, 어디서, 무엇을, 어떻게 했는지에 대해 감정이 배제된, 있는 그대로의 사건을 전한다.

ex) "네가 어제 2교시 쉬는 시간에 나한테 "야, 하마! 넌 뭘 먹어서 그렇게 뚱뚱하냐?" 고 했잖아"

➔ 2단계 : 그 상황에 대한 본인의 생각과 감정을 전하는 단계

- 이 때 중요한 점은 상대방이 비난받는다는 느낌이 들지 않도록 해야 한다는 점이다. 이 단계의 목적은 내 생각, 감정을 상대방에게 오해 없이 전하는 데 있으며 나 전달법의 핵심단계라 할 수 있다. 처음 연습하는 경우 생각과 감정을 구분하는 데 어려움을 겪을 수 있다. 또한 머릿속으로 생각하는 것과 실제 이야기하는 것 사이에도 차이가 많이 있으므로 실제 역할연기를 통해 많은 연습이 필요하다.

ex) "나 그 말 듣고 네가 날 무시한다는 생각이 들어서 기분이 되게 나빴어"

➔ 3단계 : 상대방이 앞으로 어떻게 해주었으면 좋겠는지에 대한 자신의 바람을 전하는 단계

- 애매호모한 바람보다는 구체적인 바람을 전하는 것이 좋다.

ex) "앞으로는 그런 별명은 안 불러줬으면 좋겠고, 대신 그냥 이름을 불러줬으면 좋겠어"

* 출처: 오혜영, 전연진, 강석영, 이대형, 한지현, 채중민, 김수희(2009). 학부모개입지침서-학교 폭력. 서울: 한국청소년상담원.

전달하는 방법으로 이메일, 문자, 직접 말하기 등을 살펴본다.

- 자기주장훈련하기　언어폭력 등 자신의 권리를 침해받는 상황에서 위축되지 않고 자신의 입장을 이야기하는 훈련을 한다.
- 역할극 해보기　상담자와 실제 상황에서 친구와의 문제해결을 해나가는 방법을 역할극을 통해 연습해 본다.

나) 부모 개입 방안

- 위축되고 예민한 청소년에게 상담의 효과를 높이기 위하여 부모를 상담의 협력자가 될 수 있도록 한다.
- 부모가 자녀의 상황과 마음을 공감해 주고, 이해해 줄 수 있도록 안내한다.
- 상담에서 자기주장훈련 시 가정이 효과적인 자기주장 연습의 장이 될 수 있도록 부모가 좋은 코치역할을 한다. 이를 위해서는 부모가 이렇게 해라 저렇게 해라 지시적으로 하기보다는 자녀의 주장을 따뜻하게 수용하고 들어주는 태도가 중요하다.
- 어떠한 상황에서도 부모가 함께 하고 자녀의 편임을 자녀에게 표현한다.

## 2 학교 폭력 개입 집단상담프로그램 사례: 학교 폭력예방프로그램

학교 폭력예방프로그램으로 제시되는 프로그램 중 청소년들의 배려를 증진시키는 개입을 통해 학교 폭력을 예방하는 프로그램을 제시해 보고자 한다.

가) 초등학생의 학교 폭력 예방을 위한 배려증진프로그램

- 목적　초등학생의 배려증진을 통해 학교 폭력 예방
- 프로그램 구성　1주 2회기 실시로 총 7주 14회기 프로그램
- 활용점　초등학생 고학년 대상으로 타인에 대한 입장을 고려하고 배려하는 태도를 형성하여 타인의 권리를 고려하지 않는 학교 폭력 행동을 예방하는 차원에

서 활용 가능

• 다운로드 http://www.kyci.or.kr(전자도서관)

• 프로그램 내용

| 주 | 회기 | 영역 및 활동특성 |
|---|---|---|
| 1주 | 1. 우리 이제 함께 해요 | 조망 수용 |
| | 2. 다르다고 틀린 것은 아니에요 | 조망 수용 |
| 2주 | 3. 배려맨 1 | 배려몰입촉진활동 및 동기전환 |
| | 4. 관점 안경 | 조망수용 |
| 3주 | 5. 춤추는 거울 | 공감 |
| | 6. 끼리끼리 공놀이 | 배려몰입촉진활동 및 동기전환 |
| 4주 | 7. 5NO YES | 배려몰입촉진활동 및 동기전환 |
| | 8. 잠깐~참~그럼~좋아 | 배려몰입촉진활동 및 동기전환 |
| 5주 | 9. 알아줘서 고마워 | 공감 |
| | 10. 이상한 무궁화 꽃이 피었습니다 | 배려몰입촉진활동 및 동기전환 |
| 6주 | 11. 배려맨 2 | 배려몰입촉진활동 및 동기전환 |
| | 12. I'm a movie star! | 공감 |
| 7주 | 13. 배려맨 3 | 배려몰입촉진활동 및 동기전환 |
| | 14. 마음나눔 시상식 | 배려몰입촉진활동 및 동기전환 |

* 출처: 양미진, 김은영, 이상희(2008). 초등학생의 학교 폭력 예방을 위한 배려증진프로그램 개발. 서울: 한국청소년상담원.

# 참고문헌

교육과학기술부, 한국교육개발원, 대전광역시교육청(2012). Wee 프로젝트 매뉴얼 2. 위기유형별 상담, 서울: 한국교육개발원.

김민정(편저)(2006). 전문상담교사 상담의 이론과 실제. 서울: 교육개발연구원.

김병석, 하창순, 김현순, 최희철(2007). 교사를 위한 학교상담기법. p.42. 서울: 시그마프레스.

노성덕, 류은수, 채중민, 이승희(2010). 위기개입 제 4판. 서울: 한국청소년상담원.

문용린 외.(2005). 학교 폭력 예방과 상담. 서울: 학지사.

문용린 외.(2008). 학교 폭력 위기개입의 이론과 실제. 서울: 학지사.

박성희, 김경수, 김기종, 남윤미, 이동갑, 이재용, 장희화(2012). 학교 폭력상담 03-고등학교편-. 서울: 학지사.

양미진, 김은영, 이상희(2008). 초등학생의 학교 폭력예방을 위한 배려증진프로그램. 서울: 한국청소년상담원.

오혜영, 전연진, 강석영, 이대형, 한지현, 채중민, 김수희(2009). 학부모개입지침서-학교 폭력. 서울: 한국청소년상담원.

전연진, 권경인, 김종범(2011). 청소년 집단상담. 서울: 한국청소년상담원.

정문자, 정혜정, 이선혜, 전영주(2012). 가족치료의 이해 2판. 서울: 학지사.

조성연, 전연진(2011). 부모교육 백문백답 : 청소년기-자녀의 마음을 헤아리는 부모되기. 서울: 굿네이버스.

지승희, 이명우, 신효정, 김태선, 송은미, 김소라(2005). 학교 폭력 "어떻게 도와줄 것인가". 서울: 한국청소년상담원.

Hornby, G., Hall, C., & Hall, E.(2003). Counselling pupils in schools: Skills and strategies for teachers.

# 학교 폭력 예방과 대처 방안

# part V

SECTION

**1** / 학교 폭력과 괴롭힘의 현재

SECTION

**2** / 학교 폭력 예방을 위한 다양한 원인과 결과들에 대한 이해와 오해

SECTION 1

# 학교 폭력과 괴롭힘의 현재

## 1 학교 폭력에 대한 이해와 예방

그간 학교 폭력을 예방하고 근절하고자 하는 노력에도 불구하고 최근 발생하는 학교 폭력은 저연령화, 집단화, 폭력에 대한 인식 부족, 폭력의 잔인화, 흉포화 등 학교 폭력이 다양한 양상으로 계속 학생들 사이에서 심각한 문제로 나타나고 있다. 한마디로 학교 폭력 현상을 진단하고 설명하기엔 단순한 현상이 아니며 폭력 상황만으론 피가해 학생을 구분하기에 어려움이 있는 경우도 허다하다. 피가해 학생들 간의 힘의 불균형, 알리거나 신고하지 않으면 잘 발각되지 않는 비발각성, 지속되는 흉악 · 난폭함의 가속성, 피가해자 경험의 중복성, 한 학생만 철저히 학급에서 그림자 취급을 받는 외톨이성, 학급 내의 보이지 않는 학생들 간의 서열, 재미와 장난으로 하는 괴롭힘의 증가, 지속적인 폭력 피해로 힘들어하고 심리적 고통을 호소하며 급기야 자살충동, 자살 시도 등등 이제 학교 폭력은 단순히 개인, 가족, 학교 차원에서 예방하고 해결해야 할 문제를 훨씬 넘어섰으며 오늘날을 살아가는 청소년 또래집단 문화에도 큰 변화가 있음을 깊이 인식해야 한다. 또한 가해학생들은 학교 폭력에 대한 인식이 무뎌지고, 일상화되어 자신의 행위가 타인을 괴롭히고 힘들게 하는 것임을 제대로 인식하고 있지 못하며 주변 학생 즉 목격자 역시 학교 폭력에 적절하게 대처하지 못하고 있으며 가해학생의 보복 행위에 대한 두려움으로 인해 주위에 잘 알리거나 도움을 잘 요청하지 못하고 방관자가 되는 현상은 날로 증가하고 있다. 기성세대 성인들부터 '사소한 장난으로 시작되는 괴롭힘도 폭력이다' 라는 인식과 관심을 가져야 한다.

학교 폭력, 괴롭힘, 집단따돌림 등은 더 이상 아이들 간의 갈등으로만 보기엔 심각한 문제이기에 예방을 위한 것으로 가장 최우선시되는 것은 성인들의 인식개선이다. 또한 학교 폭력에 대한 인식으로 피해자 가해자의 구분을 명확히 하려거나 한쪽 편에서만 이 문제를 예방하고 해결하기 또한 역부족이다. 학생들이 보기에 학교 폭력 문제를 예방하기 위한 성인 즉 학부모, 교사, 상담사, 기타 관련자들의 노력과 해결의지가 신뢰있는 행동으로 보여야 신고하면 도움을 받을 수 있는 대상으로 인식할 것이다. 학교 폭력 발생 시 미온적이고 비협조적이며 나몰라라 식의 대응방법은 아이들로 하여금 '알려도 소용없다' , '누구도 도움 되지 않는다' , '나만 보복 당한다' 라는 인식만 형성된다. 학교 폭력은 언제 어디서나 누구에게나 모든 학생에게 일어날 수 있는 일이다. 학생 개인을 둘러싼 가족, 학급, 학교, 지역사회 모든 분야에 예방적 환경을 조성하는 것이 중요함으로 학교 폭력을 조기에 징후를 발견하는 감지 · 인지 시스템, 징후 감지 후 정기적인 예방상담, 발생 즉시 신고시스템 강화와 발생 시 긴급보호 안전 · 보호 시스템 가동, 공정한 학교 폭력 사안처리 진행, 피가해 화해 · 분쟁조정으로 학교 폭력으로부터의 회복, 치유상담, 사후관리에 이르기까지 전반적인 시스템이 촘촘히 가동될 때 학교 폭력을 예방하는 미시적 · 거시적 환경이 조성될 것이다.

## 2 학교 폭력과 괴롭힘에 대한 이해

학교 폭력과 괴롭힘이 학생들 간에 또는 학생을 대상으로 일어나는 동안 한편은 피해자 다른 한편은 가해자 역할을 하게 된다. 하지만 특히 또래들 간에 일어나는 많은 학교 폭력 사건들은 누가 피해자이고 누가 가해자라고 한눈에 규명하기가 매우 어렵다. 모든 괴롭힘의 사건들은 한순간이 아니라 또래들 간의 사회문화적 맥락과 심리 · 정서적 상황에 의한 사소한 오해와 갈등으로부터도 일어나기 때문이다. 청소년범죄적인 특징을 띄는 신체적 폭행, 금품갈취 이외에도 따돌림, 괴롭힘, 언어폭력 등은 학생들뿐만 아니라 성인의 시각이나 인식으로도 학교 폭력 피가해자를 분간하기가 상당히 어렵다. 지금 보이는 순간은 가해자로 보여도 상황과 맥락을 짚어보면 피해자인 경우도 허다하다. 또는 아이들 간의 피가해 역할과 기능은 중복 · 반복적으로 행해지고 있다는 게 더 적당한 설명일지도 모르겠다. 한 명의 청소년이 자기 자신이 주관적으로 당하고 있다고 인식하고 상대가 가하는 언어나 모든 행위가 위협적으로 느껴지는 순간부터는 스스로 피해자라고 여긴다.

학교 폭력과 괴롭힘의 직접적인 당사자로는 피해자, 가해자, 피가해 중복자로 나눠지며 올베우스Olweus, 1994와 살미발리Samivalli, 1993, 1999는 피해자를 수동적 피해자passive victim 또는 도발적 피해자proactive victim로 나누었다. 크릭Crick과 닷지Dodge, 1996는 가해자를 도발적 공격자proactive aggressor로 또래들로부터 소외되거나 배척당하기보다 오히려 또래들로부터 지지를 받거나 인기가 높은 경우도 있다라고 설명했다. 피가해 중복자는 학교 폭력 피해자이면서 가해자이기도 한 유형으로 단순 피해경험만 가진 유형에 비해 심리적 위험성이 높다고 하며 주관적인 심리적 불편감이 크고 자신의 문제에 대해 더욱 심각하게 고민도 하는 것으로 나타났다. 학교 폭력 피가해 중복으로 경험하는 비율은 날로 증가하여 2011년 청소년폭력예방재단 전국 학교 폭력실태조사 연구에 따르면 피해경험이 늘어날수록, 학교 폭력 가해의 경험 또한 늘어나고 있음을 알 수 있다. 특히, 학교 폭력 피해를 '셀 수 없이6회이상 있다' 와 학교 폭력 가해경험이 '셀 수 없이6회이상 있다' 라고 응답한 비율이 48.9%로 피가해 중복경험자가 상당함을 알 수 있다 청소년폭력예방재단, 2012.

다음으로 간접적 당사자로는 주변인으로 직접적으로 가해를 추종하거나 학교 폭력과 괴롭힘의 상황을 더욱 부추기는 유형으로 직접 폭력을 가하거나 괴롭힘을 주동하지는 않지만 피해자가 적극적으로 방어하지 못하도록 하는 중요한 인물이며 고립감, 단절감 등 피해자를 무기력하게 만드는 매우 중요한 역할을 담당한다. 가해자의 조력자 또는 추종자, 가해자의 강화자, 가해자의 방어자, 목격자, 방관자로 목격자나 방관자는 학교 폭력 피해를 당하는 친구를 보고 상황에 대해서 반응하지 않고 피하려고 하며 모른척 하거나 어떻게든 돕고는 싶은데 어떻게 도와주어야 할지를 몰라하고 있다. 현재 피해자와 가해자가 아닐지라도 이들 또한 언제든지 피해자나 가해자가 될 수 있는 위치에 놓여있다.

최근에 발생한 여러 학교 폭력 실태를 통해서 더욱 드러난 것은 아이들 간의 서열과 치밀하게 계획된 괴롭힘이 드러나지 않는 비발각성, 들키거나 알리지 않아 더욱더 잔인해지는 폭력의 가속성으로 더욱 흉포화되고 있어 가해자의 폭력 상습성은 알려지지 않으면 걷잡을 수 없게 되며 가해자 또한 자신의 행위를 감추거나 외부에 알려질까 두려워서 피해자에 대해 더욱 위협 협박하는 사태에까지 이르게 된다. 이에 오늘날 학교 폭력, 괴롭힘을 예방하기 위한 방법은 이제 더 이상 피해자로 하여금 자신을 스스로 지키게 하거나 가해자 스스로가 어느 날 갑자기 자신의 행위의 그릇됨을 깨우쳐 피해자에 대한 폭력을 멈추게 되기까지 기다려서는 안된다. 또래 간의 관계가 심리정서, 정신적, 신체적으로 균형을 이루어야 하며 피가해 상황이 알려지지 않아 상습적 폭력과 괴롭힘의 희생양이 되지 않도록 또래관계의 질적인 변화, 또래집단에 대한 긍정적 경험 확대로 어쩌다 재미로 장난으로 하는 괴롭힘을 막아야 하며 이들을 위한 예방적 · 개입적 · 회복적 돌봄과 케어가 있는 시스템과 사회적 안전망이 긴밀하게 구축되어 실현되어야 한다.

SECTION
# 2 학교 폭력 예방을 위한 다양한 원인과 결과들에 대한 이해와 오해

## 1 학교 폭력 예방을 위한 다양한 원인과 결과들에 대한 이해

학교 폭력을 이해하고 설명하기 위해서는 다양하고 복합적인 원인은 개인 인성적, 가족적, 학교 환경적, 학교 생활적 특징과 기타 지역사회 또는 미디어적 특징들을 살펴보아야 한다. 이를 바탕으로 사회문화적 맥락에서 생활하고 있는 아이들이 어떻게 자신이 안전하다고 여기는지 가족이 얼마나 지지가 되는지 또는 폭력에 노출되었을 경우 도움책은 있는지를 알아야 한다. 다양한 원인과 특징이 무엇이며 이러한 것들의 예방능력 상실은 아이들에게 어떤 결과로 나타날지를 예상해야 한다. 학교 내외에서 발생하는 학생들 간의 또는 비학생이 학생을 대상으로 하는 학교 폭력의 원인은 복합적으로 이루어지고 영향을 주는데 다음과 같은 원인으로 인한 특징이 많이 나타날수록 학교 폭력, 괴롭힘이 일어나는 빈도가 높고 심각하며 각 영역의 지지체계가 미약할수록 아이에게도 치명적이다.

## 1 가족적 원인과 특징

1) 부모의 폭력적 양육방식과 태도
2) 부모의 학력 또는 생활수준이 낮은 경우
3) 비일관적인 양육태도로 훈육 시 방임 또는 지나친 엄벌로 가족 유대성이 낮음
4) 가족 내 오래된 고질적 문제들, 알코올, 경제적 열악 등
5) 가족의 지나친 과잉보호 또는 방임

## 2 학교 환경적 특징

1) 학교 폭력 발생 빈도가 높은 학교
2) 폭력과 서열적 관계를 수용하는 학교분위기
3) 교사 학생 간의 비소통
4) 교육활동 · 체험 프로그램의 빈약
5) 권위적인 교과 및 생활지도 방법

## 3 개인 인성적 특징

1) 개인의 욕구불만 해소력 낮음
2) 각 개인의 흥미 자극거리에 민감함
3) 공격성 · 충동성 높고 동점심이 부족함
4) 긍정적 대인관계능력 부족과 갈등해결 능력의 미성숙함
5) 같은 또래 교우에 대한 비공감

## 4 학교 생활적 특징

1) 피해학생의 경우 또래들과 관계수준이 비사교적

2) 시비를 걸거나 할 때 주로 비명으로 대응

3) 또래 간의 인기도가 낮고 소수의 친구를 가짐

4) 자신에 대한 외부의 방어력 수준이 부족함

5) 가해자의 경우 피해자보다 연령이 높거나 신체적으로 더 우세함

## 5 사회문화적 원인과 특징

1) 폭력적 또래문화와 잘못된 갈등해소

2) 성인문화 답습

3) 성적 압박

4) 부적응 문제

5) 미디어매체 및 정보통신매체로 인한 영향

또한 폭력 피해의 결과로는 다음과 같은 증세와 심리 · 신체적 위기와 동시에 대인관계적 · 교육적 · 사회적 위기를 초래한다.

▶ 수면장애, 악몽

▶ 폭력 상황을 재반복적으로 주관적 경험

▶ 우울, 불안, 긴장, 초조함

▶ 신체적 불편함 호소, 두통, 복통 등

▶ 집중력 감소, 학업성적 저하, 학업중단, 가출

▶ 타인에 대한 불신감

▶ 타인에게 알려지는 것에 대한 부담감과 수치심

▶ 혼자만 당했다는 소외감과 분노감

▶ 주위 사람들의 눈초리

▶ 대처하지 못함에 대한 자책

▶ 주관적으로 느끼는 불행감

▶ 가족이나 주위 사람들, 수업시간에 예민하게 반응하기

▶ 외상 후 스트레스장애(PTSD)

▶ 자해 및 자살



## 학교 폭력예방을 위한 다양한 원인과 결과들에 대한 오해 2

### 1 학교 폭력에 대한 학생들의 오해

누구나 폭력을 당하면 수치심과 자존심이 상해서 혼자 해결하려 하나 사실상 도움을 받아야 한다. 다음은 학교 폭력에 대한 학생들이 가지는 오해이다.

#### 가) '학교 폭력 신고해도 소용없어'

자신이 당했다는 수치심은 아이 스스로가 신고하거나 누구에게 알리고 도움을 요청하는 것을 두려워하고 가해자에게 강력하게 대항하기를 어렵게 한다. 스스로 찾아와 자신의 폭력 피해를 알리기 어려워하므로 주위에서 조기에 징후를 발견하는 노력을 아끼지 말아야 한다.

#### 나) '부모님은 화만 내실거야'

'부모님이 더 화내시면 어떡하지' , '내가 선생님께 고자질하는 건가' 라는 생각은 도움을 요청할 시기를 놓치게 되거나 주위 친구들도 돕지 못하게 돼서 함께 피해를 당하거나 방관자가 되기도 한다. 예방을 위해서는 적극적으로 도움 요청 대상이 학부모, 교사, 친구 등이 있음을 지속적으로 기억해야 한다.

다) '참고 있으면 가해자는 더 안 괴롭힐거야'

가해학생이 언젠가는 달라지겠지라는 생각을 버려야 한다. 피해자의 이러한 사고는 자칫 괴롭힘을 더욱 장기화시키기도 하여 심리, 정신적, 신체적, 물리적 피해를 더욱 크게 야기시키며 2차 피해는 극단적인 방법으로 피해상황을 모면하기 위한 자해, 자살시도로도 이어질 수 있다.

라) '폭력을 당하는 것은 내 탓이야'

자신을 만만하게 여긴다고 생각하거나 '나의 성격이 별론가?', '난 친구들에게 인기가 없나봐', '나의 외모가 별로여서 그래' 등 이렇게 스스로 모습에서 자신이 피해를 당하는 이유를 찾는 것은 가해자들로 하여금 더욱 가해행위를 가속화시키게 된다. 폭력을 당하고 괴롭힘, 따돌림의 대상이 되는 것은 자신의 탓이 아니다. 자칫 내부기인화시키는 상황이 지속된다면 자존감 저하, 자신감 상실, 또래들 간에 주눅 들고 자기 주장을 제대로 하지 못하는 등 더욱 피해에 노출된다.

마) '아무도 도움이 안 돼'

도움 받을 수 있는 방법을 차단하게 되기 때문에 평상시에 학교 폭력을 당하거나 알게 될 때는 '알려야 해', '알리는 것은 용기 있는 행동이야' 등의 인식 개선과 부모님, 교사, 친구, 학교 폭력 전문가, 상담사 등 많은 도움이 있을 것이라고 긍정적 인식이 중요하다.

## 2 학교 폭력에 대한 가족들의 오해

1) 우리 아이는 피해자가 될 리가 없어
2) 우리 아이는 가해자일 리가 없어
3) 우리 아이의 성격 탓이야
4) 교사가 잘못 지도한 탓이야

5) 아무도 믿어서는 안 돼

### 3 학교 폭력에 대한 학교 측의 오해

1) 그 아이가 당할 이유가 있겠지
2) 그 아이는 성적이 우수하니 다른 아이를 괴롭힐 애가 아냐
3) 대수롭지 않은 일로 넘겨도 괜찮을 거야
4) 부모가 잘못 키운 탓이야
5) 무조건 법대로 하면 돼

## 학교 폭력 예방의 유형 3

### 1 개인적 차원에서의 예방

개인적 차원에서 학교 폭력 또는 괴롭힘으로부터 예방하기 위해서는 학생 개인이 가지는 욕구불만해소, 학교 폭력에 자주 노출될 위험이 높은 원인으로는 또래에 비해 높은 불안, 우울, 낮은 자존감을 가지고 있고 외부에서 가해지는 공격에 방어적 행동양태를 가질수록 또래들로부터 공격의 대상이 될 여지가 높다. 또한 가정적 특징으로는 가정의 비일관적 양육방식, 학교생활 속에서의 소외, 그리고 다른 또래들에 비해 적은 친구 수는 한 아이가 학교 폭력이나 괴롭힘에 노출될 가능성을 높게 한다.

가) 존중 및 배려 조기교육 '사소한 것도 폭력이다'라는 절대적인 사회적 가치감

그 누구도 폭력을 당할 권리도 할 권리도 없다는 사회적 의식이 필요하다. 자기 및 타인을 배려받고 배려하는 존재로 인식하며 성장하도록 유아기부터 교육이 되어

야 한다.

나) 사회성 훈련 및 친구사귀기 기술을 향상시키기

피해자 뿐만 아니라 가해자에게도 필요한 사회적 기술은 분노나 충동적인 상황에서의 대처와 갈등과 오해로 비롯되는 따돌림과 괴롭힘 상황을 미연에 방지할 수 있다. 이때 인지적 학습보다 행동대안적인 상황에 대한 지속적인 연습 즉 역할극 등은 자신에 대해 더욱 안정감과 확신감을 향상시켜 효과적이다.

❶ 의사소통력 향상

'싫어', '안돼', '하지마' 등 자신이 괴롭힘을 당하는 상황에서 단호하게 표현할 수 있어야 한다. 사소한 장난으로 시작되는 또래들의 놀림, 조롱, 비난에 대응하지 않게 되면 아이들은 더욱 만만하게 보고 괴롭힘이 가중된다.

❷ 정서표현력 향상

또래들 또는 학교 내 생활에서 어려움을 가질 때 무조건 참기보다 자신이 겪고 있는 정서적 어려움을 표현하는 것이 예방하는 데 도움이 된다. 부모, 교사, 또래 친구 또는 상담자에게 도움을 받도록 한다.

❸ 욕구불만 해소 및 표현

학교 및 가족생활에서 스트레스가 쌓이거나 어려울 때 무조건 자신의 욕구를 친구들에게 화풀이하지 않도록 자신의 욕구를 해소할 만한 취미생활, 운동, 특기활동 등을 하면서 원만하게 해소하고 표현하도록 한다.

❹ 갈등해결 기술 습득

단순하고 사소한 오해와 갈등으로 시작되는 학교 폭력의 경우 무조건 침묵, 공격적인 행동으로 대응하기보다 먼저 대화를 통해서 괴롭히는 이유를 직접 물어보거나 편지를 쓰는 것도 방법이다.

❺ 친한 친구 여러 명 사귀기

폭력이나 괴롭힘, 따돌림의 피해를 당하지 않는 아이들의 특성을 보면 또래들과의 원만한 교우관계와 여러 명의 친한 친구들을 두고 있다. 학교 내 생활에 있어서 친한 친구는 보호요인으로 작용한다.

다) 모른 척 하지 않는 용기있는 행동 능력 강화

피가해자 입장뿐만 아니라 방관자, 조력자, 목격자 등의 입장과 느낌에 있는 아이들의 '모른 척' 하지 않는 능력의 함양은 또래 간의 학교 폭력을 예방하고 서로를 지켜주며 갈등해소 능력을 강화하기 위해 필요하다.

❶ 자기 및 타인 존중 배려

친한 친구관계 형성 및 또래들 간의 긍정적 참여 활동을 통해서 자신 및 타인에 대해 존중하고 배려하는 능력을 함양한다. 이러한 의식은 타인을 돕는 용기있는 신고의식을 키운다.

❷ 서로를 공감하는 능력과 협동심 함양

또래집단의 영향력은 학교 폭력 가해행위를 촉진시키거나 동조하기도 한다. 예방프로그램 적용 시 또래집단들로부터 비행성향이나 문제행동 성향에 영향받지 않도록 평상시에 학생들 서로를 공감하는 능력을 키운다.

❸ 자신의 행동에 책임의식

타인에 대해 고통을 주고 사소한 괴롭힘이나 따돌림도 해서는 안되며 자신의 가해

행위로 피해학생이 고통스러워 할 경우 자신이 저지른 행동에는 책임감을 요구하는 결과가 따름을 인식한다.

❹ 긍정적 자아상 및 자아탄력성

피해학생들이 공통적으로 가지는 자신에 대한 생각을 알아보면 가해자로부터 학교 폭력을 당한 이유에 대해서는 '내가 만만해 보여서1순위' 가 가장 높았고, 다음으로 '아무 이유 없거나 모름2순위' , '상대학생이 힘이 세거나 무서워서3순위' 순으로 결과가 도출되었다청소년폭력예방재단, 2012. 예방하기 위해서 우선적으로 자신에 대해 긍정적인 자아상을 가지는 것이 중요하다.

❺ 학교 폭력에 대응하는 다양한 대처능력

다양한 대처능력이 부족할수록 개인적인 좌절감, 우울감 그리고 학교생활에서의 부적응, 등교거부로까지 이어질 수 있다. 스스로 가지는 상황적 대처능력이 다양할 수 있도록 평상시에 여러 가지 신고전화, 신고홈페이지, 신고문자 등의 방법과 도움을 요청할 만한 사람을 확보해둔다.

라) 학교 폭력 예방을 위한 인식개선

❶ 자기 자신에 대한 이해 향상

학교 폭력을 예방하고 피해를 막을 수 있는 것은 학생 개개인이 자기 자신에 대한 이해력을 향상시켜 자아존중감, 성취감, 자기이해력, 자아탄력성, 문제해결 능력 등등에 관한 관심을 가지고 자신을 둘러싸고 있는 사회문화 환경적 맥락이 자신에게 미치는 영향도 자신의 성장발달에 무시할 수 없음을 이해하도록 한다.

❷ 피해 당하거나 가해행위를 목격할 시 신고하고 알리기

학교 폭력을 목격한 적이 있는지에 대한 질문에 2,913명31.8%이 목격한 적이 있다

고 응답하였다. 하지만 이들 중, 56.3%는 학교 폭력을 목격하고도 모른 척하였다고 응답하여 학교 폭력 목격 이후 방관을 하는 학생들이 많은 것으로 나타났다. 모른 척하는 이유에 대한 질문에 1순위는 '같이 피해를 입을까봐29.9%', 2순위는 '어떻게 해야 할지 몰라서25.3%' 청소년폭력예방재단, 2012라고 응답했다. 학교 폭력을 신고하고 알려야 한다는 인식이 개선되어야 자신뿐만 아니라 다른 학생도 도와줄 수 있음을 알리도록 한다.

❸ 피해 당할 시 도움 요청하기

학교 폭력 피해경험 후 도움을 요청하는 대상으로는 먼저 1순위로는 '부모님께 알려 도움을 요청했다'가 가장 높았고 2순위는 '학교 담임선생님께 알려 도움 요청했다'가, 3순위는 '친구들에게 알려 도움 요청했다'로 나타난걸 보면 주위사람들의 학교 폭력에 대한 예방적 인식과 발생 시 적극적 대처능력이 예상될 수록 학생들은 신뢰있는 대상에게 도움을 요청한다.

❹ 목격자로서 모른 척하지 않고 도와주기

피해학생들은 가해를 하는 학생 못지 않게 자신의 피해를 알거나 지켜보거나 보고도 모른척하는 학생들이 적극적으로 나서서 자신을 도와주기를 바란다. 누구나 학교 폭력 피해를 당할 수 있다는 인식을 가지고 목격자 또한 신고하고 주위에 알려 억울하게 지속적으로 피해를 당하는 친구가 없도록 한다.

❺ 방관자되지 않도록 주변 친구들에 대한 관심가지기

학교 폭력을 예방하고 스스로 방관자가 되지 않도록 평상시에 주변 친구들에게 관심을 가지고 대하는 기술을 가진다.

- 관심가지기　평상시에 친구들의 관심사, 취미, 특기, 성격, 장래희망 등에 관해 긍정적인 관심을 가진다.
- 다가가기　주위의 친구들에게 선입관 없이 자연스럽게 다가간다.

- 경청하기 자신에 대해서 이야기하거나 공통의 주제에 관해 이야기하면 경청한다.
- 표현하기 자신에 관한 감정이나 생각에 대해 친구에게 솔직히 표현하고 상대방에게 상처주지 않도록 올바른 주장을 한다.
- 이해하기 자신 또는 친구에 관한 개인적인 상황을 포용력 있게 이해하고 사소하고 작은 일에 대해 오해하지 않는다.
- 수용하기 자신 또는 친구들에 대한 개인적 특성을 이해하고 배려하며 친절하게 대하고 장단점을 수용한다.

## 2 가족 및 학부모 차원에서의 예방

가족은 아이의 가장 중요하고 기본적인 1차적 안전망임과 동시에 보호망이다. 가족의 입장에서는 학교 폭력이 발생하게 되면 대부분 가족 내의 안정성과 변화를 일으켜 매우 혼란스럽게 되는데 예방과 바람직한 대처를 위한 방법은 아이와 가족 모두 직접적으로 상담과 외부에 도움을 적극적으로 요청하는 것이며 일어나거나 일어나지 않은 상황에 대해 지나치게 확대해석하는 것은 도움이 되지 않으며 가족 전체를 학교 폭력이라는 스트레스 원으로 치부하지 않아야 한다. 이때 가족은 학교 폭력으로 인해 부적응을 앓게 되는데 가족 고유의 안정성이 깨지지 않도록 평상시에 가족차원에서의 자녀에 대한 심리정서적 안정 지원이나 관심, 애정, 원만한 부부관계와 대화, 자녀 개인적 차원에서의 자기 및 타인에 대한 긍정적 상, 자아 성취감, 적극적 태도는 학교 폭력으로부터 자신을 지키는 긍정적이면서도 가장 1차적인 보호 기능을 한다.

### 가) 가족 및 학부모가 쉽게 발견할 수 있는 징후

학교 폭력 예방에 대한 노력은 조기 징후 발견과 그에 따른 가족 및 학부모와 자녀의 대화가 최우선이다.

❶ 정서적 · 행동적 영역에서 발견할 수 있는 징후

- 내성적이고 소심하며 초조한 기색을 보인다.
- 갑자기 격투기나 태권도 학원에 보내 달라고 한다.
- 부모와 눈을 잘 마주치지 않고 피한다.
- 쉬는 날 밖에 나가지 않고 주로 컴퓨터 게임에 몰두하며 게임을 과도하게 한다.
- 전보다 자주 용돈을 달라고 하며, 때로는 훔치기도 한다.
- 복수나 살인, 칼이나 총에 대해 관심을 보인다.
- 전보다 화를 자주 내고, 눈물을 자주 보인다.

❷ 친구관계 영역에서 발견할 수 있는 징후

- 괴롭힘에 의한 다른 아이들의 피해에 대해 자주 말한다.
- 문자를 하거나 메신저를 할 친구가 없다.
- 친구 생일파티에 초대를 받는 일이 드물다.
- 친구의 전화를 받고 갑자기 외출하는 경우가 많다.
- 전화벨이 울리면 불안해하며 전화를 받지 말라고 한다.
- 자신이 아끼는 물건을 자주 친구에게 빌려 주었다고 한다.

❸ 신체적 영역에서 발견할 수 있는 징후

- 몸에 상처나 멍 자국이 있다.
- 머리나 배 등이 자주 아프다고 호소한다.
- 집에 돌아오면 피곤한 듯 주저앉거나 누워 있다.
- 작은 일에도 깜짝깜짝 놀라고 신경질적으로 반응한다.
- 몸을 움직이는 일을 하지 않으려 하고 혼자 자기 방에 있기를 좋아한다.
- 학교에서 돌아와 배고프다며 폭식을 한다.

❹ 학교생활 영역에서 발견할 수 있는 징후

- 학교 성적이 급격히 떨어진다.
- 학원이나 학교에 무단결석을 한다.
- 갑자기 학교에 가기 싫어하고 학교를 그만두거나 전학을 가고 싶어한다.
- 학용품이나 교과서가 자주 없어지거나 망가져 있다.
- 노트나 가방, 책 등에 낙서가 많이 있다.
- 교복이 더럽혀져 있거나 찢겨 있는 경우가 많다.
- 학교에 가거나 집에 올 때 엉뚱한 교통 노선을 이용해 시간이 많이 소요된다.

나) 학교 폭력 발생 시 부모가 알아두어야 할 긍정적 대처방안[1]

부모의 긍정적 양육 태도로는 지지형, 안정형, 이성형, 대화형을 들 수 있는데 자녀의 학교 폭력을 예방하고 근절하는 데는 자녀가 가지고 있는 사고와 감정을 적절히 편안하게 대화할 수 있는 능력이 요구된다.

❶ 자녀와 대화를 통하여 충분한 공감과 지지를 해준다

"혼자 많이 힘들었겠구나"
"지금이라도 이야기 해주어서 정말 고마워"
"엄마가 어떻게 해줄까? 엄마가 도와줄게"

❷ 따돌림을 당하는 자녀에게도 원인이 있다고 생각하지 않는다

'따돌림을 당하는 너한테도 문제가 있으니까 따돌리는 것은 아닐까?' 와 같은 생각은 자녀의 심리적 위축과 자존감 저하를 일으킨다.

❸ 감정을 잘 조절하여 자녀에게 심리적으로 안정감을 주며 차분히 대화한다

1 청소년폭력예방재단(2012). 학교 폭력 발생 시 부모의 긍정적 대처방안.

자녀는 이야기를 하면 혼날지도 모른다는 생각을 한다. 또한, 부모님이 무엇인가를 해주지 못할 지도 모른다는 불안함을 갖고 있다. 자녀를 다그치기보다는 마음을 열 수 있도록 기다려준다.

❹ 피해사실 명확히 하고 사건에 대한 증거자료를 확보한다

육하원칙에 맞추어 사건 상황을 정리하고, 증거가 될 만한 자료들을 준비한다. 부모가 일방적으로 자녀로부터 들은 이야기는 상황과 다를 수도 있으니 사실관계를 명확히 하기 위한 자료가 필요하다. 학교 폭력 전담기구에 피해사실 조사를 요청할 수 있다.

❺ 담임교사 또는 학교 측에 학교 폭력상황을 알리고 도움을 요청한다

담임교사에게 피해상황을 이야기하고 진행과정 및 학교 측의 조치과정에 대해 문의한다. 자녀가 따돌림이나 괴롭힘을 당할 경우 학교 생활에 어려움을 겪게 될 것을 잘 이해하고 가능한한 담임교사가 조력적으로 예방할 수 있도록 기능하도록 도움 요청한다.

### 다) 학교 폭력 발생 시 부모가 조심해야 할 부정적 대처방안[2]

학교 폭력 발생 시 부모의 부정적이고 역기능적 태도로는 냉철형, 다혈질형, 불안형, 자녀훈계형을 들 수 있는데 자녀에 대해 지나치게 냉정하거나 무조건 흥분해서 감정조절이 안되거나 무조건 자녀가 잘못했다고 훈계하는 등은 학교 폭력을 예방하고 근절하는데 도움이 되지 않는다.

❶ 화를 내면서 아이를 야단친다(비평)

"기껏 학교 보냈더니 그런 일이나 당하니?"

속상한 마음이 있는 것은 알지만, 자녀를 야단하는 것은 아이에게 두 번 상처를 주

2 청소년폭력예방재단(2012). 학교 폭력 발생 시 부모의 부정적 대처방안.

는 행위이다. 이미 자녀는 친구로부터 많은 상처를 받아서 마음 편히 기댈 곳을 찾고 있다.

❷ 피해상황과 사건을 축소해서 말한다(사건 의미축소)

"그런 일은 어릴 때 겪는 일이야. 별거 아니야."

다른 아이도 겪을 수 있는 일이라고 자녀의 상황을 흘려듣게 되었을 때, 자녀는 이해받지 못한 상황때문에 더욱 힘들어하고, 입을 다물게 된다.

❸ 자녀의 행동에 문제가 있다 여긴다(평가)

"네가 뭔가 잘못했겠지" "평상시에 잘하지 그랬니?"

따돌림에 원인을 꼭 아이가 제공한 것처럼 이야기한다면, 자녀는 더 이상 부모님과 이야기를 할 수 없다. 아이에게는 충분한 공감과 위로가 가장 필요하다.

❹ 지나치게 흥분하여 감정적으로 대처한다(감정조절)

"누구야!!! 학교를 다 뒤집어 놓고 말테다."

자녀가 현재 아픈 곳은 없는지 상처가 심한지 구체적인 관심을 갖는 것이 필요하다. 감정적인 부모님을 보는 자녀는 오히려 일이 잘못되어 버리지는 않을지, 소문이 나거나 친구로부터 외면당하게 되는 것은 아닌지 두려워하게 된다.

❺ 아이 때문에 자신이 고통스럽고, 창피해진 것처럼 말한다(수치심)

"내가 이런 일이나 당하려고 너를 낳은 줄 아니?" "너 때문에 힘들어서 못 살겠다." 자녀는 이미 학교 폭력 상황에 있는 자신의 모습에 슬퍼하고, 괴로워한다. 또한, 수치심과 무기력감을 느끼는 자녀에게 미안한 마음을 더하게 된다.

라) 학교 폭력 예방을 위한 평상시 자녀지도

부모의 양육행동은 부모와의 정서적 애착과 긴밀한 유대관계를 기본으로 한다. 이를 바탕으로 효과적인 양육기술 터득과 실천은 부모 자녀 간의 긍정적 상호작용을 증대시키고 학교 폭력을 사전에 방지하는 기능을 한다.

❶ 평상시 자녀와의 올바른 의사소통

부모가 지나치게 주도하는 대화방법보다는 부모 자녀 간의 서로의 입장이나 상황, 감정 등에 관해 자연스럽게 나누는 대화를 유도한다.

❷ 부모로서 평상시에 학교 폭력 문제 관심가지기

학교에서 실시하는 학부모 대상 예방교육에 참여하고 가정통신문, 학교홈페이지, 관련 주요기관의 전화번호 또는 인터넷 정보 검색 등 학교 폭력 문제에 관심을 가지고 주요 정책과 자녀지도 방법 등을 알아둔다.

❸ 자녀의 학교생활 및 교우관계 관심 기울이기

자녀의 일상적인 학교 생활에서 어떤 친구와 친하고 좀 더 깊은 교우관계를 형성하고 있는지를 알아두고 대인관계에 어려움이 있는지를 관심을 기울여 알아둔다.

❹ 자녀가 자기 의사표현할 때 귀 기울여 경청하고 공감하기

자녀가 자신에 관해 무엇인가 의사표현하려 할 때 즉시적인 조언이나 훈계없이 귀 기울여 경청하고 내용에 공감해준다.

## 3 학급 및 학교차원에서의 예방

### 가) 교사가 감지하는 예방적 차원의 피해자 징후

학생들의 학교생활은 학급단위로 주로 이루어지고 학급단위 내에서의 교우관계, 교사와의 관계형성은 한 학생의 인성과 정서발달에 주요한 영향을 미친다. 학교 폭력을 당할 시 도움을 요청할 만한 대상으로 손꼽히는 대상은 교사이다. 교사 입장에서 학교 폭력을 예방하기 위해서는 효율적인 학급운영과 학급 응집력 수준과 정도, 학급의 분위기 등을 파악하여 사전예방이 가능하도록 한다. 가장 중요한 역할과 기능으로는 학교 폭력 감지능력이 요구된다. 수업시간이나 학교 교과 활동시에 관찰할 수 있는 피가해 징후 등을 숙지하고 정기적인 학급단위의 학교 폭력 예방 설문지 조사, 징후가 발견된 후 관련학생들에 대한 지도와 상담, 지속적인 학교 폭력 신고정신 알려주기, 정기적인 예방교육 실시가 요구되며 학교 폭력 발생 시에 초기대응방법을 알아두고 담임교사 차원에서의 사안처리 지침 등에 관해서도 알고 있어야 한다.

#### ❶ 수업시간 중에 발견할 수 있는 피해 징후[3]

- 지우개나 휴지, 쪽지가 특정 아이를 향한다.
- 특정 아이를 빼고 이를 둘러싼 아이들이 이유를 알 수 없는 웃음을 짓는다.
- 자주 등을 만지고 가려운 듯 몸을 자주 비튼다.
- 교복이 젖어 있거나 찢겨 있어 물어보면 별일 아니라고 대답한다.
- 교복 등에 낙서나 욕설이나 비방이 담긴 쪽지가 붙어 있다.
- 평상시와 달리 수업에 집중하지 못하고 불안해 보인다.
- 교과서가 없거나 필기도구가 없다.
- 자주 준비물을 챙겨 오지 않아 야단을 맞는다.
- 교과서와 노트, 가방에 낙서가 많다.

---

3 교사가 발견할 수 있는 징후. 학교 폭력 예방 종합포털사이트. http://stopbullying.or.kr/sign. 2012.12.22 열람.

- 코피나 얼굴에 생채기가 나 있어 물어보면 괜찮다고 한다.
- 종종 무슨 생각에 골몰해 있는지 정신이 팔려 있는 듯이 보인다.

❷ 점심 시간과 쉬는 시간에 발견할 수 있는 피해 징후

- 자주 점심을 먹지 않는다.
- 점심을 혼자 먹을 때가 많고 빨리 먹는다.
- 친구들과 어울리기보다 교무실이나 교과전담실로 와 선생님과 어울리려 한다.
- 자기 교실에 있기보다 이 반, 저 반, 다른 반을 떠돈다.
- 친구들과 자주 스파링 연습, 격투기 등을 한다.
- 같이 어울리는 친구가 거의 없거나 소수의 학생과 어울린다.
- 교실보다는 교실 밖에서 시간을 보내려 한다.

❸ 등하교 시간 및 기타 상황에서 발견되는 징후

- 자주 지각을 한다.
- 자신의 집과 방향이 다른 노선의 버스를 탄다.
- 다른 학생보다 빨리 혹은 아주 늦게 학교에서 나간다.
- 학교 성적이 급격히 떨어진다.
- 이전과 달리 수업에 흥미를 보이지 않는다.
- 수련회, 수학여행 및 체육대회 등 학교 행사에 참석하지 않는다.
- 무단결석을 한다.
- 작은 일에도 예민하고 신경질적으로 반응한다.

❹ 교사가 학생 관찰이나 면담으로 알 수 있는 특징

- 교실에서 자주 보이는 특징으로는 불안, 불안정, 조심, 소심, 지나치게 민감하거나 조용하고 스스로를 비난하는 표현을 자주 한다.

- 학급 내 괴롭힘에 대해 자주 노출된 경우의 학생이 보이는 외현화된 징후로는 자주 울거나, 소리 지르기, 화내기, 보복 등의 모습을 보인다.
- 학급 내 괴롭힘에 대해 자주 노출된 경우의 학생이 보이는 내현화된 징후로는 소심, 우울, 무기력한 모습을 보인다.
- 교사의 면담 시 자주 보이는 피해를 경험한 학생들의 특징으로는 학교 및 일상생활에 대한 실패감, 수치심, 고립감, 심심함, 외로움, 의사소통이 어렵고 고민을 이야기할 상대가 없다고 호소한다.
- 또래들 간 또는 교사와의 의사소통이 어렵고 또래들로부터 공감을 제대로 받지 못하며, 상황에 대한 이해력이 낮고 언어표현력이 미흡하여 사소한 오해나 갈등을 제대로 해소하지 못하는 경우가 많다.
- 예전에 학교 폭력에 노출된 적이 있고 당시에 제대로 대처하지 못한 경험은 현재 또래관계에서 발생하는 사건을 왜곡되게 인지하게 되고 비합리적 신념, 독단적 추리, 흑백논리 등의 방식으로 사고하는 경향이 있다.

### 나) 교사가 감지하는 예방적 차원의 가해자 징후

#### ❶ 잠재적으로 발견할 수 있는 가해 징후

- 신체적으로 다른 학생들보다 우세하다.
- 쉽게 잘 흥분하고 규칙을 지키려 하지 않으며 규칙들이 자기를 억압한다고 느낀다.
- 눈에 띄게 잘 흥분하고 활발한 행동성이 있으며 저항과 분노를 품고 있다.
- 주위 사람들이 자신을 부당하게 취급하고 있다고 생각한다.
- 고집이 세고 집요하며 전혀 동정심을 보이지 않는다.
- 자신에 대한 자아상이 지나치게 긍정적이다.
- 비판에 관해 민감하고 학교에 대한 불평불만이 많다.
- 기타 문제행동과 관련되어 있을 가능성이 높다음주, 흡연, 약물 등.

❷ 교사나 주위에서 발견할 수 있는 가해 징후

- 부모와 대화가 적고, 반항하거나 화를 잘 낸다.
- 반에서 특정한 아이들하고만 어울리고 어떤 특정한 집단에 소속되어 있다.
- 사주지 않은 고가의 물건을 가지고 다니며, 친구가 빌려 준 것이라고 한다.
- 친구 관계를 중요시하며, 밤늦게까지 친구들과 어울리느라 귀가시간이 늦거나 불규칙하다.
- 일상 생활에 관해 감추는 게 많다.
- 집에서 주는 용돈이나 가정형편에 비해 용돈 씀씀이가 크다.
- 사회적으로 도둑질, 물건 파손 등의 위반된 행동을 할 수 있다.
- 자신이 처한 어려운 상황과 관련하여 또래뿐 아니라 성인에게도 자신의 분노를 표현하고 의심이 많으며 공격적이고 폭력적으로 자신의 문제를 해결하고자 하는 경향을 띠고 있다.
- 다른 학생들에게 자신의 영향력을 발휘, 억압하려 하며 힘과 협박을 통하여 자신을 증명하고 원하는 것을 얻으려 한다.

### 다) 학교 폭력 발생 시 알아두어야 할 교사의 바람직한 대처방안

사전 예방 조치에도 불구하고 학교 폭력이 발생하면 담임교사 또는 해당교사는 당혹스럽다. 혼자 해결하려 하거나 은폐하려고 해서는 안 된다. 이때 효율적인 학교 폭력 대응을 감소시키는 심리적 특징으로는 일어난 사실에 대한 놀라움, 상황에 대한 혼란스러움, 대처방법에 대한 당혹스러움과 관련 학생들의 학부모를 대하는 어려움, 사안처리가 잘 안되면 어떡하지라는 두려움, 담임교사 또는 관련교사로서의 문제해결에 대한 책임감과 부담감이 발생하며 사안처리가 순조롭지 않을 경우에는 무능력감까지 느끼기도 한다. 이에 효과적이고 바람직한 대처방안을 위해서는 교사 자신도 혼자 해결하려하기보다 주위에 도움을 요청하고 부모에게 협력을 구하며 외부전문가의 자문과 조언, 조력을 구하는 것을 아끼지 말아야 하겠다.

❶ 교사의 학교 폭력 예방 감지능력

학급에서 교사가 모르는 가운데 일어나는 사소한 장난이나 재미로 보이는 형태의 놀이로 보일지라도 피해자 아이는 또래들로부터 소외, 단절, 외로움, 급기야 학교에 오기 싫어하는 경우가 빈번하므로 잠재적 가해자측 아이들의 '장난이에요' 라는 말을 경청하기보다 잠재적 피해자 아이의 '제가 괴롭힘을 당하는 건지 잘 모르겠어요' 라는 말을 더욱 경청하고 아이가 심리적, 정서적으로 겪는 고통에 더욱 관심을 기울여야 한다.

❷ 교사의 사안인지 파악능력

평상시 학급구성원들 간의 관계, 잠재적 피가해자 징후를 가지고 있는 아이들의 행동과 언어사용을 유심히 살피고 특정한 아이가 자주 놀림을 당하거나 괴롭힘을 당하고도 신고하거나 알리지 않고 있지는 않은지 학급지도 시 반복적으로 사안이 발생하면 반드시 신고하거나 알리라고 예방교육을 한다. 신고나 누군가 알려줄 경우 관계자 아이들을 학교 폭력, 괴롭힘, 따돌림 등에 대해 면담을 통해 정황을 파악하고 피가해가 구분되는지 중복되는지 등 사실 확인이 중요하다.

❸ 피해학생을 위한 긴급조치 및 신변보호

따돌림이나 괴롭힘을 당하는 징후가 보이는 학생은 즉시 관찰로 주위 아이들과의 대인관계를 면밀히 살피고 피해 정도와 수준을 명확히 알기 위해선 면담이 필수로 이루어져 학생에 대한 긴급조치가 이루어져야겠다. 신체적 폭행 발생의 경우 즉각적인 신체적, 심리적 손상의 여부를 확인하고 의료적 개입이 필요할 시 지체하지 않아야 하며 가해자와 격리조치를 한다.

❹ 학교 폭력 여부 사실조사

수업시간, 점심시간, 학교교과활동 등의 시간에서 보이는 피가해 징후 발견, 또는 학교 폭력 사실 신고 등이 있을 때 교사는 사실조사를 하도록 한다. 객관적인 사실조사를 위해서는 평상시에 학생에 관한 관찰기록이나 징후 발견 목록에 해당되는 사항들을 근거로 면담을 하는 것도 도움이 된다. 피가해 사실조사가 용이하지 않을 시엔 주변학생들의 진술이나 목격, 면담을 통해 정황을 파악하도록 한다.

❺ 학부모 초기대응과 면담

초기 학부모 대응시에는 관련학생이 현재 처한 신체적, 심리적, 정신적, 물리적, 피가해 사실을 확실히 규명하여 부모에게 전달하되 피가해 부모의 심리적 특징들을 이해하여 지나치게 당혹스러워하거나 자녀의 행위를 합리화시키지 않도록 객관적 사실을 전달하도록 한다. 이때 중요한 점은 학부모에 대한 감정적 응대로서 이들의 감정을 수용하고 공감하며 지나치게 흥분하거나 격앙되지 않도록 한다. 피가해 어느 한 측에 치우치지 않고 즉각적이고 신속하며 중립적인 자세를 취하도록 한다. 자녀들의 심리정서적 안정과 학교적응을 위해 조력하고 협력해줄 것을 요청드리고 사안처리에 진행과정에 대해 알려 준다.

❻ 문제 해결의지

무엇보다 학교 폭력을 예방하고 피해학생을 위한 보호와 안정, 가해학생을 위한 재발방지를 위한 지도와 노력을 한다는 해결의지와 사안처리 지침이나 관련법에 관해서는 교사 개인의 생각이 아닌 학교 폭력예방 및 대책에 관한 법률에 의거하여 진행됨을 명확히 알려준다. 자칫 사안처리 지침만 강조하다 보면 학부모 또는 학생의 입장에서는 교사가 법대로만 한다는 식의 인식을 주기 쉽다. 이에 피가해 학생, 학부모 등이 당면한 학교 폭력으로 인한 어려움, 신체적 폭행 피해 시 발생하는 손해배상의 문제, 자녀에 대한 걱정 염려, 학교적응 문제 등에 대한 이해를 바탕으로 학교 폭력 문제 해결의지를 보이도록 한다.

❼ 안전보호와 재발방지를 위한 조치와 전문가 연계

학생들의 학교 폭력, 따돌림, 괴롭힘 등에 지속적으로 노출되지 않도록 개인에 대한 안전보호 조치 노력, 즉 피해를 당한 학생의 경우 주기적으로 교사가 면담하여 안전상태를 확인하고 성격적 특징상 자기표현을 하기 어려워하는 경우 가까운 지역사회 청소년상담기관 등을 권유하여 사회성 기술습득 훈련, 청소년동아리 활동을 통한 긍정적 또래 간의 경험을 하도록 하는 것 또한 필요하며 가해학생을 위한 재발방지 차원에서도 자신의 문제행동을 촉발시키는 개인적 요인은 탐색하고 가해행위를 중단할 수 있도록 행동치유프로그램에 참여할 수 있도록 한다.

❽ 학급단위 예방교육

학생들이 가장 선호하고 도움이 되는 예방교육방법으로는 학급단위의 예방교육이다. 학급 내 존재하는 목격하고도 모른 척하는 학생 비율이 1/2가량이고 학교 폭력을 당한 후 도움을 요청한다면 가장 안심이 되는 대상으로는 교사로 나타났고 잘 알리지 못하는 이유로는 어떻게 대처해야 할지 잘 모르겠다 등 다양한 반응을 살펴보면 학급단위의 예방교육은 학생들의 학년별 특징을 고려하여 학교 폭력에 대한 정의, 유형, 대처방안은 물론 방관자가 되지 않도록 하는 내용의 예방교육이 이루어져야 하며 알리고 도움을 요청하는 것은 용기있는 행동이라는 것이 전달되어야 한다.

❾ 사후관리

학교 폭력 사안처리가 중단되거나 종결되었다고 다 해결되었다고 안심하기보다는 일정한 기간 동안 또 재발되지 않는지를 정기적으로 모니터링하고 해당학생들이 학교생활 적응에 어려움을 겪지 않는지, 학교 외 생활에서 또다른 피해를 당하고 있지 않은지 등등 사후관리를 지속적으로 해야 한다. 특히 이전의 학교 폭력 경험이 있을수록 피가해를 중복으로 경험한 학생일수록 더욱 관심과 지도가 필요하다. 또래들 활동에 잘 참여하고 긍정적인 관계를 형성하거나 유지하는지 살펴볼 필요가 있으며 가족과 학부모에게 자녀의 건강한 성장발달을 위하여 안정적인 지지와 애정어린 성장발달 환경을 제공하는 것이 중요한 역할을 한다고 알려준다.

라) 교사가 활용하는 효과적인 학교 폭력 예방교육 방법

학교 폭력을 주제로 학급단위의 예방교육 또는 프로그램, 교과활동에 적용하거나 활용할 수 있는 방법으로는 다음과 같다. 학생들 간의 경쟁의식을 감소시키며 학급구성원 상호 간의 작용을 용이하도록 하여 긍정적인 관계형성에 도움이 되어 사소하고 경미한 사건으로 인한 학교 폭력 발생을 미연에 방지할 수 있다.

- 자신감 강화, 자아탐구, 자기체험 활동
- 학급 구성원들 간의 친화력 조성과 긴장완화
- 언어적 및 비언어적, 창의적이고 표현적인 의사소통 능력기법
- 쓰기, 만들기, 노래부르기 등 다양한 놀이 형태
- 협동의식을 함양하는 협동놀이나 봉사활동
- 미술활동으로 표현하는 감정표현
- 다양한 캐릭터가 출현하는 역할극을 통한 공감력 향상

마) 학부모 상담

- 피해 · 가해부모들을 반드시 개별상담한 후 함께 상담한다.
- 함께 상담하는 것에 어려움이 예상되면 전문가 동석 방안을 활용한다.
- 부모에게 책임을 묻고 비난하는 태도는 지양한다.
- 부모의 심정에 공감하고 지지 격려한다.
- 일어난 상황에 대한 철저한 논의와 문제해결의 계획을 세운다.
- 합의된 사항들의 실제 이행 여부에 대해 확인한다.
- 가해자 부모에게는 문제해결을 위한 협력과 피해자에 대한 보상 또는 배상의 중요성을 알리고 바람직한 방법으로 재발방지에 힘쓰도록 독려한다.

- 피해자 부모에게는 감정적인 대처와 편견을 갖지 않도록 해준다. 당황하지 않고 자녀를 위해 이성적 대처의 중요성을 알려준다.
- 가장 우선적으로 피해학생 안전과 보호에 대한 구체적인 방안과 확신을 준다.
- 주변인들에 대한 지도와 영향을 간과하지 않는다.

바) 학교 내외 지역사회 네트워크 구축과 학교운영

- 안전한 학교를 위하여 지역사회 여러 자원과 예방적 네트워크를 긴밀히 구축한다. 학교는 학교 폭력을 예방하기 위하여 위치하고 있는 지역사회 안전망과 긴밀한 연계를 구축하고 여러 다양한 민 · 관 기관의 협력을 끌어내어 학생 및 학부모를 대상으로 하는 예방교육 및 프로그램 실시, 학교 폭력 피가해 학생에 대한 개별적 상담지원서비스 요청과 멘토링, 가해학생 특별교육기관 확보, 자치위원활동 적극 권장, 분쟁조정 시 전문기관의 참여 등 예방부터 사후 개입에 이르기까지 지역사회의 인적 · 물적 자원을 연계, 협조, 협력, 조정해나가는 노력이 필요하다.
- 학교 폭력 신고의무[4] 학교 폭력 현장을 보거나 그 사실을 알게 된 자는 학교 등 관계기관에 즉시 신고를 해야 한다고 법률에 규정하고 있으며, 신고를 받은 기관은 가해학생 및 피해학생의 보호자와 소속 학교의 장에게 통보하도록 명시하고 있다. 신고사실을 통보받은 학교의 장은 이를 자치위원회에 지체 없이 통보하도록 하여 학교 폭력 신고 시 즉각적으로 사안처리를 할 수 있도록 법적 근거가 마련되어 있다.
- 학교 폭력 사안처리에 대해 이해하고 실행한다. 학교 폭력 사건 발생 시에는 담임교사와 학교 폭력전담기구, 학교장이 각자의 역할을 분담하여 사안처리를 진행하는 것이 효과적이다. 각 역할을 파악한 뒤 도움을 요청한다면 보다 효과적이고 신속하게 사안처리를 유도할 수 있으며 사안조사 진행시 가장 중요한 점은 객

4 「학교 폭력예방및대책에관한법률」 제20조(학교 폭력의 신고의무)에 근거함.

관적이고 공정하게 사안조사를 진행하는 과정이라 할 수 있다. 학교 폭력 사안처리 시 단계별로 지침에 따라 진행하는 것이 효과적이며 각각의 역할과 조사방법, 진행절차, 피가해학생에 대한 조치들을 알아둔다.

- 교원의 자신감 강화로 책임감을 수용하고 강화하도록 한다. 모든 교원이 이해하고 참여하는 역할과 기능이 주어져야 한다. 보편적 예방으로는 담임교사는 예방징후를 조기에 감지하고 인지하여 학생 면담을 통한 따돌림 예방지도가 이루어지고 선택적 예방으로는 학교 폭력 발생 시엔 학교 폭력전담기구가 사실조사에 관한 면담, 집중적 지도로는 학교 폭력대책자치위원회에서의 피가해자에 대한 선도교육적 조치와 이행에 이르기까지 예방부터 방생, 사후까지 각자의 역할을 이해할 수 있도록 교원의 자신감 강화는 책임감 있는 수행으로 이어진다. 또한 학교 폭력 사안처리에 대한 지침은 학교 폭력전담기구의 교사뿐만 아니라 전교원이 숙지하고 있어서 담임교사 차원의 예방적 지도력을 향상시키고 학부모 민원 또는 면담 시 사안처리에 대한 진행을 안내할 수 있어야 초기 대응력으로 이어질 것이다.
- 학생 및 부모관계를 개선하고 학부모교육을 정기적으로 실시한다. 학교 폭력예방 및 대책에 관한 법률에 근거하여 매학기 학부모예방교육을 실시한다. 학교 폭력의 정의, 유형, 가정에서의 예방과 지도를 내용으로 진행하며 자녀와의 올바른 의사소통 능력 등 자녀를 이해하고 양육하는 데 도움이 되도록 한다. 또한 피해학생 또는 그 보호자가 요청하는 경우에 피해실태를 조사하여야 함을 숙지하고 자치위원회 진행시 학부모 보호자의 조치에 대한 의견확인과 진술의 기회를 적정하게 주어야 하는 절차를 올바르게 알린다.
- 갈등해결능력 강화로 사소한 오해나 갈등으로 인한 따돌림을 예방한다. 또래조정, 또래상담, 모의법정 프로그램 실시로 학생들 간의 사소한 오해로 빚어지는 갈등에 대한 문제해결능력을 함양할 수 있도록 지도하고 교내 또래조정지도자를 양성하여 또래 간의 갈등해결에 기여할 수 있도록 시도한다. 학생들 스스로 또래활동을 통해 자율적인 문제해결능력을 배양할 수 있다.

- 미디어 매체의 영향을 간과하지 않고 학생들에게 미치는 영향을 탐색하고 지도한다. 청소년 인터넷 게임, 중독 예방상담 · 교육 · 치료를 지속적으로 추진하여 미디어 매체, 스마트폰의 발달로 신종 학교 폭력 유형이 날로 증가하고 사이버 폭력 또한 심각해지고 있음을 간과하지 말아야한다.
- 경찰–학교 협력을 통한 학교 폭력 대응을 체계화한다. 학교전담경찰관과 협력하여 예방교육, 사안조사, 자치위원회 위촉, 교내외 학생 생활지도에 협력을 구한다. 또한 일진, 불량 써클 해체, 학교 폭력 사안에 대한 신속한 수사조치를 가능하게 하도록 한다. 학교생활지도와 좀 더 긴밀한 협력체계 구성으로 학교 폭력에 관련한 정보 공유 및 가피해 학생에 대한 멘토역할 수행 등의 역할을 하도록 한다.

## 4 국가 정부차원에서의 예방

최근 2012년 2월 정부의 학교 폭력근절 종합대책 발표와 학교 폭력예방 및 대책에 관한 법률도 개정되어 가해학생에 대한 엄격한 조치, 피해학생 우선보호, 연 2회 학교 폭력 실태조사 실시 의무화, 학기별 예방교육 의무화와 가해학생 학부의 특별교육 의무화 또한 큰 변화였다. 학교 폭력 신고전화가 117로 통합되어 운영되며 학교안전사고 예방 및 보상에 관한 법률에 의거하여 학교안전공제회에서는 폭력피해로 치료중인 학생을 우선으로 상담, 일시보호, 치료, 요양에 소요되는 비용을 우선적으로 지원하게 되었다. 이 외에도 범사회적 학교 폭력예방 인식확산을 위한 TV, 라디오, 포스터 등 각종 다양한 홍보채널을 통해 캠페인이 진행되며 실태조사 또한 정기적으로 실시되어 학교 폭력 실태를 밝혀가는 주요한 자료가 조사되고 있는 실정이다.

### 가) 학교 폭력근절 종합대책[5]과 현황

2012년에 학교 폭력근절 종합대책이 발표되었고 '학교 폭력예방 및 대책에 관한

5 2012년 2월 6일 정부가 발표한 '학교 폭력근절 종합대책'.

법률', '학교안전사고예방 및 보상에 관한 법률', '학교보건법', '초 · 중등 교육법' 등 세부과제 실천을 위한 관련 법령이 개정되었다. 그 결과 '사소한 괴롭힘도 폭력이고 범죄' 라는 인식하에 가정–학교–사회가 함께 학교 폭력문제를 해결해 나가는 주요 내용으로는 4개의 직접대책과 3개의 근본대책 등 총 7개 실천 정책으로 이루어졌다. 학교 폭력 근절 종합대책의 7대 실천과제는 다음의 표와 같다.

| 목표 | 학교 폭력 없는 행복한 학교 | | |
|---|---|---|---|
| 직접 대책 | '사소한 괴롭힘'도 '범죄'라는 인식하에 철저히 대응 | | |
| | 1 학교장과 교사의 역할 및 책임 강화 | | |
| | 대처권한 부족 및<br>학교 폭력 은폐 | ⇨ | 대처권한 및 역할 대폭 강화<br>은폐시 엄중조치로 책무성 확보 |
| | 2 신고-조사체계 개선 및 가 · 피해학생에 대한 조치 강화 | | |
| | 신고번호 분산<br>체계적 대응체계 부재<br>처벌 및 보호조치 미흡 | ⇨ | 신고체계 일원화<br>조사 · 지원기능 체계화<br>가해/피해학생 조치 강화 |
| | 3 또래활동 등 예방교육 확대 | | |
| | 건전한 또래문화 미형성 | ⇨ | 학생 간의 자율적 갈등해결<br>학교단위 예방교육 체계화 |
| | 4 학부모교육 확대 및 학부모의 책무성 강화 | | |
| | 참여 부족, 무관심<br>책무성 미흡 | ⇨ | 학부모 교육 · 자원봉사 확대 |
| 근본 대책 | 학교–가정–사회가 함께 인성교육 실천 | | |
| | 5 교육 전반에 걸친 인성교육 실천 | | |
| | 학업성취 수준은 높으나<br>인성 · 사회성은 낮은 수준 | ⇨ | 바른생활습관, 학생생활규칙 준수 등<br>실천적 인성교육 추진 |
| | 6 가정과 사회의 역할 강화 | | |
| | 민 · 관의 유기적 대응 미흡<br>가정의 교육기능 약화 | ⇨ | 민 · 관 협력체제 강화<br>가정의 교육기능 회복 |
| | 7 게임 · 인터넷 중독 등 유해 요인 대책 | | |
| | 교육적 시각에서 심의 · 규제기능 미흡 | ⇨ | 게임 · 인터넷 심의 · 규제 및<br>예방 · 치유교육 확대 |

### 나) 학교 폭력근절 종합대책 주요성과[6]

2012년에 학교 폭력근절 종합대책이 발표된 후 그동안 추진된 대책의 주요 내용과 성과는 다음과 같다.

❶ 학교 폭력 신고–상담–조사 체계마련으로 학교 폭력의 심각한 문제 발생에도 불구하고 적극적으로 해결하기 어려웠던 이유는 신고체계의 미흡이었는데 기존에 운영하고 있던 전국 교육청의 1588–7179 신고전화와 여성가족부의 1388CYS–Net, 경찰청의 117One–stop 지원센터로 각각 운영되어 학교 폭력 피해를 당하거나 목격한 학생들이 어디에 신고를 해서 도움을 받아야 할지 매우 혼선이 있었던 점들이 학교 폭력 신고전화 117로 통합되어 해당학교와 연계를 통해 학교 폭력 신고–조사체계를 구축한 점이다. 2012년 1월부터 10월까지 117 신고 건수는 일일평균 약 164건으로 2011년 일일평균 약 0.8건에 비해 급격하게 늘어났을 뿐만 아니라 학생 본인의 신고비율이 61.3%까지 상승해 학생들이 신고하면 도움을 받을 수 있다는 인식을 가지게 된 것으로 보인다. 반면에 학교 폭력 가해학생으로 주목되거나 억울하다고 호소하는 사례들은 청소년폭력예방재단에서 운영하는 학교 폭력 전화상담 1588–9128로 문의하는 등 최근 가해자측이 상담을 요청하는 건이 증가하고 있다. 주요내용으로는 피가해간의 분쟁조정, 가해자에 대한 조치, 학교 폭력 사안처리에 대한 문의 등이다.

❷ 학교장 및 교사의 역할 · 책임강화

학교 폭력 문제의 해결에서 학교장과 학교가 권한을 가지고 학교 폭력 문제에 접근 할 수 있도록 여건을 마련하고 적극적으로 대처하기보다 은폐하고 책임을 회피하려는 경향도 있었으나 이러한 문제를 해결하기 위해 학교장과 교사의 대처권한 역할을 대폭 강화하고 교원이 학교 폭력 사안을 축소하거나 은폐하는 경우 4대 비리금품수수, 성적조작, 성범죄, 신체적 폭력수준에서 엄중하게 징계하도록 하여 단위학교의 책무성을 확보하려고 하였다.

---

6 국무총리실(2012). 건강한 사회 만들기 추진보고서.

학교 폭력이 발생하면 피해학생을 신속하게 보호할 수 있는 법적 근거가 미흡했었는데 학교 폭력 예방 및 대책에 관한 법률 및 동법 시행령 개정2012.3.27 공포, 4.1 · 5.1 시행을 통해 학교장이 신속하게 가해학생의 출석정지 조치를 바로 실시할 수 있어서 피해학생에 대한 보호가 가능해졌다.

❸ 피해학생과 가해학생 치유지원 강화

학교 폭력 사안이 발생한 경우 무엇보다 피해학생이 정신적 신체적 피해를 신속히 치유할 수 있도록 지원하는 것이 필요하다. 이를 해결하기 위해 피해학생 선치료지원 시스템이 도입되어 학교안전공제회는 피해학생의 치료비용을 우선 부담하고 사후 가해학생 측에 구상권을 행사하도록 법령 및 제도가 개선되었다. 2012년 10월 기준으로 총 192건 483백만 원의 치료비가 지원되었다. 또한 법령을 개정하여 피해학생에 대한 전학권고가 삭제되었으며 신속한 보호조치의 의무화 등 피해학생을 우선으로 보호하는 제도가 강화되었다. 앞으로 더욱 관련 제도를 검토, 개선하여 피해학생을 위한 우선적 치료비용 부담을 위해 관련된 기준, 지침과 실제적 치료지원이 신속히 가능하도록 방법을 강구해야 한다.

또한 가해학생을 위한 특별교육기관은 현재 전국 823개 기관으로 교육지원청 단위로 지역에 소재한 전문 교육치료기관, 정신과 병원 등으로 지정하여 운영중이다. 청소년비행예방센터10개소, 지역정신보건센터15개소, CYS-Net186개소 등이 연계협력 체계를 이루고 있다. 효율적인 연계협력을 위하여 상호 간의 정보공유, 성공사례 발표 등이 유기적으로 이루어져야 하며 가해학생 특별교육기관의 전문성이 강화되어 가해행동 수정프로그램의 효과성 등이 더욱 검증되어야 한다.

❹ 단위학교의 학교 폭력 대응역량 강화

정부는 단위학교의 학교 폭력 대응역량 강화하기 위해 학교장, 책임교사, 학교 폭력대책자치위원 등을 대상으로 학교 폭력 예방 및 대응역량 강화 연수를 실시하였으며 학교장이 학기별 1회 이상 학생 · 학부모 · 교직원을 대상으로 학교 폭력 예방교육을 의무화하도록 법률을 개정하였다. 2012년 11월 학교 폭력 관련 공시 자료에 따르면 2012년 1학기 학생 대상 예방교육은 학교 평균 26.8시간으로 2011년 18.6시간에 비해 증가하였으며 학부모 대상 학교 폭력 예방교육은 학교당 평균 3.4회 실시되었고 558만 명의 학부모가 교육에 참여하였다. 양적인 평균시간의 증가뿐만 아니라 질적인 부분의 증가를 위해서도 교육의 질을 높여야 한다. 학급단위의 예방교육으로 학생들의 예방 및 대처방안을 향상시킬 수 있도록 하고 학부모 대상 교육에 참여하기 힘든 대상들을 위한 지역사회 차원에서의 학부모교육 프로그램 제공 및 직장으로 찾아가는 학교 폭력 예방교육 등이 적극 추진되어야 한다.

### 다) 학교 폭력 예방과 근절을 위한 추진노력

#### ❶ 학교 폭력 예방 및 해결 시스템 구축

학교 폭력을 예방하고 근절하기 위해 국무총리를 위원장으로 하는 학교 폭력대책기획위원회관계 부처 10개,[7] 지역단위에서의 주요기구로는 학교 폭력대책지역위원회광역단위 17개, 학교 폭력대책지역협의회기초단위 228개를 구성하도록 되어 있다. 지역단위의 여건과 환경에 맞는 다양하고 특색있는 학교 폭력 예방 정책을 실시해야 하며 단위학교에서는 학교 폭력을 효과적으로 예방하고 학교 폭력 사안을 주체적으로 처리할 수 있도록 모든 초·중·고에서는 학교 폭력대책자치위원회를 구성하도록 하고 있다. 이러한 주요기구들이 효과적으로 운영되고 효율성을 증가시키기 위해 각 기구의 '역할과 기능'을 법령에 명확히 하여 학교 폭력 예방과 근절을 위해 주요 작용을 하도록 함이 필요하다.

#### ❷ 학생보호 및 학교안전 강화[8]를 위한 인프라 구축 및 운영시스템 전개

• 외부출입자 통제를 위한 시설 및 운영 범죄율이 높거나 학교 폭력 발생 빈도가 높

7 기획재정부장관, 교육과학기술부장관, 법무부장관, 행정안전부장관, 문화체육관광부장관, 보건복지부장관, 여성가족부장관, 국무총리실장, 방송통신위원회위원장, 경찰청장.

8 교육과학기술부, 2012년 11월 5일 보도자료. "외부의 위험으로부터 학생을 보호하고 학교안전을 강화한다".

고 지역 유해환경이 많은 지역의 학교일수록 예방을 더 강화해야 한다.

- 영상정보처리기기(CCTV) 설치 및 운영 개선 실시간 모티터링은 학교 폭력 발생 빈도를 감소시키고 사안 발생 시 대응에 대한 증거자료로 활용한다.
- 안심알리미 서비스 운영 휴대폰을 통한 SOS국민안심 서비스로 학생, 학부모가 안전하게 학교 내외 생활을 하도록 도우며 학교 폭력뿐만 아니라 각종 범죄로부터도 예방할 수 있도록 지원한다.
- 학생보호인력 운영 내실화 학생을 보호할 인력들의 역할과 기능, 대처를 명확하게 하고 전문성을 향상시키는 연수를 정기적으로 실시해야 하며 지역사회와의 긴밀한 협력체제를 구축하는 자원이어야 하겠다.
- 학교안전에 대한 교육감 및 학교장의 책무성 강화 등 책무성과 역량을 강화하도록 각종 학교 폭력예방 가이드북 등 표준화된 대응매뉴얼이 상시 제공되어야 한다. 또한 학생과 학부모에게도 신속히 정확한 정보를 알 수 있도록 가정통신문, 문자 발송 등이 이루어져야 한다.

❸ 지역사회 학교 폭력예방 네트워크 시스템 강화

학교 폭력으로부터 학생들을 안전하게 지키고 최근 활성화된 학교 폭력 신고 이후 One-Stop지원시스템이 잘 추진되기 위해서는 지역사회를 중심으로 한 공공기관, 민간기관, 즉 시민단체 NGO들과 예방적 · 개입적 · 회복적 돌봄과 케어가 가능한 협력 체제를 구축하여 폭력예방 환경을 조성문용린 외 공저, 2007해야 한다. 학생, 학부모, 교사 3주체를 대상으로 실질적인 학교 폭력 예방 및 위기개입 지원프로그램을 계획, 실행, 평가할 수 있도록 인적 · 물적, 행정적 · 재정적 지원을 아끼지 말아야 한다. 오늘날 학교폭력, 괴롭힘을 예방하기 위한 방법은 이제 더 이상 피해자로 하여금 자신을 스스로 지키게 하거나 가해자 스스로가 어느 날 갑자기 자신의 행위의 그릇됨을 깨우쳐 피해자에 대한 폭력을 멈추게 되기까지 기다리기보다 먼저 지역사회가 앞장서서 조기 예방단계부터 사후 개입에 이르기까지 효율적으로 대응해나가야 한다.

# 참고문헌

교육과학기술부(2012). 2012년 2월 6일 정부가 발표한 '학교 폭력근절 종합대책'.

교육과학기술부(2012). 2012년 11월 5일 보도자료. "외부의 위험으로부터 학생을 보호하고 학교안전을 강화한다".

교육과학기술부(2012). 학교 폭력 사안처리 가이드북.

교육과학기술부(2012). 학교 폭력 사안처리 Q&A.

국무총리실(2012). 건강한 사회 만들기 추진보고서.

청소년폭력예방재단(2011). 학교 폭력연구 제1권 2호.

청소년폭력예방재단(2012). 학교 폭력 발생 시 부모의 긍정적 대처방안.

청소년폭력예방재단(2012). 학교 폭력실태조사 연구보고서.

문용린 외 공저(2007). 학교 폭력예방과 상담. 학지사.

학교 폭력예방및대책에관한법률(2012)〔법률 제11388호〕.

Crick, N. R., & Dodge, K. A. (1996). Social Information-processing mechanismus in reactive and proactive aggression. *Child Development, 67*, 993.

Olweus, D. (1994). Bullying at School: Long-term outcomes for victioms and an effective school-based intervention program. In L. R. Huesman (Ed.), Aggressive behavior: Current perspectives. New York: Wiley.

Salmivalli, C (1993). Participant Role Questionnaire. University of Turku, Finland.

# 건전한 학교 문화 마련하기

# part VI

SECTION

1 / 「학교폭력예방 및 대책에 관한 법률」 바로알기

SECTION

2 / 「학교폭력예방 및 대책에 관한 법률」의 문제점과 개선방안

# SECTION 1 「학교폭력예방 및 대책에 관한 법률」 바로알기

## 1 학교 폭력의 특수성

최근 우리사회에서는 학교 폭력이 사회적인 문제로 대두되며 심각성을 드러내고 있다. 학교 폭력의 고통을 견디다 못해 '자살' 이라는 극단적인 선택을 하는 청소년들이 증가하고 학교 폭력과 관련된 사건사고가 언론보도로 속출하고 있으며, 학교 폭력과 관련한 다양한 정책적인 변화가 발생하고 있다. 이러한 사회적 현상에서도 볼 수 있듯이 이제 학교 폭력은 학교나 사건 당사자들의 문제가 아닌 사회 전체의 문제이며, 이러한 문제를 해결하기 위해서는 학교 폭력의 당사자 및 가정, 학교뿐만 아니라 사회 구성원들의 적극적인 노력이 필요하다고 할 수 있다.

그 노력의 일환으로 가장 중요한 것은 학교 폭력의 특수성을 이해해야 한다는 점이다. 학교 폭력은 하나의 사건이다. 하지만 아직 대다수의 사람들은 학교 폭력은 '사건' 이라는 특수성에 대한 인식이 부족하며 그로 인하여 처리과정 중에 많은 어려움을 겪고 있다.

앞서 언급하였듯이 청소년들 간에 발생한 '사건' 인 학교 폭력은 신체적, 정신적,

재산상의 피해가 발생하기 때문에 그 문제의 당사자인 학생들끼리 해결하기에는 한계가 발생한다. 사건 해결을 위해서는 당사자인 학생, 보호자, 해당 학교 교사가 개입하여 함께 문제를 해결해야 한다. 즉, 학생, 보호자, 학교 세 주체가 서로 협력적인 관계를 이루어야 문제가 원활하게 해결될 수 있음을 의미한다. 이 또한 학교 폭력의 특수성이라 할 수 있다.

위와 같은 특수성을 갖고 있는 학교 폭력의 해결을 위해서는 관련된 '법'을 근거로 문제해결이 가능하다. 학생, 보호자, 학교 세 주체가 법을 근거로 학교현장에서 문제를 해결해야하는 상황이 발생하니 학교현장의 혼란은 가중될 수밖에 없을 것이다.

위와 같은 상황이 학교 폭력의 실태이자 현실이라고 할 수 있다. 하지만 그럼에도 불구하고 학교는 배움의 장으로써 학생들이 안전하고 건전하게 성장할 수 있도록 뒷받침해주는 역할을 해야 한다. 안전하고 건전한 학교문화를 조성하기 위해서는 학교 폭력을 예방하기 위한 다양한 노력을 하는 시도가 필요하다. 학교 폭력의 실태를 이해하고 다양한 유형을 파악하여 상담 및 교육을 시도하려는 노력도 필요하겠지만, 보다 실효성 있는 학교 폭력 예방을 위해서는 학교 폭력과 관련된 법을 숙지하고 활용하는 것이 병행되어야 더욱 효과적인 방법이 될 수 있다.

학교 폭력과 관련된 법을 잘 숙지하고 활용한다면 사전에 예방효과를 가져올 수 있음은 물론, 학교 폭력 발생 후 사안처리를 진행하는 과정에서 초동대처를 위한 방법 및 분쟁을 예방할 수 있는 도구로도 활용이 가능하기 때문이다.

학교현장에서는 「학교폭력예방 및 대책에 관한 법률」을 근거로 학교 폭력 사건 발생 시 학교 내에서 조치가 가능하다. 본 장에서는 보다 효과적인 학교 폭력 예방 및 사안처리를 위하여 학교현장에서 적용되는 「학교폭력예방 및 대책에 관한 법률」의 효과적인 적용방법과 문제점 및 개선방안을 제시함으로써 학교 폭력에 대한 이해를 돕고자 한다.

# 2 「학교폭력예방 및 대책에 관한 법률」의 이해

학교 폭력을 이해하기 위해서는 학교 폭력 발생 시 적용할 수 있는 법률이 있음을 알아야 한다. 2000년도 이후, 학교 폭력으로 인한 사회적 문제가 심각해지면서 보다 효과적으로 학교 폭력에 대응하기 위하여 2004년 1월 29일 「학교폭력예방 및 대책에 관한 법률」이 제정되었다. 이 법률의 제정으로 인하여 학교 현장에서는 학교 내・외에서 발생한 다양한 폭력 사건에 대하여 피해학생에 대한 보호조치 및 가해학생에 대한 선도조치가 가능하게 되었으며, 예방, 사안처리 등 학교 폭력에 대한 대응을 보다 체계적으로 할 수 있는 토대를 갖추게 되었다고 할 수 있다.

## 1 법률의 목적

학교 폭력의 예방과 대책에 필요한 사항을 규정함으로써 피해학생의 보호, 가해학생의 선도・교육 및 피해학생과 가해학생 간의 분쟁조정을 통하여 학생의 인권을 보호하고 학생을 건전한 사회구성원으로 육성함을 목적으로 한다.

## 2 법률의 적용

학교 폭력의 규제, 피해학생의 보호 및 가해학생에 대한 조치에 있어서 다른 법률에 특별한 규정이 있는 경우를 제외하고는 이 법을 적용하도록 하고 있다.

성폭력의 경우 학교 폭력의 개념 속에 포함시켰으나 다른 법률에 규정이 있는 경우에는 이 법을 적용하지 아니하도록 하여 성폭력 피해자의 보호를 강화하였다.

## 3 법률의 특징

- 이 법률의 적용은 학교내 · 외에서 학생을 대상으로 발생하는 폭력에 국한된다.
- 특별법이 아닌 일반법이기 때문에 다른 법령에 폭력과 관련된 규정이 있을 경우 그 법을 준용하여야 한다.
- 학교 폭력으로 인해 발생한 분쟁에 대한 조정의 결과에는 화해의 효력이 없다.
- 가해학생에 대한 조치는 범죄에 대한 '처벌' 으로서의 조치보다는 교육 선도 및 징계의 성격을 갖는다.
- 사법절차에 의해 조치를 한 경우에도 자치위원회의 심의 · 의결을 통해 선도 · 교육의 목적으로 가해학생 조치가 별도로 진행 가능하다.

## 4 법률의 주요 내용

- 국가 및 지방자치단체의 책무
- 학교폭력의 예방 및 대책에 관한 정책 목표와 방향 설정, 이에 따른 기본계획 수립
- 학교 폭력대책위원회, 지역위원회, 지역협의회, 자치위원회의 구성 · 설치 · 기능
- 학교 폭력 예방을 위한 교육감, 학교장의 의무
- 학교 폭력 예방과 사후조치 등을 위한 조사와 상담 기능
- 자치위원회의 설치, 기능, 구성, 운영
- 전문상담교사 배치 및 전담기구의 구성
- 학교 폭력 예방교육
- 피해학생 보호조치 및 가해학생 선도 · 교육조치
- 재심청구 및 분쟁조정
- 기타신고의 의무, 긴급전화, 정보통신망 이용, 학생보호인력배치, 비밀누설금지 등

## 5 2012년 「학교폭력예방 및 대책에 관한 법률」 주요 개정내용

2012년 3월 21일 개정된 「학교폭력예방 및 대책에 관한 법률」은, 2012년 4월 1일자로 피해 · 가해학생에 대한 조치를 중심으로 부분 시행되었으며 5월 1일부터 전면 시행되었다. 개정된 법률의 중요 골자는 다음과 같다.

가) 학교 폭력의 정의 범위 확대

학교 폭력의 정의를 '학생 간에 발생한' 폭력에서 '학생을 대상으로 발생한' 폭력으로 개정하며 학교 폭력의 범위를 넓혔다.

나) 피해학생 조치 변경

피해학생 조치 중 '전학권고'가 삭제되고 피해학생 치료비를 안전공제회에서 배상 후 가해학생 보호자에게 구상권을 청구하도록 하여 피해학생 보호를 강화했다.

다) 가해학생 조치 강화

가해학생의 출석정지의 기한을 두지 않고 전학 조치의 실효성을 높여 가해학생에 대한 징계를 강화하였다.

라) 재심청구 조항 신설

재심청구 조항을 신설하여 피해학생 또는 그 보호자가 청구한 재심은 시 · 도 학교폭력대책지역위원회, 가해학생측이 청구한 재심은 시 · 도학생징계조정위원회에서 실시하도록 법률을 개정하였다.

# 「학교폭력예방 및 대책에 관한 법률」정의[1] 3

## 1 학교 폭력의 정의

학교 내외에서 학생을 대상으로 발생한 상해, 폭행, 감금, 협박, 약취 · 유인, 명예훼손 · 모욕, 공갈, 강요 · 강제적인 심부름 및 성폭력, 따돌림, 사이버 따돌림, 정보통신망을 이용한 음란 · 폭력 정보 등에 의하여 신체 · 정신 또는 재산상의 피해를 수반하는 행위를 말한다.

## 2 학교 폭력 피해학생의 정의

학교 폭력으로 인하여 피해를 입은 학생을 말한다.

## 3 학교 폭력 가해학생의 정의

학교 폭력을 행사하거나 그 행위에 가담한 학생을 말한다.

## 4 따돌림의 정의

학교 내외에서 2명 이상의 학생들이 특정인이나 특정집단의 학생들을 대상으로 지속적이거나 반복적으로 신체적 또는 심리적 공격을 가하여 상대방이 고통을 느끼도록 하는 일체의 행위를 말한다.

1 「학교폭력예방 및 대책에 관한 법률」제2조(정의)에 근거함.

### 5 사이버 따돌림의 정의

인터넷, 휴대전화 등 정보통신기기를 이용하여 학생들이 특정 학생들을 대상으로 지속적, 반복적으로 심리적 공격을 가하거나, 특정 학생과 관련된 개인정보 또는 허위 사실을 유포하여 상대방이 고통을 느끼도록 하는 일체의 행위를 말한다.

## 4 학교폭력대책위원회/지역위원회/지역협의회의 이해

보다 실효성 있는 학교 폭력의 예방 및 대책 마련을 위하여 국가, 시 · 도, 시 · 군 · 구에는 학교 폭력을 관리하고 심의하는 기구를 구성하고 있다. 관련 기구는 아래와 같다.

### 1 학교폭력대책위원회[2]

국가 차원에서는 학교 폭력의 예방 및 대책에 관한 사항을 심의하기 위하여 국무총리 소속으로 '학교폭력대책위원회' 를 구성하였다. 대책위원회의 위원장은 국무총리와 학교폭력대책에 관한 전문 지식과 경험이 풍부한 사람이 공동으로 되고 위원장 2명을 포함하여 20명 이내의 위원으로 구성하도록 하고 있다.

학교폭력대책위원회는 아래의 사항을 심의한다.

- 학교 폭력의 예방 및 대책에 관한 기본계획의 수립 및 시행에 대한 평가
- 학교 폭력과 관련하여 관계 중앙행정기관 및 지방자치단체의 장이 요청하는 사항
- 학교 폭력과 관련하여 교육청, 학교 폭력대책지역위원회, 학교 폭력대책지역협의회, 학교폭력대책자치위원회, 전문단체 및 전문가가 요청하는 사항

2 「학교폭력예방 및 대책에 관한 법률」 제7조(학교 폭력대책위원회의 설치 · 기능), 제8조(대책위원회의 구성)에 근거함.

## 2 학교폭력대책지역위원회[3]

각 지역 내에서 발생하는 학교 폭력 문제를 해결하기 위하여 각 시 · 도에는 '학교폭력대책지역위원회' 를 두고 있다. 특별시장 · 광역시장 · 특별자치시장 · 도지사 및 특별자치도지사는 지역위원회의 운영 및 활동에 관하여 시 · 도의 교육감과 협의하여야 하며, 그 효율적인 운영을 위하여 실무위원회를 둘 수 있다고 법률에 규정하고 있으며, 지역위원회는 위원장 1인을 포함한 11인 이내의 위원으로 구성한다. 학교폭력대책지역위원회는 아래의 기능을 담당한다.

- 매년 기본계획에 따른 지역의 학교 폭력 예방대책을 수립
- 해당 지역에서 발생한 학교 폭력에 대하여 교육감 및 지방경찰청장에게 관련 자료를 요청
- 자치위원회에서 내린 조치에 대하여 이의가 있는 피해학생 또는 그 보호자가 요청하는 재심 진행

## 3 학교폭력대책지역협의회[4]

학교폭력예방 대책을 수립하고 기관별 추진계획 및 상호 협력 · 지원 방안 등을 협의하기 위하여 각 시 · 군 · 구에서는 학교폭력대책지역협의회를 구성하도록 되어있다. 위원장은 시, 군, 구의 부 단체장이며, 지역협의회는 위원장 1명을 포함한 20명 내외의 위원으로 구성한다.

3 「학교폭력예방 및 대책에 관한 법률」 제9조(학교 폭력대책지역위원회의 설치), 제10조(학교 폭력대책지역위원회의 기능)에 근거함.

4 「학교폭력예방 및 대책에 관한 법률」 제10조의2(학교 폭력대책지역협의회의 설치 · 운영)에 근거함.

# 5 학교 폭력 관리자의 이해

학교 폭력 예방 및 근절을 위해서는 앞에서 언급한 학교폭력대책위원회, 지역위원회, 지역협의회의의 역할도 중요하지만 지역 내에서 발생하는 교육을 총괄 관리 · 감독하는 교육감 및 학교를 총괄 지휘하는 학교장의 역할이 매우 중요하다고 할 수 있다.

## 1 교육감의 임무[5]

각 시 · 도교육청에서 학교 폭력 예방 및 대책을 총괄 관리하는 교육감은 다음과 같은 임무를 갖고 있다.

- 시 · 도교육청에 학교 폭력의 예방과 대책을 담당하는 전담부서를 설치 · 운영
- 관할 구역 안에서 학교 폭력이 발생한 때 해당 학교의 장 및 관련 학교의 장에게 그 경과 및 결과의 보고를 요구
- 관할 구역 안의 학교 폭력이 관할 구역 외의 학교 폭력과 관련이 있는 때 그 관할 교육감과 협의하여 적절한 조치 진행
- 학교의 장으로 하여금 학교 폭력의 예방 및 대책에 관한 실시계획을 수립 · 시행하도록 지시
- 가해학생이 전학 조치를 받은 경우 그 실현을 위하여 필요한 조치 진행. 퇴학처분의 경우 해당 학생의 건전한 성장을 위하여 다른 학교 재입학 등의 적절한 대책 강구
- 대책위원회 및 지역위원회에 관할 구역 안의 학교 폭력의 실태 및 대책에 관한 사항 보고 및 공표
- 학교 폭력의 실태를 파악하고 효율적인 예방대책 수립을 위한 학교 폭력 실태조

---

5 「학교폭력예방 및 대책에 관한 법률」 제11조(교육감의 임무)에 근거함.

사를 연 2회 이상 실시

- 학교 폭력 등에 관한 조사, 상담, 치유프로그램 운영 등을 위한 전문기관을 설치 · 운영
- 학교 폭력 축소 및 은폐를 시도한 학교의 장 및 교원에 대한 「교육공무원법」 제50조 및 「사립학교법」 제62조에 따른 징계위원회에 징계의결을 요구
- 학교폭력의 예방 및 대책 마련에 기여한 바가 큰 학교 또는 소속 교원에게 상훈을 수여하거나 소속 교원의 근무성적 평정에 가산점을 부여

## 2 학교장의 의무[6]

해당 학교에서 학교폭력 예방 및 대책을 총괄 관리하는 학교장은 다음과 같은 의무를 갖고 있다.

- 전문상담교사배치 및 전담기구의 구성
- 학생 및 학부모, 교직원 대상 학기별 1회 이상 예방교육
- 긴급한 상황 발생 시 피해학생 및 가해학생 대상 보호 및 선도조치
- 학교 폭력 발생으로 인한 자치위원회 개최 시 교육감에게 조치 및 결과 보고
- 관계기관과 협력을 통한 교내 학교 폭력 단체 결성예방 및 해체를 위한 노력
- 학교 폭력 예방을 위한 교내 학생보호인력 배치 및 활용

6 「학교폭력예방 및 대책에 관한 법률」 제14조(전문상담교사 배치 및 전담기구 구성), 제15조(학교 폭력 예방교육), 제16조(피해학생의 보호), 제17조(가해학생에 대한 조치), 제19조(학교의 장의 의무)에 근거함.

# 6 학교 폭력 사안처리의 이해

학교 폭력 예방을 위한 노력도 중요하지만, 사안 발생 시 효과적인 사안처리과정도 매우 중요하다. 학교 현장에서 학교 폭력 사안이 발생하고, 접수가 된다면 사안처리의 경험이 많지 않은 현장 교사들은 당황하기가 쉽다. 하지만 침착하게 「학교폭력예방 및 대책에 관한 법률」을 근거로 단계적으로 사안처리를 진행한다면 학교 폭력으로 인하여 발생하는 피해측 및 가해측 간 분쟁을 최소화하고, 초기에 학교 폭력 사안처리 종결이 가능하다. 「학교폭력예방 및 대책에 관한 법률」에도 사안처리 과정에 대한 내용이 서술되어있지만, 교육부에서 운영하는 학교 폭력 예방 종합 포털사이트[7]를 이용하면 보다 구체적인 정보에 대한 확인이 가능하다.

학교 현장에서 진행하는 사안처리 과정은 아래의 표와 같다.

학교 폭력 사건 발생 인지 → 신고접수 및 학교장 보고 → 즉시조치 긴급조치 포함

사안조사 → 관련학생, 보호자 면담 → 사건보고 → 자치위원회

## 1 학교 폭력 사안처리 시 역할분담

학교 폭력 사건 발생 시에는 담임교사와 학교 폭력전담기구, 학교장이 각자의 역할을 분담하여 사안처리를 진행하는 것이 효과적이다. 간혹 피-가해측은 담임교사가 모든 처리가 가능할 것이라 기대하는 경우가 발생하지만, 각 역할을 파악한 뒤 도움을 요청한다면 보다 효과적이고 신속하게 사안처리를 유도할 수 있으며 아이들의 보호가 가능하다.

7 http://www.stopbullying.or.kr/ (교육부 운영, 학교 폭력 예방 종합 포털 사이트)

사안조사 진행시 가장 중요한 점은 객관적이고 공정하게 사안조사를 진행하는 과정이라 할 수 있다. 학교 폭력 사안처리 시 단계별로 처리되는 세부적인 내용은 아래 표와 같다.

| 단계 | 처리내용 | 비고 |
|---|---|---|
| 학교 폭력 사건 발생인지 | - 사건발생을 인지한 교사, 학생, 학부모 등은 학교 폭력 전담기구에 신고 | |
| ↓ | | |
| 신고 접수 및 학교장보고 | - 학교 폭력 전담기구는 신고된 사안을 학교장과 담임교사에게 보고한 후 피해 · 가해학생 학부모에게 통지<br>- 사안이 중대한 경우, 학교장 및 자치위원장에게 즉시 보고 | 학교 폭력 전담기구 |
| ↓ | | |
| 즉시조치 | - 피해학생과 가해학생 즉시 격리<br>- 피해학생 및 신고 · 고발한 학생이 가해학생으로부터 보복행위를 당하지 않도록 조치<br>- 피해학생의 보호가 긴급한 경우 및 가해학생의 선도가 긴급한 경우 「학교폭력예방 및 대책에 관한 법률」에 의한 긴급조치를 취한 후, 자치위원회에 즉시 보고하여 추인 | 학교장, 학교 폭력 전담기구, 담임교사 |
| ↓ | | |
| 사안조사 | - 학교 폭력전담기구에서 구체적인 사안조사 실시<br>- 피해 · 가해학생의 면담, 주변학생 조사, 설문조사, 객관적인 입증자료 수집 등<br>- 피해 · 가해학생 심층면담<br>- 조사한 결과를 바탕으로 사건보고서 작성<br>- 성폭력의 경우 비밀유지에 유의 | 학교 폭력 전담기구, 담임교사 |
| ↓ | | |
| 관련학생/학부모 면담 | - 조사결과에 대해 해당학생 부모님께 알리고, 향후 진행 절차 등에 대해 통보 | 학교 폭력 전담기구, 담임교사 |
| ↓ | | |
| 사건보고 | - 가해 및 피해사실 여부에 관하여 종합적으로 정리하여 학교의 장 및 자치위원회(자치위원회의 요청이 있는 경우)에 보고 | 학교 폭력 전담기구 |
| ↓ | | |
| 자치위원회 | | |

## 2 전담기구[8]

가) 전담기구의 정의

전담기구는 교내에서 학교 폭력에 대한 실태조사 및 예방교육을 담당함으로써 총괄적인 예방활동을 담당하고, 학교 폭력 사안 발생 시에는 사안조사, 자치위원회 개최 전 사전심의, 집중 보호 또는 관찰학생에 대한 생활지도 등을 진행하는 교내 학교 폭력 담당 기구이다.

나) 전담기구의 구성

교감, 전문상담교사, 보건교사, 책임교사 등 학교 폭력과 관련된 자로 구성하며 구성권자는 학교장이다.

다) 전담기구의 역할

전담기구에서는 학교 폭력 예방 및 학교 폭력 사안발생 시 아래의 역할을 담당하여 진행한다.

| 구분 | 세부 역할 |
|---|---|
| 사안발생 시 역할 | - 학교 폭력 신고 접수 및 관련학생 학부모에게 통보<br>- 학교 폭력 사안조사<br>- 학교폭력대책자치위원회 개최 전 사전심의<br>- 집중보호 또는 관찰대상 학생에 대한 생활지도 |
| 예방을 위한 역할 | - 학교 폭력 실태조사<br>- 학교 폭력 예방교육 |

라) 전담기구의 사안조사

전담기구에서는 학교 폭력 발생 시 사안조사를 전담하여 진행한다. 사안조사 방법

8 「학교폭력예방 및 대책에 관한 법률」 제14조(전문상담교사 배치 및 전담기구 구성)에 근거함.

은 서면조사, 해당학생 및 목격학생 대상 면담조사, 사안현장 조사 등을 통하여 진행하지만, 교사들로 구성된 전담기구에서 사안조사를 전문적으로 진행하기에는 한계가 발생한다. 따라서 조사 진행시에는 보다 공정하고 객관적으로 사안조사를 하기 위해 노력하는 과정이 중요하다.

❶ 사안조사 진행 절차

면담 ➡ 정보수집 ➡ 사실확인

욕구파악 ➡ 면담 일지 및 보고서 작성 ➡ 사건보고

❷ 사안조사 방법

- 서면조사, 해당학생 및 목격학생 면담조사, 사안현장 조사 등을 통하여 종합적인 방법으로 신속하게 자료를 확보한다.
- 면담조사를 진행하는 경우에는 육하원칙에 근거하여 구체적으로 확인서를 받는다.
- 객관적이고 공정한 사안조사를 실시한다.
- 피해 · 가해학생 확인이 어긋날 시 목격한 학생의 확인을 받거나 증거자료 확보를 통해 적극적으로 사안조사에 임한다.
- 학생, 보호자, 목격자, 담임교사 등을 면담조사한 후에는 학교 폭력 사안 조사보고서를 작성하여 보관한다.

❸ 사안조사 기준

전담기구에서 학교 폭력 사안조사 시에는 학교 폭력 행위의 유형별 중점 판단요소, 경중 판단요소 등을 파악하여 조사를 해야 한다. 교육부에서 2012년 개정하여 발행한 학교 폭력 사안처리 가이드북[9]에서 제시한 중점판단요소 및 경중판단요소는 아래와 같다.

- 폭력 행위의 중점판단요소 내용

| 폭력유형 | | 중점파악요소 |
|---|---|---|
| 신체적 폭력 | | 상해의 심각성, 감금, 신체적 구속여부, 성폭력여부 |
| 경제적 폭력 | | 반환여부, 손괴여부, 협박/강요의 정도 |
| 정서적 폭력 | 괴롭힘 | 지속성여부, 협박/강요의 정도, 성희롱 여부 |
| | 따돌림 | |
| 언어적 폭력 | | 욕설/비속어,허위성, 성희롱 여부 |
| 사이버 매체 폭력 | | 명의도용, 폭력성/음란성, 유포의 정도, 사이버 성폭력 여부 |

- 폭력 행위의 경중판단요소 내용

| 폭력 행위의 경중판단요소 내용 |
|---|
| 「학교폭력예방 및 대책에 관한 법률」 제16조의2, 제17조 제2항<br>- 피해학생이 장애학생인지 여부<br>- 피해학생이나 신고 고발학생에 대한 협박 또는 보복행위인지 여부<br><br>「학교폭력예방 및 대책에 관한 법률」 시행령 제19조<br>- 가해학생이 행사한 학교 폭력의 심각성, 지속성, 고의성<br>- 가해학생의 반성의 정도<br>- 해당 조치로 인한 가해학생의 선도 가능성<br>- 가해학생 및 보호자와 피해학생 및 보호자 간의 화해의 정도<br><br>〈기타〉<br>- 교사(敎唆)행위를 했는지 여부<br>- 2인 이상의 집단 폭력을 행사한 것인지 여부<br>- 위험한 물건을 사용했는지 여부<br>- 폭력 행위를 주도했는지 여부<br>- 폭력서클에 속해 있는지 여부<br>- 정신적, 신체적으로 심각한 장해를 유발했는지 여부 |

9 학교 폭력 사안처리 가이드북(2012년 12월 1일 발행, 발행처: 교육과학기술부).

# 학교폭력대책자치위원회[10] 7

## 1 자치위원회의 정의

자치위원회는 학교 폭력에 대한 학교의 안전체제를 구축하여 학교 폭력발생시 피해 · 가해학생들을 안전하게 학교로 복귀하도록 하는 기구로써 교직원뿐만 아니라 학부모의원, 경찰공무원, 법률전문가, 의료전문가, 청소년보호전문가 등으로 구성된 전문적 · 객관적 · 중립적 심의기구이다.

## 2 자치위원회의 구성

자치위원회는 위원장 1인을 포함하여 5인 이상 10인 이하의 의원으로 구성하되, 대통령령으로 정하는 바에 따라 전체위원의 과반수를 학부모 전체회의에서 직접 선출된 학부모 대표로 위촉하여야 한다. 자치위원회의 위원은 다음 각 호의 어느 하나에 해당하는 사람 중에서 학교장이 임명하거나 위촉한다. 위원장은 위원 중에 호선하는 것을 원칙으로 한다.

- 해당 학교의 교감
- 해당 학교의 교사 중 학생생활지도의 경력이 있는 교사
- 학부모 대표
- 판사 · 검사 · 변호사
- 해당 학교를 관찰하는 경찰서 소속 경찰공무원
- 의사의 자격이 있는 사람
- 그 밖에 학교 폭력 예방 및 청소년 보호에 대한 지식과 경험이 풍부한 사람

10 「학교폭력예방 및 대책에 관한 법률」제12조(학교 폭력대책자치위원회의 설치 · 기능), 제13조(자치위원회의 구성 · 운영)에 근거함.

## 3 자치위원회 역할

가) 피해 · 가해학생 및 보호자 의견확인 기회부여

자치위원회는 피해 · 가해 학생에 따른 조치를 요청하기 전에 해당 학생 및 그 보호자에게 의견기회를 부여하는 등 적정한 절차를 거쳐야 한다.

나) 피해학생 보호조치

자치위원회는 피해학생의 보호를 위하여 필요하다고 인정하는 때에는 피해학생에 대하여 해당하는 조치를 하도록 학교의 장에게 요청할 수 있다.

다) 가해학생 선도 · 교육조치

자치위원회는 피해학생의 보호와 가해학생의 선도 · 교육을 위하여 가해학생에 대하여 해당하는 조치를 하도록 학교의 장에게 요청할 수 있다.

라) 분쟁조정

자치위원회는 학교 폭력과 관련하여 분쟁이 있는 경우에는 그 분쟁을 조정할 수 있다.

## 4 자치위원회 소집

자치위원회는 분기별 1회 이상 회의를 개최하고, 자치위원회의 위원장은 소집요건이 충족되는 경우 반드시 소집을 하여 회의를 개최하여야 한다.

자치위원회 소집요건은 다음과 같다.

- 자치위원회 재적위원 4분의 1 이상의 요청이 있는 경우
- 학교의 장이 요청하는 경우
- 피해학생 또는 그 보호자가 요청하는 경우
- 학교 폭력이 발생한 사실을 신고받거나 보고받은 경우

- 가해학생이 협박 또는 보복한 사실을 신고받거나 보고받은 경우
- 그 밖에 위원장이 필요하다고 인정하는 경우

## 5 자치위원회 회의록 작성[11]

자치위원회 개최 시에는 회의의 일시, 장소, 출석위원, 토의내용 및 의결사항 등이 기록된 회의록을 작성하여야 한다. 또한 피해 · 가해학생 또는 보호자가 회의록의 열람 · 복사 등 회의록 공개를 신청한 때에는 학생과 그 가족의 성명, 주민등록번호 및 주소, 위원의 성명 등 개인정보에 관한 상황을 제외하고 공개하여야 한다.

## 6 자치위원회 진행과정

개최알림 ➡ 자치위 개요안내 ➡ 사안조사 보고 ➡ 피해측 확인

가해측 확인 ➡ 질의응답 ➡ 조치논의 및 결정 ➡ 결과통보

- 개최알림　자치위원장이 자치위원회 개최를 알린다.
- 개요안내　책임교사가 자치위원회 목적, 진행절차, 주의사항, 참석자 소개, 자치위원회 진행과정이 녹취됨 등을 알린다.
- 사안조사보고　책임교사가 전담기구에서 사안조사한 내용의 결과를 보고한다.
- 피해측 확인 및 질의응답　사안을 확인하고 피해측 입장에서 욕구를 진술하도록 한다. 효과적인 조치를 위하여 위원들은 피해측에 질문하고 피해측은 답변한다.
- 가해측 확인 및 질의응답　사안을 확인하고 가해측 입장을 진술하도록 한다. 효과적인 조치를 위하여 위원들은 가해측에 질문하고 피해측은 답변한다.

11 「학교폭력예방 및 대책에 관한 법률」제13조(자치위원회의 구성 · 운영), 제21조(비밀누설금지 등)에 근거함.

- 피해학생 보호조치, 가해학생 선도 · 교육 조치논의 및 결정　자치위원들 간의 협의를 통해 피해학생에 대한 보호조치와 가해학생 선도 · 교육조치를 논의하여 결정한다.
- 피해 · 가해측에 결과 통보　서면으로 자치위원회 결과를 통보하도록 한다. 서면으로 결과 통보 시에는 피해측과 가해측에게 재심청구가 가능함을 안내한다.

## 7 자치위원회의 조치사항

### 가) 피해학생 보호조치[12]

자치위원회에서는 피해학생 보호를 위하여 필요하다고 인정하는 때에는 피해학생에 대하여 조치할 것을 학교장에게 요청할 수 있다. 자치위원회에서 학교장에게 요청할 수 있는 조치는 아래와 같다.

- 제 1호　심리상담 및 조언
- 제 2호　일시보호
- 제 3호　치료 및 치료를 위한 요양
- 제 4호　학급교체
- 제 5호　삭제[13]
- 제 6호　그 밖에 피해학생의 보호를 위하여 필요한 조치

### 나) 자치위원회 개최 전 긴급조치

학교의 장은 피해학생의 보호를 위하여 긴급하다고 인정하거나 피해학생이 긴급보호요청을 하는 경우에는 자치위원회 요청 전에 심리상담 및 조언, 일시보호 및 그 밖에 피해학생 보호를 위하여 필요한 조치를 할 수 있다. 이 경우 자치위원회에 즉시 보

---

12 「학교폭력예방 및 대책에 관한 법률」 제16조(피해학생의 보호)에 근거함.

13 2012년 3월 21일 개정된 법률에 삭제됨.

고를 해야 하며, 조치를 정하기 전에는 피해학생 및 그 보호자에게 의견확인의 기회를 부여하는 등 적정한 절차를 거쳐야 한다.

### 다) 피해학생 보호조치의 구체적 설명

• 제1호 심리상담 및 조언

학교 폭력으로 받은 정신적 · 심리적 충격으로부터 회복할 수 있도록 하기 위하여 학교 내의 교사 혹은 학교 외의 전문상담기관 전문가에게 심리상담 및 조언을 받도록 하는 조치이다.

• 제2호 일시보호

지속적인 폭력이나 보복을 당할 우려가 있는 경우 일시적으로 보호시설이나 집 또는 학교 상담실 등에서 보호를 받을 수 있도록 하기 위한 조치이다.

• 제3호 치료 및 치료를 위한 요양

학교 폭력으로 인하여 생긴 신체적 · 정신적 상처의 치유를 위하여 일정기간 출석을 하지 않고 의료기관 등에서 치료를 받도록 하는 조치이다.

TIP

**피해학생 치료비 부담**[14]

피해학생이 전문단체나 전문가로부터 제 1항 제1호부터 3호까지의 규정에 따른 상담 등을 받는 데에 사용되는 비용은 가해학생의 보호자가 부담하여야 한다. 다만, 피해학생의 신속한 치료를 위하여 학교의 장 또는 피해학생의 보호자가 원하는 경우에는 학교안전사고예방및보상에관한법률 제15조에 따른 학교안전공제회 또는 시 · 도교육청이 부담하고 이에 대한 구상권을 행사할 수 있다.

14 「학교폭력예방 및 대책에 관한 법률」제16조(피해학생의 보호) 6항에 근거함.

• 제4호　학급교체

지속적인 학교 폭력 상황 및 정신적 상처에서 벗어나도록 하기 위해서 피해학생을 동일 학교 내의 다른 학급으로 소속을 옮겨주는 조치이다. 조치결정에 있어서는 피해학생의 의견을 적극 반영하는 것이 좋다.

• 제5호　삭제

• 제6호　그 밖에 피해학생의 보호를 위하여 필요한 조치

피해학생의 보호를 위하여 필요하다고 판단되는 다양한 조치가 가능하다. 치료를 위한 의료기관 연계, 법률구조기관 등에 필요한 협조와 지원 요청, 신변보호지원 등을 할 수 있다.

## 8 가해학생 교육 · 선도조치[15]

자치위원회에서는 피해학생 보호와 가해학생의 선도 · 교육을 위하여 가해학생에 대하여 조치할 것을 학교장에게 요청할 수 있다. 자치위원회에서 학교장에게 요청할 수 있는 조치는 아래와 같다.

### 가) 가해학생 교육 · 선도조치

• 제1호　피해학생에 대한 서면사과

• 제2호　피해학생 및 신고 · 고발 학생에 대한 접촉, 협박 및 보복행위의 금지

• 제3호　학교에서의 봉사

• 제4호　사회봉사

• 제5호　학내외 전문가에 의한 특별교육이수 또는 심리치료

• 제6호　출석정지

• 제7호　학급교체

15 「학교폭력예방 및 대책에 관한 법률」 제17조(가해학생에 대한 조치)에 근거함.

• 제8호 전학

• 제9호 퇴학처분

나) 자치위원회 개최 전 긴급조치

학교의 장은 피해학생의 보호 및 가해학생에 대한 선도가 긴급하다고 인정할 경우 피해학생에 대한 서면사과, 피해학생 및 신고 · 고발 학생에 대한 접촉, 협박 및 보복행위의 금지, 학교에서의 봉사, 학내외 전문가에 의한 특별교육이수 또는 심리치료, 출석정지 조치를 할 수 있다. 이 경우 자치위원회에 즉시 보고하여 추인을 받아야 한다.

❶ 가해학생 교육 · 선도조치의 구체적 설명

• 제1호 피해학생에 대한 서면사과

가해학생이 피해학생에게 서면으로 그동안의 폭력행위에 대하여 사과를 함으로써 서로 화해하도록 하는 조치이다.

• 제2호 피해학생 및 신고 · 고발 학생에 대한 접촉, 협박 및 보복행위의 금지

피해학생이나 신고 · 고발학생에 대한 가해학생의 접근을 막아 더 이상의 폭력이나 보복을 막기 위한 조치이다.

• 제3호 학교에서의 봉사

학교에서 봉사활동을 함으로써 가해학생에게 반성의 기회를 주기 위한 조치이다.

• 제4호 사회봉사

사회구성원으로서의 책임감을 느끼기 위한 조치이다. 학교에서는 사회봉사를 실시하는 기관과 업무협조를 긴밀히 하고, 각종 확인 자료와 담당자 간의 통신을 통하여 사회봉사가 실질적으로 이루어질 수 있도록 해야 한다.

• 제5호 학교 내외 전문가의 특별교육이수 또는 심리치료

교육감이 정한 기관에서 특별교육을 이수하거나 심리치료를 받아야 하는 조치이다.

• 제6호 출석정지

가해학생을 학교에 출석하지 못하게 함으로써 반성의 기회를 주고 일시적으로 피

해학생과 격리시킴으로써 피해학생을 보호하기 위한 조치이다. 가해학생에 대한 출석 정지 기간은 출석일수에 산입하지 않는다.

• 제7호 학급교체

가해학생을 피해학생으로부터 격리하기 위하여 같은 학교 내의 다른 학급으로 옮기는 조치이다.

• 제8호 전학

가해학생을 피해학생으로부터 격리시키고 피해학생에 대해 더 이상의 폭력행위를 하지 못하도록 하기 위하여 다른 학교로 소속을 옮기도록 하는 조치이다. 자치위원회에서 가해학생에 대하여 전학조치를 의결하면 학교의 장은 14일 이내에 전학조치를 취해야 하며, 가해학생이 다른 학교로 전학을 간 이후에는 전학 전의 피해학생 소속 학교로 다시 전학올 수 없도록 하여야 한다.

• 제9호 퇴학처분

피해학생을 보호하고 가해학생을 선도 · 교육할 수 없다고 인정될 때 취하는 조치이다. 다만 의무교육과정에 있는 가해학생에 대하여는 적용하지 않는다.

# 8 분쟁조정[16]

## 1 분쟁조정의 정의

「학교폭력예방 및 대책에 관한 법률」은 학교 폭력과 관련하여 분쟁이 있는 경우에 자치위원회 또는 교육감이 그 분쟁을 조정할 수 있도록 정하고 있다. 여기서의 분쟁조정이란 '소송'에 대한 대체적 분쟁해결수단으로써, 중립적인 제3자의 주선을 통해 분쟁 당사자 간에 자율적으로 타협과 화해에 이르는 제도를 말한다.

16 「학교폭력예방 및 대책에 관한 법률」제18조(분쟁조정)에 근거함.

## 2 분쟁조정의 신청

분쟁조정은 아래의 상황에서 신청이 가능하다.

가) 피해 · 가해측의 손해배상에 관련된 합의를 하고자 할 때

- 피해학생 측에서 치료비와 요양비 등 금전적 손해에 대한 배상을 요구하는 경우
- 가해학생 측에서 치료비, 위자료 등 금전적 손해배상을 통해 합의하고자 하는 경우

나) 그 밖에 자치위원회가 필요하다고 인정하는 사항

- 자치위원회의 조치만으로는 해결이 불가능한 갈등이 있는 경우

## 3 분쟁조정의 대상

학교 폭력 피해 · 가해측, 즉 분쟁의 당사자가 신청할 수 있다. 당사자는 분쟁조정 신청서분쟁조정 신청인의 성명 및 주소, 보호자의 성명 및 주소, 분쟁조정 신청의 사유가 포함되어 있음를 작성하여 자치위원회나 교육감에게 신청이 가능하다.

## 4 분쟁조정의 기한

분쟁 당사자가 조정을 신청할 시 5일 이내 분쟁조정을 개시하여야 하며, 분쟁의 조정기간은 1개월을 넘지 못한다. 자치위원회는 분쟁조정을 위하여 필요하다고 인정하는 때에는 관계기관의 협조를 얻어 학교 폭력과 관련한 사항을 조사할 수 있다.

## 5 분쟁조정의 거부 또는 중지

자치위원회 또는 교육감은 다음에 해당하는 사유가 발생한 경우에는 분쟁조정의

개시를 거부하거나 분쟁조정을 중지할 수 있다.

- 분쟁당사자 중 어느 한 쪽이 분쟁조정을 거부한 경우
- 피해학생 등이 관련된 학교 폭력에 대하여 가해학생을 고소 · 고발하거나 민사상 소송을 제기한 경우
- 분쟁조정의 신청내용이 거짓임이 명백하거나 정당한 이유가 없다고 인정되는 경우

### 6 분쟁조정 종료

분쟁당사자 간에 합의가 이루어지거나 자치위원회 또는 교육감이 제시한 조정안을 분쟁당사자가 수락하는 등 분쟁조정이 성립한 경우, 분쟁조정 개시일로부터 1개월이 지나도록 분쟁조정이 성립하지 않은 경우는 분쟁조정 종료가 가능하다.

## 9 재심청구[17]

자치위원회 또는 학교장이 내린 조치에 이의가 있을 시에는 피해학생, 가해학생이 각각 재심청구가 가능하다.

### 1 피해학생의 재심

자치위원회 또는 학교장이 피해학생 보호조치, 가해학생 선도조치에 대하여 이의가 있는 피해학생 또는 그 보호자는 그 조치를 받은 날부터 15일 이내, 그 조치가 있음

17 「학교폭력예방 및 대책에 관한 법률」 제17조의2(재심청구)에 근거함.

을 안 날부터 10일 이내에 지역위원회에 재심 청구가 가능하다.

## 2 가해학생의 재심

자치위원회가 가해학생에게 내린 전학, 퇴학 조치에 대하여 이의가 있는 학생 또는 보호자는 조치를 받을 날부터 15일 이내, 조치가 있음을 안 날부터 10일 이내 시 · 도 교육청에 설치된 징계조정위원회에 재심청구가 가능하다.

[학교폭력 사안처리 흐름도]

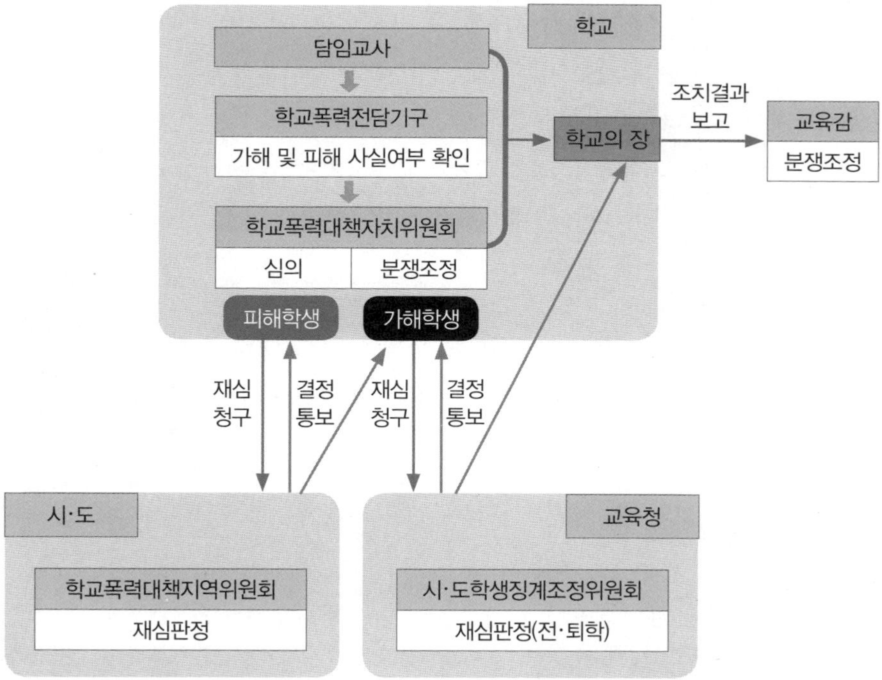

# 10 행정심판

## 1 행정심판의 정의

행정심판이란 행정청의 위법 · 부당한 처분이나 부작위로 권리 또는 이익을 침해받은 국민이 이를 회복하기 위하여 행정기관에 제기하는 권리구제제도이다.

## 2 행정심판의 조건 및 기한

피해학생[18] 지역위원회의 결정에 이의가 있는 청구인은 통보를 받은 날부터 60일 이내에 행정심판을 제기할 수 있다.

가해학생[19] 시 · 도학생징계조정위원회의 심사결정에 이의가 있는 청구인은 통보를 받은 날부터 60일 이내에 행정심판을 제기할 수 있다.

## 3 행정심판 기관

지역위원회 결정에 대한 이의는 중앙행정심판위원회로 제기하며, 시 · 도학생징계조정위원회의 결정에 대한 이의는 해당 교육청 행정심판위원회로 제기가 가능하다.

18 「학교폭력예방 및 대책에 관한 법률」 제17조의2(재심청구) 4항에 근거함.
19 「초 · 중등교육법」 제18조의2(재심청구) 3항에 근거함.

[재심 및 행정심판 방법]

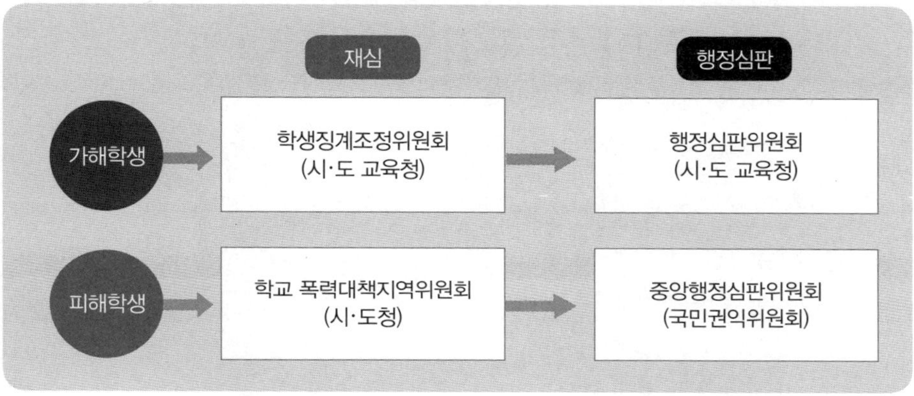


## 학교 폭력 신고의무[20] 11

학교 폭력 현장을 보고나 그 사실을 알게 된 자는 학교 등 관계기관에 즉시 신고를 해야 한다고 법률에 규정하고 있으며, 신고를 받은 기관은 가해학생 및 피해학생의 보호자와 소속 학교의 장에게 통보하도록 명시하고 있다. 신고사실을 통보받은 학교의 장은 이를 자치위원회에 지체 없이 통보하도록 하여 학교 폭력 신고 시 즉각적으로 사안처리를 할 수 있도록 법적 근거가 마련되어 있다.

20 「학교폭력예방 및 대책에 관한 법률」 제20조(학교 폭력의 신고의무)에 근거함.

SECTION

# 2 「학교폭력예방 및 대책에 관한 법률」의 문제점과 개선방안

## 1 「학교폭력예방 및 대책에 관한 법률」의 문제점

정부의 학교 폭력근절종합대책 이후 지난 3월 21일 「학교폭력예방 및 대책에 관한 법률」이 개정되었다. 학교 폭력 정의의 범위 확대, 가해학생 교육 · 선도 조치 강화, 재심 조항 신설 등 다양한 내용의 법률이 개정된 이후 학교 폭력 현장에서는 몇몇 혼선이 발생되고 있는 것이 사실이다.

위에서 언급한 혼선 중 대부분은 사안처리 과정과 관련된 내용일 것이라 판단된다. 학교 폭력이 발생되기 이전에는 '자신의 일' 이 아닌 것처럼 여겨지다가, 막상 본인에게 학교 폭력이 발생하거나, 자녀가 학교 폭력 피해를 당했음을 알게 되었을 때 겪게 되는 혼란은 당사자가 아닌 이상 그 고통을 짐작하기엔 한계가 있을 것이다.

또한 학교 폭력 사안처리가 잘못된 경우에는 피해 · 가해학생 및 학부모, 교원 모두 분쟁의 당사자가 되어 학교 폭력의 2차, 3차 피해자로 전락할 가능성도 있다. 따라서 사안처리과정은 매우 중요하다고 할 수 있는데, 특히 전담기구에서 사안조사를 진행하는 과정, 자치위원회에서 조치 심의를 진행하는 과정, 자치위원회 결과에 대한 불만으로 재심을 청구하는 과정에서 다양한 분쟁이 발생한다고 할 수 있다. 이러한 문제를 최소화하기 위해서는 「학교폭력예방 및 대책에 관한 법률」에서 발생할 수 있는 문제점을 진단하고 개선방안을 제안하는 과정이 필요하다.

본 장에서는 학교 폭력 사례를 중심으로 「학교폭력예방 및 대책에 관한 법률」에 제시된, 전담기구, 자치위원회, 재심 과정에서 발생할 수 있는 문제점을 파악하고 개선방안을 제시하고자 한다.

## 1 사례를 통한 「학교폭력예방 및 대책에 관한 법률」의 문제점

가) 교육 전문가인 '교사'가 사안조사를 진행하므로 발생되는 문제점

사례 1

A군은 반 아이들을 선동하여 B군을 왕따로 만들고 폭행하고 괴롭혀왔다. 이러한 사실을 알게 된 B군의 부모는 전담기구에 자녀의 학교 폭력 피해사실을 신고하였고, 즉각적으로 자치위원회가 개최될 것을 기대하였다. 하지만 해당학교의 책임교사는 생활지도의 경력이 많지 않은 교사였고, 학교 폭력 신고접수 시 사안조사에 대한 충분한 교육을 받지 못한 관계로 조사과정에 어려움을 겪게 되었다. 더욱이 피해를 주장하는 B군과는 달리 가해행동을 인정하지 않는 A군으로 인하여 책임교사의 혼선은 가중되었으며, 결국 책임교사는 양측 진술이 어긋나니, 자치위원회를 개최하는 것보다는 서로의 오해가 있었던 것 같으니 원만하게 화해를 하는 것이 어떻겠냐며 합의를 유도하였다. 이에 B군의 부모는 학교측에서 가해학생인 A군의 말만 믿고 명확한 사안조사를 하지 않고 학교 폭력 사실을 은폐 · 축소하려 한다며 전담기구를 신뢰할 수 없다는 이유로 해당 학교장에게 이의를 제기하였다.

전담기구는 앞 장에서 언급한 바와 같이 교내에서 발생한 학교 폭력 사안에 대한 조사, 자치위원회 개최 전 사전심의 등을 진행하는 교감, 전문상담교사, 보건교사, 책임교사 등으로 구성된 교내 학교 폭력 담당 기구이다.

즉, 학교 폭력 사안이 발생하면 피해측에서는 전담기구에서 사안을 정확하게 조사

하여 자치위원회에서 올바른 조치가 내려질 것이라 기대하게 된다. 하지만 교육 전문가인 '교사'로 구성된 전담기구에서는 피해측 진술, 가해측 진술, 목격자 진술, 증거자료 수집 등 사안조사를 전문적으로 진행하기에는 한계가 발생하게 된다.

피해 · 가해학생의 진술이 어긋날 시 어떤 방법을 활용하여 조사를 진행해야 하는지, 학생들의 진술이 번복될 것을 예방하기 위해서는 어떠한 방법으로 진술서를 작성해야 하는지 등 사안조사 시에는 다양한 노하우가 필요한데, 사안조사 과정에 대한 충분한 교육을 받지 못한 전담기구 소속 교사들은 부담이 가중될 수밖에 없는 상황이다.

또한 「학교폭력예방 및 대책에 관한 법률」에서도 학기별 1회 이상 교원의 예방교육은 의무화하고 있지만 전담기구 소속 교사의 전문교육에 대한 사항은 추가적으로 제시하고 있지 않은 실정이다. 따라서 사안조사의 전문가가 아닌 교사들은 의도와는 다르게 사안을 축소하거나 강제적으로 화해를 조정하려고 하여 피해 · 가해측에서는 전담기구를 신뢰하기 어려워하는 상황이 발생하게 된다.

이에 전담기구에 외부 전문가를 추가로 구성하여 사안조사를 전문적으로 진행하도록 업무를 분담하거나, 자치위원회 개최 전에 화해 혹은 분쟁조정이 필요하다면 학교측에서 무리하게 맡아 처리하는 것보다는 외부 전문기관에 위탁하여 처리하도록 법률적인 근거를 마련한다면 교사의 부담은 줄어들고, 피해 · 가해측의 신뢰를 얻는 것도 가능하리라 판단된다.

### 나) 자치위원회의 전문성 부족으로 결과조치에 대한 불신이 발생되는 문제점

**사례2**

피해학생 A양과 어머니는 얼마 전 학교 폭력대책자치위원회에 참석했다. 10명의 자치위원 중 9명이 참석하였는데, 외부위원인 변호사는 불참하고, 6명의 학부모와 3명의 교사가 참석했다. 결과는 가해학생 B양의 서면사과 조치였다. A양에 대한 헛소문을 퍼뜨리고 A양을 모욕하는 게시물을 올린 B양으로 인해 A양의 고통이 컸기에 A양측은 적어도 사회봉사 정도는 받아야 한다고 생각했고 결과에 불만족하여 의사결정 과정을 확인하기 위해 회의록을 요청하였다. 회의록을 본 A양측은 학부모 위원들이 학교측 위원들의 주장에 따라간 듯한 느낌을 받게 되었고, 학부모 위원들의 전문성과 자녀를 학교에 보내고 있는 입장에 대해 공정성을 의심하게 되어 결국 지역위원회에 재심을 청구했다.

「학교폭력예방 및 대책에 관한 법률」은 제13조 제1항에 학교폭력대책자치위원회의 전체위원 중 과반수를 학부모 대표로 선출하도록 규정하고 있다. 학부모 자치위원은 같은 학부모로써 피해측에게 공감과 위로를 해줄 수 있다는 장점도 있지만, 학교 폭력, 법률, 의료 등 공정한 심의를 위한 전문성을 충분히 갖추지 못한 학부모 자치위원의 경우 다양한 문제점을 야기할 수 있다. 학교 폭력에 대한 전문교육을 충분히 받지 못하게 되면 적절한 조치 결정에 어려움을 겪거나 감정에 휩쓸려 조치를 내리게 되는 경우가 발생할 수 있기 때문이다.

자치위원회는 단순한 사고를 처리하는 것이 아닌 피해 · 가해 학생들에게 공정하고 명확한 조치를 내리고 나아가 그 갈등을 조정하는 역할을 해야 하는 전문적 기구이다. 따라서 이 과정을 처리하는 위원들이 단순히 책임을 떠맡은 것이 아닌, 학교 폭력에 대한 정보, 올바른 개념 확립, 법률 숙지, 다양한 사례 경험 등 관련 분야의 전문가로 위촉되어 활동을 해야 한다. 자치위원회의 심의 진행 시 가장 중요한 점은 공정성과 객관성, 전문성이다. 자치위원회 과정에 참여한 피해 · 가해측에서 위에서 언급한 세 가지 사항에 대하여 의심을 하게 된다면, 이는 곧 자치위원회 결과에 대한 불신으로 이어진다. 자치위원회 결과에 불신을 갖게 된다면 결국 피해 · 가해측은 상위기관에 민원을 제기하거나 재심을 청구하는 경우가 발생되는데, 이러한 상황은 학교 폭력의 고통으로 힘들어하고 있는 학생들에게 또 다른 고통을 안겨주는 결과를 초래한다고 할 수 있다.

하지만 현재 「학교폭력예방 및 대책에 관한 법률」에는 자치위원의 의무교육에 대한 내용은 제시되고 있지 않다. 학교장의 의지에 따라 자치위원을 대상으로 체계적이고 전문적인 교육을 진행하는 학교도 늘어나고 있지만, 자치위원들의 교육을 의무화할 수 있는 법적 근거를 마련한다면 전문성있는 자치위원들이 양성되고, 자치위원회의 결과를 신뢰하고 이행하는 피 · 가해측이 늘어날 것이라 판단된다.

다) 재심기구 이원화로 인하여 혼선이 야기되는 문제점

사례 3

중학교에 재학 중인 A군은 같은 학급 B군의 주도로 같은 반 학생들의 집단 괴롭힘에 수개월간 시달렸다. 학교 폭력대책자치위원회는 A군이 B군에 대한 두려움이 커 학교 생활 적응이 어렵다고 판단하여 B군에 대해 전학 조치를 내리고 다른 가해학생들에게는 사회봉사 조치를 내렸다. 피해측은 B군 외에 다른 가해학생들도 전학조치를 받기 원했지만 주 가해학생인 B군이 전학 조치를 받아 안도하고 학교에 등교를 하였다. 하지만 담임교사로부터 B군이 자치위원회에서 내린 전학조치가 과하다고 주장하며 시 · 도학생징계조정위원회에 재심을 청구했다는 이야기를 전해 듣고 다시 불안해하고 있으며, B군의 전학조치가 감경될 경우 피해측인 A군 또한 시 · 도 학교 폭력대책지역위원회에 재심을 청구하려고 계획하고 있다. 이에 담임교사도 학급 내에서 피 · 가해측에서 반복적으로 재심을 청구할 시 혼선이 야기될 것을 우려하고 있다.

사례 4

고등학교 재학 중인 A군이 B군의 여자친구한테  B군의 예전 여자친구에 대한 이야기와 험담을 여러 차례 했다. 이 사실을 여자친구의 SNS를 통해 알게 된 B군은 A군을 지하주차장으로 불러내어 친구 2명과 함께 A군에게 자초지종을 물어보았지만 A군이 인정하지 않자 싸움이 벌어지면서 A군의 얼굴을 가격했고 B군도 손에 상처가 났다. 결국 A군은 6주 진단을 받게 되고 A군 부모는 학교측에 자치위원회 개최를 요청하였다. 자치위원회 결과 B군은 전학 조치가 내려졌고 A군은 심리상담 및 조언 조치를 받았다. A군의 부모는 자녀가 병원에 입원하여 치료중이지만 한 번도 찾아오지 않고 전화도 없는 B군의 부모에게 화가 나 퇴학을 요청하며 지역위원회에 재심을 청구하였고, B군의 부모도 조치에 불만을 느껴 시 · 도학생징계조정위원회에 재심을 청구하였다.

2012년 3월 21일에 개정된 「학교폭력예방 및 대책에 관한 법률」에 의하면, 학교폭력대책자치위원회의 조치 결과에 이의가 있는 피해측은 시 · 도 학교 폭력대책지역위원회에 재심을 청구하고, 학교 폭력대책자치위원회에서 전학 및 퇴학 조치를 받아 이의가 있는 가해측은 시 · 도 학생징계조정위원회에 재심을 청구하도록 하고 있다. 또한 재심 결과에 대해 이의가 있는 경우에는 행정심판을 제기할 수 있게 규정하고 있다. 얼핏 보면 단순해 보일 수 있는 재심 처리 흐름이지만 이 안에서 여러 가지 혼선과 문제들이 발생하고 있다.

앞서 상황을 정리해보면, 피해측은 시 · 도 학교 폭력대책지역위원회에 재심을 청구하고 가해측은 시 · 도 학생징계조정위원회에 재심을 청구하도록 재심 처리기구가 이원화되어 있는 상황인데, 이러한 이원화로 인하여 판정과 조치 이행에 다양한 혼선이 발생한다. 한쪽이 재심을 청구할 경우 상대측에는 충분한 정보가 제공되지 않아 가해학생은 어느 날 갑자기 바뀐 조치를 통보받거나 피해학생은 가해학생의 징계 조정 결과에 대해 통보받지 못하는 일이 발생하기도 한다. 또한 가해측에게는 전학 및 퇴학 조치에만 재심을 허용하여 사례에 따른 형평성의 문제 또한 제기되고 있다.

이러한 문제를 최소화하기 위해서는 재심기구를 일원화하여 재심에 대한 피해 · 가해측 간 충분한 정보가 공유될 수 있도록 법적 근거를 마련하는 과정이 필요하다. 피해 · 가해자가 동일한 사안을 다루는 과정에서 발생하는 양 위원회 간 이견을 최소화하고, 공정한 재심을 위해서 현재 시 · 도학생징계조정위원회가해와 시 · 도 지역위원회피해로 분리된 재심기관을 일원화하여 통합하여 운영할 필요가 있다. 하지만 일원화된 기구가 공정성과 객관성, 중립적 입장을 지키지 못할 경우, 제3의 분쟁 및 갈등을 야기할 수 있기에 일원화된 재심 운영 기구의 분쟁조정 분야는 외부 전문기관이 위탁이 가능하도록 하는 것도 방법이 될 수 있다.

### 라) 분쟁조정기능 비활성화로 인한 갈등 심화되는 문제점

**사례 5**

초등학교 학급에서 몸싸움을 벌인 A군 측과 B군 측은 학교 폭력대책자치위원회에서 치료비와 손해배상에 대한 부분에 대해 합의하지 못하였다. 학교 폭력으로 인해 골절상을 입은 A군의 부모님은 아이의 실치료비, 향후 치료비, 가족의 심리적 피해보상 또한 이루어져야 한다고 주장하였고, B군의 부모님은 B군의 부상이 없었을 뿐이지 쌍방 폭력이었으므로 해당학생의 실치료비와 향후 치료비 외에는 줄 수 없다고 주장하였다. 하지만 학교 폭력대책자치위원회에서는 손해배상 부분에 대한 중재 없이 A, B학생에 대한 가해조치만으로 종료되었고, 손해배상에 대한 분쟁조정의 경험이 없는 자치위원들은 손해배상에 대한 건은 양측이 원만하게 합의하도록 제안을 하였다. B군의 부모는 실치료비와 향후치료비 외 보상을 원한다면 민사소송을 진행하라고 하였다. 민사소송을 진행하기에는 부담을 느낀 A군 측에서는 억울한 마음에 B군이 더 책임을 지게 하려고 가중된 처벌을 요청하는 재심을 신청해놓았다.

사례 6

중학생 A양은 17명의 학생들에게서 집단 괴롭힘을 당했다. 가해학생들은 언어폭력, 성추행, 괴롭힘, 금품갈취하는 등 학교 폭력을 가했으며 자치위원회가 열려 주 가해학생들에 대한 전학 조치가 내려졌다. 가해학생에 대한 선도 · 교육조치는 내려졌지만, 여전히 피해학생은 잠도 못자고 소리를 지르는 공황상태로 아파트 창밖을 내려다보는 일도 자주 있었다. 피해측은 신경정신과 통원치료 중이며 등교하지 못하고 있어 치료비 보상과 정신적 위자료를 원하지만 분쟁조정 제도에 대해 알지 못해 신청하지 못했고, 가해학생들을 경찰에 신고하고, 민사소송을 진행하려고 하는 중이다. 가해측은 조치가 과하다며 시 · 도학생징계조정위원회에 재심을 청구하였다.

「학교폭력예방 및 대책에 관한 법률」 제18조분쟁조정에 따르면, 자치위원회는 학교폭력과 관련하여 분쟁이 있는 경우에는 그 분쟁을 조정할 수 있다고 되어있지만, 현재의 자치위원회 진행은 가해학생의 징계에만 초점이 맞춰져 있어 손해배상 또는 상호 간의 분쟁을 조정하지 못하는 경우가 발생하고 있다. 또한 학부모 위원이 절반 이상인 구성 비율 문제로 분쟁조정이 실제로 진행되는 데에는 한계를 가지고 있다. 학교 폭력대책자치위원회의 결과로 분쟁과 갈등이 심화되어 있는 상태에서 피해학생측과 가해학생측은 각각 시 · 도 학교 폭력대책지역위원회와 시 · 도학생징계조정위원회로 재심을 청구할 경우 서로의 갈등이 고조된 상태로 진행이 되어 더욱 실망을 느끼고 갈등이 증폭될 수 있다.

이러한 문제를 해결하기 위해서는 재심이 진행되기 전 각각의 욕구가 무엇인지 파악하여 갈등의 원인을 해결할 수 있도록 분쟁조정 기능을 활성화하는 것이 방법이 될 수 있다. 각 대상자의 욕구진정한 사과를 통한 화해, 손해배상의 불만에 따른 배상조정 등를 파악하여 해소할 수 있도록 기능 강화 및 외부 전문 기관에 화해조정기관 또는 분쟁조정기관 같은 객관적 기구를 두고 의뢰할 수 있도록 법적 근거를 마련하는 것이 필요하다고 할 수 있다.

### 마) 근본적인 갈등 미해결로 인한 분쟁이 증가하는 문제점

**사례 7**

중학생 A양은 B양과 서로 크고 작은 갈등이 있어 욕설을 하거나, 인터넷 홈페이지에 상대를 비방하는 글을 올리는 등 사이버 폭력을 하였다. B양은 A양이 올린 게시물을 증거자료로 학교 폭력으로 신고했고, 학교폭력대책자치위원회가 개최되었다. 그러나 개최일이 확정되기 이전 A양과 B양은 서로의 오해를 풀고 화해를 하였고, B양과 그의 부모님도 자치위원회를 취소해달라며 학교측에 요구했으나, 이미 날짜가 확정되었고 「학교폭력예방및대책에관한법률」에 의해 학교 폭력이 신고 접수되면 자치위원회를 열어야한다며 학교측은 B측의 요구를 거부하였고 결국 A양에게는 교내봉사 조치가 내려졌다. 이에 억울함을 느낀 A양측은 재심을 청구하고 싶지만 가해학생은 전학 및 퇴학 조치 외에는 재심청구가 불가능하여 억울함을 호소하며 상위기관에 민원을 제기하려고 준비 중에 있다.

**사례 8**

중학생인 A군은 한 학기동안 지속적으로 반전체 학생들에게 따돌림과 눈에 보이지 않는 괴롭힘을 당하였다. A군의 어머니는 학교에 신고하여 자치위원회를 개최해 가해학생들에게 처벌을 내렸으나 가해학생들은 반성하지 않고 오히려 A군에 대한 반감이 높아졌다. A군의 어머니는 가해조치에 아이들 간의 화해와 재발방지에 대한 부분이 이루어지지 않아 아이를 학교에 보내기 두려운 마음에 재심을 통해 상위기구에서 해결받기를 기대하고 있다.

학교 폭력은 우발적인 경우도 있으나 서로의 갈등이 증폭되어 폭력으로 나타나는 양상이 많고 쌍방폭력인 경우도 심심치 않게 발생하여 피해 · 가해를 구분하기 어려운 경우가 허다하다. 학교 폭력대책자치위원회는 피해학생 보호 조치와 가해학생 교육 · 선도조치 중심으로 진행되므로 이 과정에서 가해학생으로 분류된 학생 중 억울함을 호소하는 경우도 크게 증가하고 있다. 이에 학교 폭력과 관련하여 억울한 사례가 발생하지 않도록 사전에 예방할 수 있는 대안이 필요하다.

또한 피해 · 가해 학생끼리 오해로 발생한 사안이라 하더라도 현재의 「학교폭력예방 및 대책에 관한 법률」로 보면 신고가 되면 무조건적으로 학교 폭력자치위원회가 개최되어야 하는데[21] 이 같은 처벌우선적인 법률은 또 다른 피해학생을 만들 수 있다. 처벌위주의 자치위원회 조치보다는 피해 · 가해의 다양한 욕구를 파악하고 의견을 충분히 반영하여 학교 폭력 사안처리를 해야 2차적인 피해가 없을 것으로 판단된다. 또한 가해학생을 처벌한다고 해서 또 다른 학교 폭력이 발생하지 않는 것은 아니므로 자치위원회 개최 이전에 양측의 욕구를 파악하여 진심어린 사과와 화해할 수 있는 계기가 마련될 수 있도록 화해조정에 대한 법적 근거를 마련하는 것도 효과적이라 할 수 있다.

21 「학교폭력예방 및 대책에 관한 법률」 제13조(자치위원회 운영 · 구성) 제2항 제4호에 근거함.

# 참고문헌


교육부(2012). 학교 폭력 사안처리 가이드북.

교육부(2012). 학교 폭력 사안처리 Q&A.

김용수(2012). 알기 쉬운 학교 폭력 성폭력 관련 법령의 이해. 서울: 진원사.

문용린 외(2006). 학교 폭력 예방과 상담. 서울: 학지사.

문용린 외(2008). 학교 폭력 위기개입의 이론과 실제. 서울: 학지사.

이화여자대학교 학교 폭력예방연구소(2013). 학교 폭력 사안의 효과적 재심운영을 위한 연구.

청소년폭력예방재단(2011). 학교 폭력실태조사보고서.

청소년폭력예방재단(2011). 학교 폭력연구 제1권 2호.

청소년폭력예방재단(2012). 쉽게 풀어쓴 학교 폭력대책자치위원회 가이드북.

학교 폭력예방및대책에관한법률(2012)〔법률 제11388호〕.

# 사항 색인

ㅂ



ㅅ



ㅇ



ㅈ

# 인명 색인

## 공저자 약력

### 강민수(姜旼秀)

성신여자대학교 교육학과 학사
서울대학교 교육학과 석사, 박사
현재 서울특별시 문용린 교육감 정책비서관
「한국청소년학회」, 「교육종합연구」, 「열린교육학회」, 「한국인물사연구회」, 「인간발달연구」 등에 다수의 논문 게재. 저서로 『아이의 강점지능』(2013, 21세기북스), 『지능과 교육』(2013, 학지사), 『교육심리학 개론』(2012, 성신출판사), 역서로 『정서지능 그 오해와 진실』(2009, 학지사) 등이 있음.
이메일: kang74@sen.go.kr

### 김승혜(金承慧)

연세대학교 가족상담학 석사
현재 (재)청소년폭력예방재단 학교폭력SOS지원단 부장
2012 교육과학기술부 학교폭력현장컨설팅지원단
2013 한국교육개발원 학교폭력예방컨설턴트
학교폭력 사안처리 가이드북(2012, 교육부), (재)청예단 전국학교폭력실태조사, (재)청예단 학교폭력연구, 그 외 학교폭력 관련 매뉴얼 및 자료 집필 및 청소년상담사, 학교폭력 관련 강의 다수 등이 있음.
이메일 : dove815@hanmail.net

### 이유미(李有美)

독일도르트문트대학교(FH Dortmund) 사회복지학(청소년복지상담)학사, 석사
독일 YMCA 기숙형 청소년대안교육치료센터(Heimerziehung) 상담원
서초구 청소년 상담복지센터 부장
현재 청소년폭력예방재단 학교폭력SOS지원단 단장
교육부 학교폭력예방컨설턴트
저서로 「학교폭력예방과 상담」(문용린 외 공저), 「학교폭력 위기개입과 실제」(문용린 외 공저), 「전국학교폭력실태조사 연구」(2010, 2011, 2012, 청예단) 등과 번역으로 「독일 위기아동 · 청소년교육현장 기숙형 대안치료교육시설 하임 'Heim' 」(2010, 독일초청세미나)이 있음.
이메일 : youmiyi@hanmail.net

### 전연진(全涓鎭)

연세대학교 아동 · 가족학과 학사, 석사, 박사
한국고용정보원 진로교육센터 부연구위원 역임
현재 한국청소년상담복지개발원 상담조교수
연세대학교 생활환경대학원 가족상담전공 겸임교수
서울 서부지검 성폭력사건 자문위원
해결중심단기가족치료학회 이사, 편집위원장
한국상담심리학회 상담심리사 1급, 단기가족치료전문가
「저소득층 아동의 발달 산물에 대한 드림스타트사업의 종단적 성과분석: 양육자와 가족기능의 매개효과를 중심으로(2013)」 등 다수의 논문 게재. 저서로 「부모교육 백문백답: 청소년기편(12~18세) 자녀의 마음을 헤아리는 부모 되기」(2011, 굿네이버스), 「가족관계」(2009, 양서원)가 있음.
이메일: jinny@kyci.or.kr

## 조대훈(曺大勳)

서울대학교 사범대학 사회교육과 학사

하버드 대학교(Harvard University) 교육학 석사(전공: 인간발달과 심리)

컬럼비아 대학교(Teachers College, Columbia University) 교육학 박사(전공: 사회과교육)

현재 성신여자대학교 사회교육과 교수

한국사회과교육연구학회 학술지『사회과교육』편집1국장 역임

Journal of International Social Studies 편집위원

시민교육연구, 사회과교육, Citizenship Teaching & Learning 등에 다수의 논문 게재.

저서로『사회과교육의 도전과 전망』(2012, 동문사, 차경수－조대훈 공저),『Social Education in Asia: Critical Issues & Multiple Perspectives』(2008, Information Age Publishing, 공저) 등이 있음.

이메일: tcjjang@sungshin.ac.kr

## 최희영(崔熹瑛)

충남대학교 교육심리학과 석사

현재 (재)청소년폭력예방재단 학교폭력SOS지원단 팀장

2012 교육과학기술부 학교폭력현장컨설팅지원단

2013 한국교육개발원 학교폭력예방컨설턴트

교육과학기술부 학교폭력 사안처리 가이드북, (재)청예단 전국학교폭력실태조사, (재)청예단 학교폭력연구, 청소년상담사, 학교폭력 관련 강의 다수 등이 있음.

이메일 : liee1128@hanmail.net

학교 폭력 예방 및 대책

초판인쇄 2013년 8월 12일
초판발행 2013년 8월 20일

지은이 조대훈 · 김승혜 · 강민수 · 전연진 · 이유미 · 최희영
펴낸이 안종만

편 집 우석진 · 배근하
기획/마케팅 안상준
표지디자인 최은정
제 작 우인도 · 고철민

펴낸곳 (주) 박영사
서울특별시 종로구 평동 13-31번지
등록 1959.3.11. 제300-1959-1호(倫)
전 화 02)733-6771
f a x 02)736-4818
e-mail pys@pybook.co.kr
homepage www.pybook.co.kr
ISBN 979-11-303-0013-9 93370



정 가 18,000원